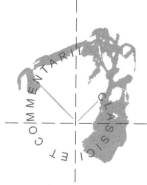

施特劳斯与回归古典：
施特劳斯逝世五十周年祭

■古典文明研究工作坊 编
顾问／刘小枫 甘阳
主编／娄　林

华夏出版社

本成果受到中国人民大学 2023 年度"中央高校建设世界一流大学（学科）和特色发展引导专项资金"支持。

目　录

旧文新刊

评 论

论题　施特劳斯与回归古典

施特劳斯《论僭政》的激进性

潘戈（Lorraine Smith Pangle） 撰

张云天 译

施特劳斯与色诺芬

施特劳斯将色诺芬鲜被人研究的短篇对话，《希耶罗》或称《僭主》，作为他的第一本古典政治哲学专著的主题。在解读这篇简短对话的过程中，施特劳斯在他的《论僭政》里对政治人和哲人各自特有的激情、目标以及两者区别作了一系列大胆的思考，而这些思考又将施特劳斯引向古典政治哲学的两个最重大的问题：什么是最好的生活方式？什么是最佳政制？

在此基础上，施特劳斯着重考察了古典政治哲学与现代政治哲学之间的根本分歧。施特劳斯的解读，成了他与科耶夫（Alexander Kojeve）之间一场引人入胜的长期论争的基点，论争的内容是理论与实践的关系，尤其是它们在现代世界中的关系，且尤其关系到苏格拉底与黑格尔哲学之间的分歧。不过，本文还是着眼于施特劳斯对《希耶罗》的分析，以及他以此为基础代表智慧那不受约束的统治提出的激进主张。

在色诺芬的对话《希耶罗》中，智慧的诗人西蒙尼德（Simonides）拜访了叙拉古僭主希耶罗（Hiero），他请希耶罗就一件他可能更为了解的事情点拨自己：

> 在属人的快乐与痛苦方面，僭主的生活与平民的生活有什么不同?①

接下来，是希耶罗显然有些夸张地贬低僭主生活，但他也明显真诚地表达了一些遗憾，他尤其遗憾于在他的生活中缺乏爱和信任。事实上，希耶罗用猛烈的火力反驳了西蒙尼德关于他本人生活幸福的揣测，以至于他变得非常沮丧。

此时，西蒙尼德提出了一系列对希耶罗及其臣民都有益的改革举措：希耶罗应该通过颁奖来刺激竞争，尤其应该刺激有益的事业中的竞争；应鼓励有益的创新；不应装饰自己的宫殿，而应装饰城邦公共建筑和庙宇；不仅应指派雇佣军保护他本人，还应令其保卫邦民及其财产；应指派别人去执行惩罚等脏活儿，而由他本人行赏；不应让自己的队伍参加泛希腊运动会上的战车比赛，相反，他的目标应是让作为一个整体的叙拉古涌现出成功的竞技者。西蒙尼德承

---

① Xenophon, *Hiero or Tyrannicus* 1.2, trans. Martin Kendrick and Seth Benardete, in *On Tyranny*, by Leo Strauss, rev. ed. , ed. Victor Gourevitch and Michael S. Roth (Chicago: University of Chicago Press, 2013). 正文中引用这一版《希耶罗》译本时会给出章节，而引用到该译本中施特劳斯的《论僭政》和《重述色诺芬的〈希耶罗〉》时，会给出页码。［译按］凡引用色诺芬《希耶罗》和施特劳斯《论僭政》，均采用施特劳斯，《论僭政——色诺芬〈希耶罗〉义疏》，彭磊译，北京：华夏出版社，2016，部分有改动，下同。

诺，靠着这些举措，希耶罗将获得臣民的爱和"人间最高贵也最蒙福的所有物"：他将幸福而且不受人嫉妒（《希耶罗》，11.15）。

施特劳斯以一种对他而言既异常大胆又特别微妙的方式进行写作。激发他写这部作品的，或许是西蒙尼德的大胆承诺，即幸福可以通过僭政来获得；也可能来自一个谜团，即色诺芬本人在这个激进问题上保持沉默。施特劳斯的解读的确是一系列诱人的主张，我得说，这些主张往往言过其实。其中一些主张，最终在施特劳斯零散的评论中被加上了限定条件；另一些则被他公开撤回。这些主张包括：僭主本身的特点是渴望爱，而哲人本身的特点是渴望荣誉；一个智慧者可以在谈话中对交谈对象为所欲为；西蒙尼德几乎使希耶罗自杀；智慧是担任政治职务的唯一且充分的资格；以及，智慧者的绝对统治就是最佳政制。

评估和追溯施特劳斯这些引人深思的主张之间的联系，就能够理解他的诸多解读，理解他关于现代政治必须向古典政治哲学学习什么的建议。

僭主

那么首先，谁是僭主？在其关于僭政的短篇作品中，色诺芬认为并没有必要提供一个关于僭主的定义，但施特劳斯注意到，这在古代世界中如此容易辨识的现象，在我们的世界中却为道德相对主义和现代社会科学所遮蔽。通过观察支配着科学和意识形态的现代僭政，施特劳斯清楚地区分了现代僭政与它的传统形式；可是，就施特劳斯视为原始、仍有意义和根本的含义而言，他又如何定义僭政呢？

实际上，施特劳斯任由僭政的恰当定义这一问题成为未解之谜，他转述了许多其他人给出的定义，并不止一次提出自己的建议，而这些建议看起来有些矛盾。施特劳斯转述了马基雅维利的观点，即僭政与君主政体唯一的不同在于，僭政是贬义词（《论僭政》，页23）；以及亚里士多德的表述，即僭政的目标是快乐，而王政的目标是高贵（《论僭政》，页37、92；《政治学》1311a4 – 5）；以及"俗常"的观点，即僭政是对统治者有利而对其臣民不利的统治；以及贤人式的观点，即僭政实际上是对两者都不利的统治（《论僭政》，页40，但参《政治学》1295a17 – 22）；还有在《希腊志》中色诺芬认可的一种流行的观点，即僭主是为了自己而以暴力夺取所有权力的人（《论僭政》，页118n5 和《希腊志》7.1.46）；卢梭的观点，即僭主是篡夺王室权威的人，无关乎其统治的水平如何（《论僭政》，页119n7）；伯克（Burke）的观点，即僭政是对哪怕合法权力的不明智或不正当的使用（《论僭政》，页120n47）；最后还有色诺芬笔下苏格拉底的观点，即与统治自愿服从的臣民且合法的王政相反，僭政是统治不情愿服从的臣民并且不合法，但它符合统治者的意愿（《论僭政》，页68；色诺芬《回忆苏格拉底》4.6.12；《政治学》1295a15 – 17）。

跟随色诺芬笔下的西蒙尼德的带领，施特劳斯修正了色诺芬笔下苏格拉底给出的定义：无疑，普通的僭政指在没有法律的情况下统治不情愿的臣民；但"作为本质上是……没有法的君主统治"，最好状态下的僭政是对自愿的臣民的统治（《论僭政》，页69）。与这种僭政定义一致，施特劳斯认同色诺芬笔下的曼达妮（Mandane）称米底人的统治者阿斯图亚格（Astyages）为僭主，因为后者的统治没有法律——即使他是合法继承王位的且在统治时没有遭到明显反对；而事实上，色诺芬本人则称阿斯图亚格为王（《论僭政》，页46；色诺芬《居鲁士的教育》1.3.18、1.2.1）。如此理解的僭政成了施特劳斯最严肃探究的主题，因为他所考虑的是，最好的僭政形式是否有可能并不是最佳政制。

然而，我们注意到，施特劳斯从来没有称老居鲁士（Cyrus the elder）为僭主，而后者与《居鲁士的教育》中的阿斯图亚格相似，也合法继承了王位并且同样拥有绝对的统治权。此外，在现实中确立施特劳斯所认为的僭政的好形式是个困难，即智慧不必受法律统治的那种僭政，而施特劳斯在处理这一困难时暗中撤回了他对僭政的定义，即虽然没有法律但未必没有同意的统治：

> 作为一位僭主，即被人称作僭主而不是王，意味着没有能力把僭政转变为王政，或者说把普遍被认为有缺陷的资格转变为普遍被认为正当的资格。（《论僭政》，页 75）

毕竟，出现僭主的原因在于缺乏同意或公认的合法性，而不是缺乏法律。马基雅维利的观点有一定道理，即僭主就是王者，但这么说的人讨厌他，而这种憎厌情绪一旦蔓延开来就会产生巨大的影响，乃至决定这个政权的性质。持续的反对使统治变得暴虐，这表明统治者身上存在缺陷，他需要一位老师。

施特劳斯说，也正因为如此，尽管阿格西劳斯（Agesilaus）和居鲁士的统治本质上都是绝对统治，但他们并不是僭主，由此，阿斯图亚格也不是僭主了——施特劳斯现在引用阿斯图亚格，正是把他当成一个成功实现了其统治主张的人（《论僭政》，页 121，nn50 - 51）。施特劳斯对僭政的定义从没有法律的统治转变为没有同意的统治，这是什么意思呢？要理解这一点，我们必须理解施特劳斯向我们展示的僭主和智慧者（或哲人）的本质特征。

爱与荣誉之争

为了阐明僭主与智慧者之间的根本区别，施特劳斯提出了一系列大胆而出人意料的主张：僭主是追求爱而非荣誉的人；智慧者是追求荣誉而非爱的人；爱荣誉恰恰是智慧者的求知欲的基础（《论僭政》，页 79－80、87－88、90）。暴行使僭主登上王位，对爱的渴望何以竟是催生僭主暴行的动机呢？常常满足于默默无闻的生活的智慧者，何以首先被荣誉打动呢？

实际上，施特劳斯这里描绘的严格的二元对立，已经在他最初解读中的其他零散评论中，尤其是在《重述色诺芬的〈希耶罗〉》中，变得相当松动了。僭主当然也追求荣誉，正如西蒙尼德所承认的，他说荣誉是首先驱使人们谋求僭政的东西（《论僭政》，页 191、198；《希耶罗》7.1－2）。而智慧者或哲人当然也会像所有人一样感受到爱，尽管他在爱的对象上比大多数人更有辨别力（《论僭政》，页 198－203）。当然，希耶罗确实在这一方面展示了僭主生活的主要缺陷，即僭主式的生活有碍于寻找真爱，无论是情爱还是民众之爱；而西蒙尼德，也确实给了荣誉至高无上的赞誉。二者都带有修辞目的，从而迫使我们带着怀疑的态度去阅读（《论僭政》，页 46－48、60、68、78）。

施特劳斯自己的兴趣与其说在于僭主本身，不如说在于所有政治人，在他的著作中，僭主某种程度上是政治人的一个替身（《论僭政》，页 78－79、88）。因此，我们完全不清楚僭主是否比其他政治人更渴望爱，甚至僭主和其他政治人渴望一样的爱。最后，就我们正在考察的僭主而言，施特劳斯还提出一个问题：虽然僭主和智慧者都首先寻求快乐，但他们之间是否可能并不一致（《论僭政》，页 93－95）。

僭主与智慧者（或哲人）之间的鸿沟再次以一种不同且更为严肃的方式扩大，正如施特劳斯所承认的那样：对哲人而言最重要的确实不是荣誉，而是智慧（《论僭政》，页 101、198）；哲人本身的确完全没有野心，哲人的快乐来自看到自己在知识上进步或自我欣赏，别处得来的荣誉都次于这种快乐，而这种快乐本身又次于在智慧中寻求和增进的善，就像所有快乐都次于它们所伴随的行动一样（《论僭政》，页 205）。

这里的关键思想在于，对荣誉的最高、最纯粹的爱是渴望卓越的产物，也是由此而产生的渴望证实自身卓越的产物。因此，最纯粹意义上的爱荣誉者并不关心大众的赞扬，而是明智和资历老道的法官们的判断。与之相反，政治人则尤其是因为渴望爱而需要荣誉。希耶罗本人也证实了这一点。他之所以抱怨他确实得到了的荣誉，完全是因为这份荣誉背后缺乏真正的善意；或者说，他不可能知道这份荣誉何时反映出真正的依恋，何时又仅仅反映出畏惧。施特劳斯总结道，哲人与政治人的真正关系最好用一个类比来体现："哲人与统治者的关系，就像统治者与家庭人的关系一样。"

正是在此基础上，我们"可以毫无困难地将爱作为与哲人相对的统治者的特征，而将荣誉作为哲人的特征"（《论僭政》，页 199）。家庭人的依恋仅仅限于他自身，且他的主要欲望是与像家人一样的他们相爱；政治人的感情则更广泛，且他的欲望更多专注于他的优秀品质和行为所带来的荣誉（尽管他看重这些品质和行为的主要原因是它们能给他带来爱）。同样，哲人的感情则是最广泛的，它延伸到所有时间、所有地点的卓越之人和潜在卓越的人，且哲人的欲望也最纯粹，他的欲望专注于荣誉，他将荣誉当作对他所最爱的卓越的确认。

因此，施特劳斯的要点并非是：僭主有别于其他政治人甚至其他个人，其特点是渴望爱。像居鲁士这样的人，他的生命和想象力都为赢得无数大众的爱和感激这一前景所激发，相比之下，希耶罗显然不那么强烈地被这种欲望吸引，尤其不公开地对此抱有欲望；而个人情欲之爱的快乐并不是发动血腥政变的合理动机，西蒙尼德认为这种快乐是希耶罗对僭政最不满意的一点（《希耶罗》8.6）。相反，我们从这段对话中发现的线索揭示了如下洞见：一种含混的对民众的爱和渴望为民众所爱，才是一个人成为政治人的关键，即使这种爱在一位僭主的身上，即使这种爱在一个特别乐于做可憎之事的人身上，即使这种爱只在娈童的情事里以及受民众的敌意所压迫时才能强烈感受到。

> 政治人……从根本上依系于人们。这种依系是他想统治人们的欲望或其抱负的根基。但统治人们意味着为人们服务。当然，一个人依系于某些东西，而这些东西促使他为它们服务，这种依系就可以称为对它们的爱。（《论僭政》，页 199）

即使是僭主，他的动机似乎也是以爱为代价的对荣誉的渴求；但他与哲人最显著的区别，莫过于他对爱的关注更多，而对真正荣誉的关注较少。

这本身是一个值得注意的观点，但对施特劳斯而言，他的主要兴趣不在于我们能凭其了解那些成为僭主的矛盾的和讨厌的人的东西，而在于我们能凭其了解像西蒙尼德这样的智慧者的东西——他们被引向思考，要是他们只思考一小时，他们也会想如何把一种坏僭政变得更好。西蒙尼德与希耶罗对话的真正目的是什么？

智慧的力量

关于西蒙尼德的目的，施特劳斯用另一个诱人的主张来表达他的看法：

> 如果西蒙尼德是智慧的，他就有谈话的技巧；也就是说，他能够对任何对话者做他想做的事情，或能够将任何谈话引向他渴望的目的。（《论僭政》，页 38；参《回忆苏格拉底》，1.2.14）

　　由于西蒙尼德将讨论引向了"关于改进僭政的建议，就像一个智慧者理应向一个他好心相待的僭主所做的那样"，所以，施特劳斯的结论就留给人一个印象：西蒙尼德既是智慧的，同时也打算让希耶罗受益。接下来，施特劳斯继续研究西蒙尼德的教诲策略。

　　施特劳斯似乎主张智慧是一种近乎神奇的力量，他后来强化了这种印象，他暗示，西蒙尼德诱使希耶罗变得极度沮丧，令后者几乎要自杀。由此，西蒙尼德证明，在他主动显露善意并把交谈转向建设性的方向之前，他本人已具有取代希耶罗的能力（《论僭政》，页58－59）。这种对言辞力量的极端主张，与另一个同样激进的主张相呼应，即智慧是唯一有效力的统治资格；而后一主张又是苏格拉底那个一石激起千层浪的著名主张的另一个版本，即知晓如何统治的人才是唯一真正的王（《回忆苏格拉底》3.9.10）。

　　现在，所有这些观点都需要进一步证实。事实上，施特劳斯明确表示，他的进展是基于对西蒙尼德智慧的衡量，而他是在细致比较了西蒙尼德与苏格拉底，并细致比较了《希耶罗》与《回忆苏格拉底》和《治家者》后，才得出这种衡量。施特劳斯承认，即使他暗示西蒙尼德有能力让希耶罗自杀，这种说法也是言过其实的，只是"为了作阐明之用"（《论僭政》，页58）。对于智慧是担任政治职务的唯一有效资格这一说法，我们眼下将看到施特劳斯有所保留。然而，施特劳斯夸大西蒙尼德的力量，究竟是要阐明他的什么呢？

　　为了理解这一点，我们需要根据另一个不太明显且相反的夸张说法，来思考施特劳斯这里的夸张。施特劳斯认为，事实上，西蒙尼德在交谈中的唯一实际目的，既不在于颠覆希耶罗的王位，也不在于诱使他大刀阔斧地去改革，甚至也不一定在于让他温和地改革，而只在改变一件小小的事——让希耶罗停止以个人名义参加战车比赛（《论僭政》，页63、188）。施特劳斯确实说了"也许"，但把这样有限的目标归于西蒙尼德，这有点奇怪，特别是考虑到施特劳斯自己也指出，希耶罗在交谈结束时已经迎合了西蒙尼德提议的另一项改革——他开始把自己称为统治者，而非僭主（《论僭政》，页63、65）。

此外，奇怪还在于，施特劳斯暗示，西蒙尼德的其他建议在某种程度上是乌托邦式的，不过那些改变显然可行、安全且可能有益，如加大公共建筑投入而减少私人建筑投入；有些建议则会积极增强希耶罗统治的稳定性，如将刑罚的执行权交给他人。可以肯定，让希耶罗为战争中表现出色的邦民颁奖的建议存在严重问题，因为这意味着，既然希耶罗已经解除了邦民的武装，那他至少应再武装一些邦民。可是，即使对一位僭主来说，这样做也真的不可能吗？

施特劳斯暗示这是不可能的，因为任何试图这样改革的人最终只会两头落空：既得不到安全，也得不到忠诚的民众。然而，在其他地方，施特劳斯并没有说这样做不可能，而只是说可能性很小。或者说，这种情况常有可能，但并非体面的统治者所希望看到的（《论僭政》，页188）。甚至可以说，僭政与君主政体之间的鸿沟远非不可弥合，未能弥合这一鸿沟的统治者是在智慧上有缺陷（《论僭政》，页75及n50）。

可以肯定，西蒙尼德并没有走到提议建立法治的地步，这是将一个令人讨厌的僭政转变为一个可接受的、受人尊敬的王权的最终步骤。但他之所以不提出这一变革，难道仅仅是因为他看到希耶罗对不那么激进的变革缺乏热情吗？因此，最好不要说，西蒙尼德认真提出的只有不再以个人名义参与战车比赛这一小小的权宜之举，而要说，他提出了一系列建议，其中任何一项建议都意味着改进。西蒙尼德不知道希耶罗是否会全部实施，或只实施其中少量甚至仅仅一项建议，但他做好了心理准备，哪怕只有一项建议得到实施，他就满足了。

根据所有这些观察，我们可以说，清醒的西蒙尼德在有限但重要的意义上掌控着对话：他知道自己在做什么，并巧妙地发挥了自己的作用。西蒙尼德的建议目的很谦逊，但施特劳斯出于教育目的夸大了这种谦逊，用以说明古典政治哲学中的现实主义。西蒙尼德以一个精心挑选的问题展开交谈；他知道他的谈话主题很重要；他在试图说服别人之前先倾听；他小心翼翼地准备好他的立场，并采用了精明的手法，施特劳斯在《论僭政》第三章中对此作了很好的阐释；他不尝试轻率的或不可能的事情；他满足于尽自己所能做出微小但扎实的改进。

相比之下，施特劳斯在谈到现代世界时曾说："我们已经习惯于期待太多。"（《论僭政》，页181）对于理性所具有的说服力，施特劳斯有所夸大的主张指向一个相反的事实——理性的说服力是有限的。而接受这一点方为明智。

最佳政制

然而，与上述无比清醒的结论相违背的，是施特劳斯对理性的第二个更激进的主张：智慧是统治的唯一资格，实际上这种没有法律的僭政，即智慧者不受约束的统治，才是最好的政制。色诺芬和西蒙尼德都没有在《希耶罗》中直接提出任何这样的主张。西蒙尼德说得最多的是，希耶罗若遵循他的建议，就可能使他自己和他的城邦获得幸福；西蒙尼德表现得最多的是，他时刻着迷于自己的幻想，即理性地改进僭政。色诺芬几乎没有指出合法统治的基础和最佳政制的问题，而施特劳斯则大胆地探求这些问题，他本着这样一种精神：媲美或超越色诺芬本人最大胆的思想实验，即《居鲁士的教育》。

施特劳斯将自己提出的这些问题的答案都归于色诺芬，但他再次夸大其词。他认为，色诺芬的对话被人忽视了。思考这种由理性来统治的最大胆的主张，对于理解政治事物来说是根本的，色诺芬举重若轻提供了关于政治事物的重要提示，可是这些提示在我们这个忙碌、愚钝的时代有被忽略的危险。此外，施特劳斯坚持认为：

> 只有依据《希耶罗》所提出的问题来阅读，色诺芬其他著作中的相关段落才会显示出它们完整的意义。（《论僭政》，页76）

色诺芬暗示，对话中的戏剧或行动揭示出一个最深刻的主题：明智的僭政的优点。智慧的西蒙尼德出现在一位僭主的宫廷里，饶有兴趣地与僭主谈谈他的生活。僭政中的某些东西引起了智慧者的兴趣，这也许与柏拉图对狄俄尼修斯（Dionysus）的兴趣是一样的，后者后来同样是叙拉古城的一位僭主。在古典政治哲人看来，就什么是最好的生活而言，政治生活和哲学生活是两个最重要的竞争方，权衡双方的优点是一项值得回顾的活动。如果一位古典政治哲人受到诱惑，投入大量时间精力于政治行动，那么，与其说他是在和平时期的既定法律下做尽职公民，不如说他是要在某种需要创造性智慧的情况下，去创建一些全新的和更好的东西——这种情况在僭政下最为常见。

让一个人放手去做，使政治共同体获得幸福并为自己赢得长久的感激之情，这难道不可能吗？该想法显然以某种形式存在于西蒙尼德的脑海里。在对话中，不明智的希耶罗控诉了他自己所实行的僭政，随后，明智的西蒙尼德提出纠正缺陷的建议，并承诺这样做对希耶罗和他的臣民都有益处——这种对话的结构启发读者去思考：明智的僭政可以在多大程度上实现最高政治抱负的期望？

施特劳斯进而在这个问题上给出了积极的回答。他评论说，由僭主统治的城邦有可能幸福繁荣，僭主可能通过互爱的纽带与臣民团结起来，所有的技艺（包括军事技艺）也都可能在城邦中得到良好发展。但他也承认，一个没有法律的国家将是没有自由的（《论僭政》，页68），事实上其臣民将"仰赖僭主及其雇佣兵的怜悯"（《论僭政》，页69），他们的财产也无法得到保障。同时，僭主永远无法将"'荣誉上的平等'授予他们，因为这种平等与僭主统治不相容，而且应当假定他们始终缺乏这种平等"（《论僭政》，页70）。

然而，施特劳斯坚持认为："最好状态下的僭政的这些缺陷并不一定是决定性的。"（《论僭政》，页70）色诺芬如何看待最好情况下的僭政的优点，取决于他认为自由对幸福而言有多根本，而他本人认为自由终究并非至关重要。施特劳斯为这一惊人的主张提出两个论据。首先，他说，自由是民主政体的目的，美德是贵族政体的目的，而"色诺芬并不是一个民主派"（《论僭政》，页71）。只有当自由对于贵族政体而言并非至关重要时，这种考虑才是决定性的，而色诺芬更喜欢贵族政体。不过，这是一个值得怀疑的预设。

其次，施特劳斯说："色诺芬的观点反映在希耶罗含蓄的断言中：智慧者并不关心自由。"他引用了希耶罗的说法，即僭主

> 恐惧勇敢者，是唯恐他们会为了自由铤而走险；恐惧智慧者，是唯恐他们会谋划什么；恐惧正义者，是唯恐多数人会渴望受他们统治。（《希耶罗》5.1）。

即使正确的推论是这三种人彼此并不重叠，而且智慧者并不会为了政治自由而冒险，即使我们可以认为希耶罗在这一点上代表色诺芬在发言，也并不能恰当地得出结论说，色诺芬断定智慧者根本不关心自由这个问题，因为对智慧者来说，最重要的自由可能是另一种自由。也不能恰当地得出结论说：色诺芬断定，政治自由对大多数不智慧的人来说也不重要。对于这些人有可能获得的幸福形式而言，自由仍然至关重要，而这似乎是《居鲁士的教育》给出的最

终教诲：居鲁士所颠覆的古波斯政制，优于他想让臣民幸福从而用于替代它的任何其他政制。

然而，施特劳斯拒绝让所有上述考量阻止自己，这显示了他的激进性。的确，人们通常认为，贵族政体要求那些受过德性教育的人拥有高度自由，同时也要求所有公民得到法律保护，可施特劳斯想要考虑的问题是：在没有自由和法律的情况下，贵族政体的最高目标——美德事实上是不是就无法实现。施特劳斯承认，在僭政下可能出现的美德，不同于共和政体下的美德，它是一种"具有特别色彩的美德"（《论僭政》，页72）。尤其是，

> 只有一种受到限定或降解的勇敢和正义适宜于僭主的臣民们。因为，单纯的英勇与自由或对自由的爱紧密相联，而单纯的正义就是服从法律。（《论僭政》，页71）

此外，施特劳斯继续说："单纯的英勇"也不属于苏格拉底，而"正义可以被理解为节制的一部分"；西蒙尼德确实说过，臣民可能拥有这种英勇（《论僭政》，页71–72）。这又是一个奇怪的观点。毕竟，哲人苏格拉底所享有的独特形式的幸福，虽然对于他而言不是必需的，但对于我们大多数人来说可能是必需的；而如果想要将正义理解为节制的一部分，最好的方法是像苏格拉底在《王制》中所做的那样，将节制定义为服从统治者并控制自身欲望。可是，对僭主的服从何以就是正义呢？它通常并不是正义，但施特劳斯考虑的是智慧者的绝对统治，而对理性本身的服从确实可以合理地称为正义。

施特劳斯进一步认为：

> 西蒙尼德似乎明确交代了他对僭主统治下美德的可能性的看法。他明确地说，"贤人们"可以生活在仁慈的僭主的统治

下，而且可以活得幸福。（《论僭政》，页 72）

这里他引用了《希耶罗》原文（10.3）。这个观点也很奇怪。西蒙尼德在那里只谈到希耶罗统治的叙拉古中那些在不同政制下长大的贤人，并没有谈到这些贤人的幸福甚至他们潜在的幸福，也没有谈到在僭政下培养未来几代贤人的可能性。

可以肯定，西蒙尼德确实谈到了城邦的幸福，这种幸福可以理解为每一位邦民的幸福。然而，根据这个定义，幸福的城邦永远不会存在。在希耶罗的统治下，幸福很可能只存在于大多数人对富足的满足，存在于现在已黯然失色的贤人们顺从的默许之中。此外，西蒙尼德只是暗示这种幸福是希耶罗所向往的美好目标，可他从未承诺能够完美实现这个目标（《希耶罗》11.5、11.7）。最后，施特劳斯自己也承认，西蒙尼德的承诺终究不能最终解决这个问题：他为了鼓舞绝望的希耶罗而说的话，并不能视为色诺芬本人的定论（《论僭政》，页 73）。

然而，这一让步却导致施特劳斯以不同的理由重启了控诉。现在，施特劳斯把《希耶罗》放在一边，开始考虑，如果基于整体上的色诺芬或苏格拉底的政治哲学，他的结论还能否得到辩护，此结论即，"原则上来说，法的统治对于好政府并非不可或缺"（《论僭政》，页 73）。而他断言，这个结论可以得到辩护。因为，对于正义等于法治的说法，苏格拉底的政治哲学给出了一种平静、长久并最终猛烈的批判。

法律的制定常常并不明智。法律总是相对于政制而言，没有任何政制能够平等地惠及所有公民（参《回忆苏格拉底》1.2.40 – 47）。在任何情况下，都必须以最普遍的方式来制定法律，因此法律是生硬的工具。根据色诺芬的最佳定义，正义不是可分为善法和恶法的法律，而是实现共同善的善行或统治。在确定共同善这件事上，活人的智慧胜过盲目的法律：

> 如果一个人知道如何统治、是一个天生的统治者，他的绝
> 对统治实际上就优于法的统治，因为好的统治者是"一部眼明
> 的法律"，而法律并不会"看"。（《论僭政》，页74）

我们忽略了一个令人不安的事实，即施特劳斯在这里引用了色
诺芬，色诺芬笔下的居鲁士自称是"一部眼明的法律"，而这时居鲁
士正让他的臣民互相刺探，让他们尔虞我诈、向他争宠，从而使所
有臣民成为他的"眼睛和耳朵"。我们甚至把这个问题放在了一边：
从实践来看，假若有一个完全明智、仁慈的君王，那么，做他治下
的臣民比做自由共和国的公民更好吗？也许任何这种统治都还是会
施加影响，让我们像小孩一样，所以，一位明智的统治者或许会明
白，无论何时，只要有可能，他最好的做法就是建立一个共和国。

我们把这些问题放在一边，是因为施特劳斯试图解决的最严肃
的问题，毕竟不是什么政制在实践中运转得最好，而是对政治权威
而言什么才是最真实、最可靠的主张。对于这一问题，施特劳斯的
答案激进得毫不妥协：

> 色诺芬笔下的苏格拉底清楚地表明，只有一种充分的统治
> 资格：使一个人成为王或统治者的，只是知识，而不是力量、
> 欺骗或选举，或者还可以加上继承。（《论僭政》，页74）

实际考虑

施特劳斯欣然承认，僭政在实践中具有严重的，而且其实是决
定性的缺陷。他最初表示，虽然色诺芬认为，

仁慈的僭政，或一位听从智慧者劝谏的僭主的统治，原则
上比法的统治更可取，［但是，］最好状态下的僭政几乎不可
实现。（《论僭政》，页 75）

正当施特劳斯开始考虑僭政的实际问题时，他做出了前文提到
的转变，将僭政定义从没有法律的统治改成了没有同意的统治。因
为大多数实际情况是，那些被称为僭主的，是担不起统治的好名声
的统治者，而这反映了一个严重的问题，即他们作为统治者既有缺
陷，也缺乏智慧。换言之，在所有符合施特劳斯引用的任何僭政定
义的政制中，我们实际上没有发现任何一位智慧者在没有法律但有
同意的情况下进行统治，倒是发现了许多毫无智慧的人在既无法律
也无同意的情况下进行统治。这是为什么呢？

最简单的回答是，问题在于智慧者并不倾向于夺取政治权力，
因为他们渴望的不是统治，而是思考、写作以及有闲暇进行私人谈
话，而那些正义的、通常会认真对待美德的人，虽然经常渴望权力，
却并不倾向于篡夺权力。然而，那些既缺乏既定宪制下的统治合法
性，又缺乏智慧和美德的统治者，则最不可能获得臣民的同意。但
是，僭主的致命缺陷使他们需要明智的顾问，这导致哲人对他们产
生了兴趣，而他们也是哲人们的潜在友伴。一位年轻而聪明的僭主，
一位渴望学习良治所需知识的僭主，难道不是智慧者的完美友伴吗？
智慧者做他的顾问——不过显然得是兼职顾问，这难道不是最有益
的职业吗？

就连柏拉图也显然着迷于这一前景。但是，柏拉图对狄俄尼修
斯的教导并不成功，亚里士多德对亚历山大的教导，或者莫尔
（Thomas More）对亨利八世（Henry VIII）的教导也不成功。主要的
问题已经在柏拉图的《法义》中得到说明。当时，雅典异乡人告诉
惊愕的克勒尼阿斯（Kleinias）和墨吉罗斯（Megillus）：建立好政制

的最快捷途径，是让一位智慧者与一位善于学习，记忆力出色，有勇气、大度和节制的年轻僭主结为友伴（《法义》709e – 710d）。缺乏智慧的统治者需要美德，特别是需要节制来听取智慧者的意见，而那些以暴力夺取王位的人，甚至包括那些继承王位的人，很少天生就有节制。雅典异乡人关于具有德性和顺从的僭主的设想，实际上是一种乌托邦；但无论如何，雅典异乡人只是将这种设想作为一种手段，以建立他最为强调的法治。

那么，施特劳斯是否只是更严肃地认为，原则上，尝试让一位智慧者去教导一位普通的绝对统治者并不稳妥，这样的政制不是最佳政制，而就像柏拉图在《王制》中设想的那样，一位智慧者本人的直接统治——尽管这种人不太可能掌权——才是最佳政制？事实上，施特劳斯不仅指出这一前景不可能，还进一步揭示了它的严重问题。因为事实证明，智慧作为智慧者的统治资格终究存在缺陷。

我们已经注意到智慧者缺乏统治欲。对此施特劳斯最有力地阐明如下：

> 统治者特定的职责是"做"或"做好"，他不得不为他的所有臣民服务。而苏格拉底特定的职责是"说"或讨论，但除了与那些他想要与之交谈的人，他并不会参与讨论。惟独智慧者是自由的。（《论僭政》，页84）。

我们完全可以提出亚里士多德式的思考：赋予最好的人一种并非最好的生活，即统治而非沉思的生活，这是不是不义？但是，在另一个不同的方向上，施特劳斯根据智慧者的倾向展示了他们在统治能力上存在严重局限。

施特劳斯将政治人欲望爱与智慧者欲望受人钦佩作了对比，他说：

只是因为统治者渴望被"人们"爱，所以他才能够成为所有臣民的自愿的仆人和施惠者，因此也才能够成为一个好统治者。另一方面，智慧者则没有这样的欲望，他满足于一小部分人的崇拜、赞美和认可。（《论僭政》，页88）

同样，他还评论说，"天生的统治者与天生要成为智慧者的人不同，他必须有强烈的好战倾向"，甚至得有"残忍的个性"（《论僭政》，页90-91）。但是，既然智慧者本身不具备这些有效统治的基本素质，那么，智慧也就终究不是唯一的统治资格，就像智慧者可能确切地知道他们需要做什么一样，他们也应该有心有胆去做。①

另一方面，是施特劳斯在他的《重述色诺芬的〈希耶罗〉》中承认的问题，即至少有一部分相当重要的"贤人"，他们终究不会在任何僭主的统治下幸福地生活，这些"真正的男人"（即 andres）的主要激情是对荣誉的热爱（《论僭政》189-190）。他们热爱荣誉，他们既为自己谋求自由，也为友伴谋求自由，因为没有自己的自由就没有真正的尊严，没有友伴的自由，他们给予贤人的荣誉就不可能被信以为真。这样的爱荣誉者可能不如哲人，但正如西蒙尼德所说（《希耶罗》7.3），他们胜过不爱荣誉的人，至少胜过那些主要激情既非爱真理也非爱荣誉的人。因为也许所有的人都关心荣誉，以及关心随之而来的自由，正如西蒙尼德间接承认的那样，他两次将对荣誉的爱或快乐归于一般而言的 anthrōpoi［普通人］，即使他声称这是 andres［男人］的特殊标志（《希耶罗》7.1、7.4）："诗人禁不住暗自承认各类人的统一性，尽管他们在陈述中明确予以否认。"（《论僭政》，页190）

---

①　色诺芬在《居鲁士上行记》中将自己描绘成一位有抱负的领袖，可能是这种一般特征的例外。

然而，这一切至少意味着，无论是有能力过上最好的哲学生活的智慧者，还是坚定追求次好的政治行动生活的爱荣誉者，都不会在施特劳斯的最佳制度下获得幸福，而且其最终原因是一样的——两者都不自由。没有法律的智慧者的统治，即使在原则上也不是最好的——如果我们所说的"原则上最好"指的是，只要能找到可行的方法来实施这种统治，该安排对所有人来说就都是好的。人类的本性阻碍了这种统治的实现。

关于法律与合法性的问题

施特劳斯本人并没有认为，没有法律的智慧者的统治，其根本缺陷在于哲人和爱荣誉的贤人们缺乏自由。但他确实得出了一个结论，这个结论与我们已经总结出来的他的那些思路一致。

> "僭政的教诲"——这一教诲阐发了这样的观点：我们可以提出论据支持仁慈的僭政……因而具有一种纯粹理论性的意义。它只不过是对法和合法性问题最强有力的表述而已。（《论僭政》，页76）。①

① 施特劳斯本人得出该结论的进路集中在实际的僭政这个更大的现实问题上，即僭主无一例外都具有压迫性的特征。然而，这种推理方式留下了一个值得注意的缺口。如果对最好僭政的理解不是未经同意的统治，而是没有法律的统治，如果所有被称为僭主的人实际上都是有缺陷的统治者，他们没有兑现其统治主张，那么，为什么施特劳斯不考虑那些在这方面取得了成功的篡夺者，以及那些继承了王位却施行绝对统治的人（比如阿斯图亚格）？原因只能是：这些统治者既没有真正的智慧，也没有受到任何阻力的困扰，所以他们不认为自己需要明智的顾问。哲人们对他们没有特别的兴趣，因为他们没有为潜在的明智的统治提供机会。他们的政制充其量只是世界上或多或少都到处存在的专制政体之一。

确切地说，这个问题到底是什么？它是我们已经在法律中看到的党派偏见、盲目性、笼统性吗？或者是这一事实：尽管公认的合法性是政府稳定的必要条件，但它过分依赖于传统的任意性和起源的偶然性？如果这就是问题的全部，那么，通过规定司法自由裁量权和紧急状态下的权力，再加上用更好的法子选举领导人并构建立法机构，我们是否可以在很大程度上解决这个问题？

这些明智之举都可以缓和施特劳斯所说的法律和合法性的问题，但还没有触及这个问题的本质。一个类似的问题在普通僭主身上生动地体现出来，他"缺少的不容置疑的权威"导致僭主统治本质上是压迫性的（《论僭政》，页75）。关于法律和合法性的最深层的问题在于，理性本身缺乏不容置疑的权威，然而，根据色诺芬笔下的苏格拉底，合法的权威只属于理性而非任何其他东西。

这就是《回忆苏格拉底》（3.9）中苏格拉底提出的奇怪主张的真实含义，施特劳斯此处向我们提及这一主张，即真正的统治者是懂得统治的人，即使他没有戴上王冠，也没有被选上担任任何职位。正如苏格拉底经常表现出来的那样，他在这里给人留下一种清高的天真印象：他似乎认为知识具有一种近乎神奇的力量来命令人们服从，并且这份力量还延伸到保护有知识的人免受僭主的伤害，这类僭主倾向于想杀死说出真相的智慧臣民。

事实上，苏格拉底说的一些东西还要更清醒，但也会更彻底地颠覆所有现实政治权威：只有在一种意义上下达命令才是完全好的，且因而也是正当的，即命令的下达者知晓并教导接受命令的做什么最好，而此时对该命令的服从也是完全好的，因而也是必需的。一位好医生的命令、一位好向导的指点、一位知识渊博的水手的指令，人们都应服从，不服从的人应受惩罚，即使发出命令的人没有个人权力来执行惩罚。确切地说，无视好的建议总会承担惩罚，不遵循好建议的人，他的事情就会变糟。

《回忆苏格拉底》（3.9.10－13）中的这些论述几乎紧挨着另一个著名的苏格拉底悖论，即"正义和其他任何美德都是智慧"（《回忆苏格拉底》3.9.5）。通常，阅读这一等式的方向是强调智慧在其拥有者身上具有不可抗拒的力量。我认为，这是一个严肃的苏格拉底式思想，不过它要求我们把拥有真正的知识或智慧的标准提高到通常设定的标准之上。然而，对照苏格拉底随后关于正当权威的主张，我们也可以调转一下方向：凡是智慧的事且唯有智慧的事，才是正当的事。

当然，在很多情况下，服从以武力为后盾的不明智的命令和法律是明智的，因而是智慧的，但这只是无关紧要的考虑，强行要求这种服从的，不是命令本身的正确性或命令者本人下达命令的权利。可以肯定，许多政治权威的主张仅仅建立在武力之上——人们有时，而且在过去的时代经常这样说——"战利品归胜者所有""强权即正义"。但是，这种主张与奴隶主要求其奴隶服从自己的主张没有什么不同，奴隶们只要能成功逃跑或反抗，他们当然就能蔑视这些主张。

天生享有职权并不意味着享有更多的权利，但臣民自己事先作出的选择或同意也不意味着更多的权利。正当的东西才是真正好的东西，如果一个人并不知道随后将至的命令是什么或什么是最好就给予了同意，那么这种同意就不正当。法律和合法性的问题在于：除了理性之外，无论是父母、将军、医生、君主还是总统的权威，都不像理性那样有任何其他正当基础，而理性着眼于被统治者的善或统治者作为其一部分的共同体的公共善。然而，所有现实中的法律，所有被认为是合法的现实政治权力，其中都大量混杂着而且必然混杂着剥削、愚蠢、死板僵化和对偶然不合理的顺从。

古代的苏格拉底式政治哲人们清楚地看到了这一切，但他们还是给政治下了温和而节制的结论，给出了清醒的建议。他们在实践中的结论是支持法治。一个人如果看到了理性在政治中的力量有其局限，并同时深入思考了最佳政制因而也思考了法律和合法性的问题，那么，他也就知道了如何在现实的实践中最大限度地从理性当中受益，即通过建立一个基于法律的节制而稳定的政制。

因为，法律是对强制力的使用，但它不仅仅是强制力；法律是在我们的集体生活中体现理性统治的一种尝试，也是人类已经发现的最好尝试。法律对于自由必不可少，它之所以是自由的根本，不仅是因为它在明确界定的范围内给予每一位公民行止的安全，也是因为它试图让所有公民在平等的基础上共同遵守一种已被经验证明是好的行为标准。这种标准不是最高标准，但值得高度尊重，因为它是一种基本正派、公平且具有公益精神的标准，这种标准分有了共同体所需要的责任。法律带来了尊严，因为在这种个体将共同体的标准视为自己的标准以及相互问责的行为之中，存在一种尊严。

前言虽多，却忽略了施特劳斯眼中古人所理解的法治中最重要的东西：神圣。我们正在为自己制定的标准并不是随意编造的，这一点至关重要。如施特劳斯所言，"人不能被设想为一个缺乏神圣约束的意识的存在"（《论僭政》，页192）。为了在服从中找到尊严和目的，我们必须仰望我们所服从的东西，如果说哲人只仰望理性，那么公民必须仰望对权利的理解。这种理解优先于任何同意，甚至优先于任何权利的主张，它在最好的情况下被尊崇为神明所赐。①在向世界宣布摆脱英国枷锁所依据的原则时，我们的国父们就表达了对理性、权利、义务和神圣事物的这种复杂的接受。他们将理性的原则建立在自然法和自然之神的基础上，申明他们"仰赖上帝的庇佑"，并且以他们的生命、财富和神圣的荣誉彼此宣誓。

古代苏格拉底门徒的激进性，他们对最佳政制问题的严肃态度，

---

① 参色诺芬，《居鲁士上行记》3.2.13。

甚至说，或更准确地说，对于最佳政制有没有可能并非一个人的最绝对统治这样令人震惊的问题，他们有着探究的意愿，这些都为他们在政治上的伟大节制奠定了基础。施特劳斯复兴了这种激进主义，并得出了相似的节制的结论：本着这种精神，我们有可能成为宪政共和主义的好友和支持者。诚然，"自由民主或宪政民主""比当今时代可行的其他备选方案更接近古人的要求"（《论僭政》194－195）。这种节制而稳定的政制，比如我们在美国享有的政制，接近于亚里士多德所说的混合政制，即将普选权与贵族式的选举原则以及受任命的司法机构相结合。这种政制建立在一种根深蒂固的基本法之上，并为具体立法提供了审议程序，也为睿智领袖提供了合理的自由决定权。

事实上，施特劳斯教导说，只有从一个受过古典政治哲学原则教育的人那里，宪政共和主义才可能找到更好的支持、指导以及路线上明智的纠正。相比之下，马基雅维利和现代政治哲学拒绝认为激进探索最佳制度是正当的，这使他们失去了古典作品对有限性的清醒认识，并且为现代政治而非现代思想的激进主义，也为其在过去一个世纪里给全世界带来的所有苦难铺平了道路。

维特根斯坦、施特劳斯与哲学的可能性

罗森（Stanley Rosen） 撰

孙亮鑫 译 成官泯 校

本文讨论的两位思想家，首先可以视为对康德的两种不同但又相关的回应。说他们相关，主要是因为二人都倾向于回归前理论的日常语言领域。但他们之间也有极重要的区别。一方面，维特根斯坦的回归源于19世纪先验哲学向语言哲学转变的过程，在这个意义上，我们可以说他本身就是新康德主义者或者后康德主义者。历史性自我的出现是这一转变过程中具有决定性的标志，它最初是对纯粹理性的先验自我的补充，而后取代了先验自我。另一方面，施特劳斯受到柏拉图和亚里士多德的决定性影响。他曾对自己的学生说，柏拉图和亚里士多德使得他对海德格尔、对历史自我的出现连同语言哲学所造成的后果的现象学版本获得了免疫力。施特劳斯这句话不仅仅是趣闻轶事，读者应谨守这一点，以免将施特劳斯解释为一个神秘的尼采主义者。

施特劳斯从苏格拉底开始，而尼采和海德格尔则从前苏格拉底开始。这并不是否认尼采在施特劳斯解构哲学传统时的重要性。但施特劳斯的解构不是为了本体论上的根源，而是为了揭示人类日常生活的政治本质。至于维特根斯坦，人们几乎都有这样的印象，他的独特个性中具有尼采哲学的解构元素。维特根斯坦不是从哲学史出发，而是从他自己直接理解科学化哲学所造成的破坏性后果出发，这种科学化哲学效仿数学式的建构。不幸的是，他对历史缺乏兴趣，这使得他不加批判地接受了现代科学对自然的理解。不可避免的结果是，在他的作品中人类的话语被理解为历史之声和习俗之声，而非自然之声。对于维特根斯坦来说，日常语言是不断变化的历史习语，但是这说法本身就是一种理论建构。在他那里不存在话语向本源的回归，而只是认同由地域的一致同意而造就的规则。

施特劳斯和维特根斯坦都富有人格魅力，并培养了大量的追随者。他们的追随者都围绕什么是大师的真实教义展开无休止的争论。这种分歧相当重要。显然，这在很大程度上是由于两位思想家的伊索寓言式（aesopic）风格，这种风格成功地使作者的话变得模糊，尽管两人表面上都在试图捍卫日常的、常识性的语言。虽然施特劳斯经常用据说是他自己的声音为（特别是那些来自政治哲学领域的）确实的哲学论题发言，但是在其整个生涯中，他都是在解读传统的伟大人物中传达自己的观点：希腊的、希伯来的、阿拉伯的、拉丁的、现代欧洲的以及美国的伟大人物。尽管这种隐微论（esotericism）在维特根斯坦的著作中没有出现，但他提出的语言治疗的模糊晦涩（obliqueness），也使得人们难以区分疾病和治疗方法。不过，在这两位思想家所塑造的虚假的清晰性中也显露出一些要点，这些要点构成了两人影响深远的遗产。

最要紧的任务是重建维特根斯坦和施特劳斯提出的主要论证，这些论证关系到回归前理论话语的必要性与哲学之可能性之间的联系。在维特根斯坦对理论的批判中，他非常接近于"哲学是不可能的"这一论断。有一种推论，至少是由此得出的推论：耶路撒冷在

与雅典的争论中获胜。① 施特劳斯在讨论理性与启示之间的争论时
更明确，涉猎也更广泛，但也更加模棱两可。想要直接澄清真相并
非易事，因为施特劳斯对哲学本质的理解是困惑式的（aporetic），
并且我们有充分的理由认为，他对这个困惑（aporia）的表述本身也
是困惑式的。

我希望展现的是，施特劳斯不是保守派（reactionary），他并不
幻想后现代的人们有可能回到过去。但他坚持认为，在政治和哲学
方面，我们有可能也有必要从过去吸取教训。我认为理解施特劳斯
的哲学观点比理解他的政治观点更为困难。毫无疑问，前一种困难
具有广泛的后果并且往往会加剧后一种困难。然而，总的来说，施
特劳斯是一个古典自由主义者，只有从极端进步主义或者被他称为
历史主义的观点来看，他才似乎是一个保守派。可以肯定，施特劳
斯的自由主义中有些方面是过时的，虽然他抓住了启蒙运动中那些
被尼采描述得淋漓尽致的缺陷，但他从未得出尼采的结论。

至于维特根斯坦，我认为很难把某种政治哲学归于他。他似乎
默契地跟随康德，认为伦理道德远比政治更为重要，尽管它因过于
高深而无法运用推论性思维（discursive thought）明确地表达出来。
仅基于阅读维特根斯坦的主要作品，我的印象是他能非常清楚地看
到现代欧美文化的缺陷和粗俗，就此而言，他在政治上相当保守。②
我认为，得出维特根斯坦认为哲学是不可能的结论并不困难。他在
自己的教导中引入的技术性方法（例如语言游戏）只是为了用于治
疗；设计这些技术性方法，是用以清除日常语言中的理论碎片和扭

---

① 然而胜利是无声的。见 "A Lecture on Ethics," in *Philosophical Occasions*,
1912 – 1951, ed. James C. Klagge and Alfred Nordmann, Indianapolis: Hackett, 1993,
p. 44, 以及同卷中的 "Remarks on Frazer's Golden Bough," p. 119。

② 例如，"Sketch for a Foreword," *Culture and Value*, tr. Peter Winch, Chicago:
University of Chicago Press, 1984, p. 6。

曲，而不具有任何积极的或建设性的用途。当然，维特根斯坦用以反对哲学的那些实例可能是错误的，甚至就如一些人所认为的那样，它们与他自己的程序相矛盾。这种说法有道理，因为只有哲学本身才能完全可靠地消灭哲学。但人们在维特根斯坦那里找不到——而在施特劳斯那里则能够找到——一个含蓄地表达了其困惑本质的代表哲学的案例。

那么，为达成我们的目的，现在主要的问题就是：日常的或前理论的语言与哲学的可能性之间有什么联系？有没有可能在不涉及理论的情况下回到前理论的境况中？如果没有这种可能，这难道不会把日常的东西变成理论的人造物，即超日常之物（extraodinary）吗？

根本的困难可以表述如下：返回柏拉图、色诺芬和亚里士多德文本中的政治生活的共同根源（在他们那里，这些根源据信并没有被两千五百年的理论建构所扭曲）所带来的活力，即使没有被一个棘手的理论问题削弱，也被它遮蔽了。施特劳斯的哲学活动所回归的前理论经验，是理论在希腊和西欧出现之前的希腊人日常生活的状况。如果我们认真思考这个问题，就会出现以下两难困境：要么，希腊人前理论经验的真理在任何时候原则上都可获得，因此回到希腊的观点多余；要么，施特劳斯主张一种历史主义的观点，认为我们的希腊遗产已经预先决定了我们倾向于在希腊人自己的前理论理解中寻找哲学的起源。

在此还有一个观点需要提一下。施特劳斯也非常重视修昔底德和阿里斯托芬对日常生活的本质的见证（testimony）。他们的见证可以概括如下：哲学对于政治来说要么多余，要么危险。换一种稍微不同的说法，哲学已经是对政治生活的本性的扭曲。因此，我们在苏格拉底学派的著作中找不到对这种生活的前理论描述。施特劳斯解释希腊人前理论生活时的明显冲突可以通过以下方式解决：两种见证中对政治生活的描绘相同，区别在于它们各自如何评价哲学的政治后果。因此，施特劳斯对希腊的研究提出了两个问题。首先，关于政治本性是否有一个理论上中立的解释？其次，从其自身的角度所理解的政治本身（如果可能的话）与哲学之间有什么联系？

如果我们暂且把政治学说和学术解释的所有问题放在一边，施特劳斯思想的核心事实是他与海德格尔在哲学本性问题上的交锋。原因在于，海德格尔的回归过于激进，因为它引导我们回到历史之外的另一个时代，并以先知式的（prophetic）术语（唯一适合于这一规划的术语）建议我们做出不同的选择——这不仅是一个完全不同的选择，更是一个只有在拔起我们的根基之后才能做出的选择。我在此对海德格尔"另一条道路"的先知式图景的内容置而不论，只是需要指出，它并非像他似乎相信的那样不受西方元素的影响。抛开这些不谈，海德格尔回归的吸引力必须建立在他对西方哲学的解释之上，因此不仅要解释哲学的希腊起源，还要解释之后历史上的柏拉图主义如何自始至终似乎导致了对这一起源的扭曲。

就我们的目的而言，关于维特根斯坦思想的核心事实，在他1931 年手稿的随附评论中已有概括。在反思了勃拉姆斯（Brahms）和门德尔松（Mendelssohn）之间的紧密关系后，维特根斯坦打断了这种比较，说：

> 这一定是一个我无法确定的主题的终结。今天当我在思考我的哲学作品时，它突然出现在我的脑海中，我自言自语道："我毁灭，我毁灭，我毁灭。"①

用稍微正面一点的方式来说，维特根斯坦经常强调"哲学绝不会干涉语言的实际（real/actual）使用……干涉真正被说出的东西。它最

---

① Wittgenstein, *Culture and Value*, p. 21.

终只能描述它。因为它也不能给它任何基础。它让一切如其所是"。①

总结一下这些导言，维特根斯坦采用了尼采式的（如海德格尔著作中所展现的）毁灭（或解构）哲学传统这一主题，但尼采这样做的目的完全不是创造或发现一个新的起点。事实上，维特根斯坦向日常话语的回归中充满了康德的和后康德学派的论题。就连他那"哲学让一切如其所是"的论断，也与康德坚持认为的"伦理学以普通人的良知为基础"的观点一致。康德与维特根斯坦的区别来自存在于康德与后康德学派之间的这一事实：先验的东西被历史的东西取代了。更准确地说，先验的东西被完全移出话语的领域，而话语的领域因此完全被历史所占据。另一方面，施特劳斯则拒绝"回到康德！"的号召，但是他对希腊逻各斯（logos）的坚守受到如下限制：他敏锐地认识到历史不可逆转，而且他未能（或者不愿意）解决雅典和耶路撒冷之间的争执。

维特根斯坦和施特劳斯是当代努力重新抓住日常的、前理论的哲学境况的两个最重要的代言人，他们既不依赖于普遍数学（mathesis universalis）的方法和原则，也不求助于基础本体论。在维特根斯坦的《心理学哲学评论》（*Remarks on the Philosophy of Psychology*）中，他没有任何解释就说：

> 想要攀登到深处，不需要走很远；实际上，为此你不需要放弃你眼前的和习惯的环境。②

阅读这段话时，我常觉震撼，因为它与施特劳斯经常重复的观

---

① Wittgenstein, "Big Manuscript," section on philosophy, in *Philosophical Occasions*, ed. Klagge and Norman, p. 177.

② Wittgenstein, *Remarks on the Philosophy of Psychology*, tr. G. E. M. Anscombe, Chicago: University of Chicago Press, 1980, vol. 1, p. 71（361）。我稍微修改了译文。并见 *Culture and Value*, p. 50。关于这种当下的前提，见 p. 73。

点是多么相似，施特劳斯认为深度包含在表面之中，而且只包含在表面之中。在《思索马基雅维利》（*Thoughts on Machiavelli*）中，施特劳斯说：

> 阻碍我们理解任何事物的，莫过于对于显而易见之事，对事物的表面，采取想当然或者蔑视的态度。蕴涵于事物的表面，而且只有蕴涵于事物表面的问题，才是事物的核心。①

在这些关于表面和深度的论述中，我认为施特劳斯和维特根斯坦都在告诫我们，不要倾向于用理论式的人造物来替代经验的直接境况。二人都不同意康德和海德格尔用以处理日常经验的先验的、本体论的方法。最后，他们都反对以数学和实验科学的图景重建哲学的企图。但这并不意味着两人都在相同的意义上或在相同的程度上反对理论。② 对维特根斯坦来说，理论是错误的或模糊的概念建构；"不要寻找现象背后的任何东西；它们本身就是理论（歌德）"。③ 他还强调：

> 既然一切都摆在眼前，就没有什么需要解释的。例如，我们对那些隐藏起来的东西不感兴趣。④

维特根斯坦主要反对哲学家们诉诸内在或主观过程，并不反对共同语言的公共性；他反对诉诸意义或柏拉图的理念等语义实体，

---

① *Thoughts on Machiavelli*, Glencoe, Ill: Free Press, 1958, p. 13.

② 显然，在这一章中我指的是（除非另有说明）所谓的后期的维特根斯坦，他最重要的文本是 *Philosophical Investigations*, tr. G. E. M. Anscombe, Oxford: Blackwell, 1998。

③ *Remarks on the Philosophy of Psychology*, p. 157（88）。参页 117（633）：简单语言游戏"是描述的终点，而不是理论的地基"。

④ *Philosophical Investigations*, p. 50, par. 126.

并不反对共同语言的句法或语法规则。另一方面，施特劳斯反对的则是有些理论不以我们对人类事务自然秩序的直接经验为基础，这种自然秩序不是语法规则的产物但却决定着语法规则。

在人性（human nature）对我们行为的规范意义这一关键问题上，维特根斯坦的说法并不一贯。显然与施特劳斯一致的是这一主张："人类的共同行为是一个参照系，我们用它来解释一种未知的语言。"（同前，p. 82，par. 206）在同样的意义上，我们被告知语言与事物的实际情形相符合，或者与维特根斯坦所说的正常情形（同前，p. 56，par. 142）相符合，因此也与日常语言或习俗语言（die gewöhnliche Sprache）① 相符合。他在《哲学研究》（*Philosophical Investigations*）中把自己的工作描述为

> 对人类自然历史的评论；不过我们所提供的并不是奇闻异见，而是没有人怀疑过的观察结果，它们之所以没有引起注意，只是因为总在我们眼前。（同前，p. 125，par. 415）

但是，自然历史这个说法与关于人性的历史主义观点是一致的。此外，根据维特根斯坦的看法，"本质由语法道出"（同前，p. 116，par. 371；参 par. 373）。由于语法定义了语言游戏的家族或构成了生活形式（同前，p. 8，par. 19 及以下），并且生活形式是多种多样的（换句话说，既然不存在普遍的生活形式，也就不存在普遍的命题形式），似乎人性以及被认为是日常的或健全的语言使用都是历史作用，也就是偶然性的作用。维特根斯坦说他的兴趣包括概念与"非

---

① 例同前，p. 129，par. 436。Gewöhnlich 可以翻译为"普通的""日常的"或"习惯"。维特根斯坦在思考非哲学家的日常语言，它是我们通常地或正常地表达自我的方式。但这预先假设了哲学上超越性的表达模式在某种程度上是有问题的。"日常"与"超越"之间的界限要么太过灵活，要么太过死板。

常一般的自然事实"之间的一致性，但后者并未被援引作为前者的原因。相反，在产生不同的概念时我们被指引着去想象不同的自然事实。他并不是要求我们关注自然秩序，而是要求我们关注概念的偶然性。①

我们必须强调，对于维特根斯坦来说，日常生活的表面或熟悉的环境通过语言实践以概念化的方式被定义。我们所谓的世界或现实，以及前面提到的自然事实本身，都是一种我们如何拆分日常经验的概念空间和话语空间的函数（function）。② 但这并不意味着日常经验可以作为一种标准，存在于拆分行为之前。维特根斯坦对日常语言的强调充其量只是模糊地伴随着对人性、对话语或者逻各斯本性的诉求，更不用说对一种在静观中可及的自然秩序的诉求。这种模糊性源于维特根斯坦排除了对这类问题进行理论化的可能性。他从语言共同体这个约定的或历史的事实出发，其中共同体的成员或多或少以相同的方式说话。③ 正是作为这个共同体的一员，哲学家或言语治疗师才能够掌握语言使用的标准习语和规则，从而消除因误用这些习语和规则而产生的错误。④

---

① 同前，p. 230，part 2. section 12。对观 *Culture and Value*，p. 37。注意这与胡塞尔通过想象而提出的"本质变形"（eidetic variation）的学说有相似之处。

② "语言与现实之间的联系是由词语的定义造成的，而这些定义属于语法，因此语言始终是自成一体的和自主的。"*Philosophical Grammar*, tr. Anthony Kenny, Berkeley and Los Angeles：University of California Press，1978，p. 97（par. 55）。

③ "必须被接受的，被给予的，就是——人们也可以说——生活形式。"*Philosophical Investigations*, p. 226，part2，section xi。

④ "……哲学问题是误解，必须通过澄清规则（我们倾向于根据那些规则来使用语言）来消除这些误解。"*Philosophical Grammar*, p. 68（par. 32）。德语"我们想要根据那些规则来使用语言"（nachdenenwir die Wortegebrauchenwollen）引出了"习俗"的概念。换句话说，这些规则是由我们偶然发现自己身在其中的语言共同体决定的，而不是由语言之外的自然秩序决定的。

　　根据我的理解，对维特根斯坦来说自然本身就是一个理论建构。这就是说，他认为源自 17 世纪哲学和新物理学的自然之涵义是理所当然的，并且其中也包括了 18 世纪和 19 世纪所使用的自然历史这个说法的涵义。通过拒绝 phusis 意义上的自然，也就是说拒绝作为人类语言发明的外部秩序的自然，维特根斯坦保留了习俗（nomos）或习惯。因此，他对语言之日常使用的分析是无止境的；既没有开始也没有尽头。或者说，这种分析没有底部也没有顶端。在理论的两种涵义中都不存在关于语言之正确使用的理论。我们无法理性地认知对话语实践具有规范作用的人之本性或经验，也无法为话语实践的等级次序建构一个独特而全面的概念框架。日常语言只有在地域（local）或历史的意义上才是有序的。

　　尽管如此，我并不认为维特根斯坦与施特劳斯所维护的苏格拉底的教导完全不同。柏拉图的对话录阐明了维特根斯坦自己的两个命题或假设。第一，人类话语特别是哲学话语，没有起点也没有尽头。我们总是处于事物的中间（in medias res）。第二，因此，没有最终的或全面的话语结构，或者说没有维特根斯坦所反对的意义上的理论。但是，与维特根斯坦相反，对柏拉图来说，哲学话语有底部也有顶端，这一方面表现为理念（Ideas），另一方面表现为爱欲学说。更通俗地说，我们因我们的欲望而统一，而欲望又被欲望对象的本性所规范。因此，人们所谓日常的或有序的话语在实际事情上被欲望的可理解性所规定。这种阐述古典立场的方式似乎不合时宜，但在爱欲和理念以及欲望和它的对象之间，存在着一种概念上的相似性甚至连续性。

　　当然两者之间也存在着关键的差异。其中一个对我们而言特别重要的差异是，现代性的奠基者将欲望去政治化，从而将 thumos［血气］和 epithumia［欲望］之间的差异还原为笛卡尔所说的灵魂的激情这样一个同质概念。对于苏格拉底和他的学生（包括施特劳斯）来说，人类欲望的适度满足必然是一个政治问题，原因很简单，因为我们彼此依赖才能够得到那种满足。但这个问题也将我们带向了城邦之外（或者更确切地说是城邦之上），指引我们看到欲望的高贵与卑贱之间的自然差异。

通过把这种依赖转化为生理性的，笛卡尔将重心从共同体转向孤立的个体自我、从政治转向心理学。欲望的高贵和卑贱并没有完全消失，而是被重新定义为慷慨（générosité）或灵魂的自主授权的崇高，即利己主义（egotism）。后来又转向社会和历史占主导地位，这一转变从 18 世纪开始并在 19 世纪完成，尽管从某种意义上说它是欲望的重新政治化，但却保留了欲望的生理学基础；就是说，它保留了现代科学对自然的观念，这种自然观无法坚持高贵与卑贱之间的自然差异。

简言之，从政治到生理的转变即从公共向私人的转变，开启了对精神、灵魂或心灵的唯物主义解释。更准确地说，灵魂－身体（soul-body）问题被心灵－身体（mind-body）问题所取代，这逐渐使得将心灵重新定义为可以被机器复制的分析性话语能力成为可能。而自然从政治向生理的转变则是政治科学和社会学兴起的必要前提，也就是说，这一转变是对人类彼此之间的行为进行定量或描述性研究的必要前提。

需要重申的是，维特根斯坦从现代科学的自然概念开始，如果我理解正确的话，他试图通过宗教而不是哲学理论来弥补其缺陷。换句话说，对语言的有序分析植根于沉默而不是更多的语言，因为后者只能正确地用于描述或表达事实（包括经验）和相对价值，而不能用于伦理或宗教的绝对价值。维特根斯坦的语言疗法指向耶路撒冷对雅典的胜利。他是一个没有柏拉图式理念的苏格拉底。

如果说到目前为止我所呈现的情况总体准确，那么，维特根斯坦和施特劳斯在处理表面问题时的区别现在已非常明显。维特根斯坦在一个关键要点上非常接近尼采，也就是正如现代科学哲学家实际上定义的那样，自然本身（nature in itself）在一种极端的情形中只是一个发散性的人造物，任何情况下，它对人类存在的价值，都来自特定的语言视域或我们这些评价者所从属的共同体的生活形式。于是乎表面（surface）应当是一种语言习惯。表面之下没有深度，因此，只有通过沉浸入表面我们才能进入深处。有各种不同的表面，但没有共同的深度。试图看透表面，要么导致语言机器运转失常，其中最突出的例子就是形而上学的理论建构，要么导致沉默。相反，对于施特劳斯来说，表面是一种深度使其自身通向话语的方式。但这就是说存在着一种深度。然而它并不是一种适合于形而上学理论的深度。

展现维特根斯坦后期哲学中的问题的一种方法是，认为它致力于一个从未被实施的计划。皮尔斯（David Pears）对维特根斯坦的研究，将维特根斯坦的后期哲学描述为对形而上学的攻击，而形而上学事实上被当作一种试图将哲学模式建立在科学之上的尝试。皮尔斯引用了柏拉图的观点作为例子：世界强加给我们的思想一个固定的结构。[1] 但是读者若指望看到维特根斯坦对形而上学或柏拉图主义进行详细分析，那么这一想法是徒劳的（柏拉图主义也是海德格尔的对手，并且海德格尔确实给出了详细分析）。更难以置信的是，维特根斯坦并没有通过任何近似于在解释日常话语和超日常话语之间的差异的学说，来支持他一贯声称的对日常语言（die gewöhnliche Sprache）的依赖。

将日常语言看作是我们通常所说的在维特根斯坦教导中有价值的那一部分，这是一个循环论证（begging the question）。维特根斯坦在《哲学研究》中主张，哲学让一切事物如其所是，"我们语言

---

[1] David Pears, *The False Prison*, Oxford: Clarendon Press, 1988, vol. 2, p. 206.

中的每一个句子都'如其所是地有序'".① 但这一点不适用于哲学中理论化的句子，或者至少不适用于形而上学中理论化的句子。维特根斯坦在这里指的是日常的句子。他的主张不仅是日常语言为我们提供了一个可以帮助我们进行哲学话语分析的规范性标准，而且是哲学话语在所有非正式情况下都必须用日常语言替代。然而，这种转化之所以能够实现，是因为这是根据维特根斯坦的原则做出的假定，而这条原则正是基于他对日常语言或普通语言的完全认可。

在对日常语言的极端认可中已经隐藏着一种哲学学说。并且这种认可的广度几乎立刻与如下事实相矛盾：为达到日常表达的规范用法，维特根斯坦经常借助于极不日常的想象变形（imaginary distortions）和对现实语言实践的转化。② 最后，如果我们的日常语言中的每一个陈述都如其所是地正确，那么正如其他人指出的那样，就没有任何新的东西可以说了。但这个限定太过严苛，因为准确地说按照维特根斯坦自己的讲法，日常语言属于历史和约定俗成；也就是说，它变化着并发展出关于合法话语的新规范（canons）。

维特根斯坦认为，"我们所要做的是将语词从形而上学的用法带回到它们的日常使用中".③ 如果这种活动成功了，它就会带来哲学问题的彻底澄清，也就是说哲学问题会完全消失（同前，p.51，par. 133）。但为什么这可取呢？最初不正是日常语言的超日常性导致了哲学问题的产生吗？如果维特根斯坦假定那些不能带来完全清晰的东西应当从我们的话语中清除，那么，难道他不是还心照不宣地保持着对哲学真理的科学模型的忠诚吗？我无意中伤维特根斯坦的智慧和严肃性，但只有当人们认识到他致力于将我们从哲学中拯

---

① *Philosophical Investigations*，p. 49，par. 124；p. 45，par. 98.
② 这些方法应该与胡塞尔的想象变形（imaginative variation）相比较。
③ *Philosophical Investigations*，p. 48，par. 116.

救出来的道德热情时，他教导中这一最基本的层面才能摆脱庸俗主义的嫌疑。即便如此，困难依然存在。通过禁止我们谈论无法完全澄清的事情，维特根斯坦迫使我们对最重要的事情保持沉默。

总结一下这一部分的论证，看来似乎是，维特根斯坦为了取消哲学而诉诸日常，而施特劳斯为了保留哲学而提出了相似的呼吁。维特根斯坦的事业是有缺陷的，因为事实上"日常"对他来说已经是一种理论的人造物，"日常"预设了一个他希望去批判的哲学概念。维特根斯坦无意中将我们拉回深处，而施特劳斯则有意无意地阻止我们进入深处。我现在要谈的正是施特劳斯作品的这一特征。

施特劳斯毕生致力于捍卫苏格拉底理性主义伟大传统中的哲学。在施特劳斯看来，这一传统的核心特征是主张无知之知。哲学的可能性取决于这一主张的融贯性。问题是，施特劳斯是否为这种融贯性向我们提供了令人满意的论证，或者更恰当地说，是否提供了对这种融贯性的更适度的解释。但在我们阐明问题本身之前，我们首先必须面对施特劳斯修辞中的谜团。

人们能够从施特劳斯教导的表面外观中看到一种盛行的二元论。一方面，施特劳斯的风格（特别是在其后期作品中）使我们想起了他特别喜爱的两位思想家——色诺芬和法拉比（Al-Farabi）。但他和两位思想家之间有一个重要的区别。这两位古代思想家的显白教导显然与他们所处时代和地域的传统学说相符合，施特劳斯则似乎通过提倡复兴这一古老的传统，采取了一种与他自己时代和地域的主流观点相左的立场。

施特劳斯常常告诉人们，如果一个人喜欢简·奥斯丁（Jane Austen）而非陀思妥耶夫斯基（Dostoevski）的小说，他将更容易理解色诺芬。① 但施特劳斯向我们展示了一个革命家奥斯丁的古怪形象，

---

① Leo Strauss, *On Tyranny*, New York：Free Press, 1991, p. 185.

他对晚期现代性虚无主义的强烈批判更容易让人想起陀思妥耶夫斯基而不是奥斯丁。我相信施特劳斯会把尼采的反问句应用于 20 世纪：

> 19 世纪——特别是其早期——难道不就是一个强化的、粗俗的 18 世纪，即一个颓废的世纪？①

关于我们自己的世纪，要对这个问题给出肯定的回答，必须有某种修辞上的警觉。然而，将施特劳斯的观点与尼采的积极纲领联系起来，完全是对施特劳斯观点的误解。② 施特劳斯是自由民主的坚定代言人，在政治上支持林肯（Abraham Lincoln）和丘吉尔（Winston Churchill）。

施特劳斯认为，他的任务是通过古典政治思想家以及 17 和 18 世纪自由理性主义者的温和倾向，来促进当代自由主义的完善。施特劳斯只能被革命左派中的最极端分子称为保守派，但他与左翼激进分子中的有识之士有一个重要的共同特点：对被历史相对主义倒空内容的自由主义变体嗤之以鼻。

但这就是施特劳斯的政治纲领。他会同意我的看法——哲人的最高政治目标是保存哲学。③ 我只想说，对施特劳斯来说这也符合非哲人的最高利益。但这种哲学意图使得施特劳斯的修辞任务变

---

① F. Nietzsche, *Götzen-Dämmerung*, in *Kritische Studienausgabe*, ed. G. Colli and M. Montinari, Berlin：Walter de Gruyter, 1980, vol. 6, p. 152.

② 正如德鲁里（Shadia Drury）在《施特劳斯的政治观念》（*The Political Ideas of Leo Strauss*, New York：St. Martin's, 1988）中的义愤填膺，以及朗佩特（Lawrence Lampert）在《施特劳斯与尼采》（*Strauss and Nietzsche*, Chicago：University of Chicago Press, 1996）中的赞扬。

③ 见 "The Law of Reason in the *Kuzari*", in *Persecution and the Art of Writing* (Glencoe, Ill.：Free Press, 1958), pp. 8 and 18。

得复杂。例如，它有时会使得施特劳斯自己的政治自由主义观点变得模糊，不过这种模糊性即使不能消除掉，我也能够马上驱散它。

在评价柯亨（Hermann Cohen）关于斯宾诺莎（Spinoza）对犹太教的论述的解释时，施特劳斯写道：

> 有人可能会说，柯亨在批判斯宾诺莎时犯了保守主义者的典型错误，那种错误在于它隐匿了这样的事实：柯亨如此珍视的那种源远流长且变动不居的传统，若是仅靠保守主义根本就不会产生，或者说，如果不是从一开始就（至少在其产生过程中默默地重复）对受珍视的传统施以打断、革命和亵渎，那么这种传统就根本不会产生。①

施特劳斯常说，思想应当无所畏惧甚至疯狂，而行动应该适度。② 修辞作为思想的公开表达是一种行动，即使施特劳斯充满勇气的时候，他也从未使用过尼采式的夸张语言。然而他有自己的勇敢方式。他既有为少数人而作的文本，也有为大多数人编写的文本。施特劳斯对隐微论的重新发现和广泛呈现同样可以分为这样的两类文本。

我之所以这样认为，部分是因为很容易看到，施特劳斯的显白与他所阐释的作者迫切要求的谨慎是相应的。正如施特劳斯指出的，现代隐微论比其古代和中世纪的前辈更容易被洞察（penetrate）。施特劳斯对马基雅维利、斯宾诺莎、霍布斯和洛克的

---

① 这一段出现在《斯宾诺莎的宗教批判》英文版的前言中（*Spinoza's Critique of Religion*, New York: Schocken Books, 1965, p. 27）。

② Leo Strauss, *What Is Political Philosophy?* Glencoe, Ill.: Free Press, 1959, p. 32.

探讨相当明确，但他关于古代特别是中世纪的哲人或圣贤的论述
却极为模糊。就像施特劳斯自己经常提出的那样，人们能够在什
么程度上公开地言说隐微学说，部分取决于特定的历史环境。① 他
还认为，在一个古老的教导处于完全消失的危险之中的时代，可以
稍微比作者本人更勇敢更直率些。但不要太勇敢！因此，在阐释迈
蒙尼德（Maimonides）的隐微教导时，施特劳斯说迈蒙尼德诠释者
（也即施特劳斯）的立场在某种程度上与迈蒙尼德本人的立场相同。
他如此澄清：

> 鉴于《迷途指津》是对隐微教导的隐微解释，对《迷途指
> 津》的充分解释必须采取的形式就是对隐微教导的隐微解释的
> 隐微解释。

虽然施特劳斯补充道，对我们而言"这个建议可能听起来很矛
盾甚至荒谬"，但我认为这正是他自己就迈蒙尼德（且不限于迈蒙尼
德）著书时遵循的进程。②

关于犹太教徒哈列维（Jehudah Halevi）的极端谨慎，施特劳斯
指出："胆怯和责任之间的分界线在不同的时代并不相同。"③ 我们
所处的时代与色诺芬、法拉比、哈莱维甚至奥斯汀的时代有很大的
不同。在 1885 至 1886 年《遗稿》（Nachlass）的一个片段中，尼采
解释道：

> 今天有必要暂时用粗鄙（grob）的态度言说，且粗鄙地行
> 事。那些美好而隐匿的事物，即使是亲近我们的人也不再能理

---

① Leo Strauss, *Persecution and the Art of Writing*, pp. 32ff.

② 但在卡斯皮（Joseph Ibn Kaspi）那里并不是这样。见 *Persecution and the Art of Writing*, p. 56。

③ "The Law of Reason in the Kuzari," p. 110.

解。人不大声说出、叫喊出的，就不在这里。①

对此人们应该做些补充："粗鄙"（coarseness）是一个相对的术语；粗鄙的施特劳斯修辞更接近丘吉尔的修辞而不是尼采的修辞。

施特劳斯经常宣称，一个细心的读者也是一个细心的作者。② 细心的读者应当密切关注直白与隐微之间可能存在的联系。尼采在这里将再一次提供帮助。尼采在 1882 年的《遗稿》中说："经常谈论自己也是一种隐藏自己的方式。"③ 我将这个论述修改如下：发表许多离经叛道的看法是一种谈论自己的方式，即使这些看法因这个人修辞性地否认自己的禀赋倾向而有所掩盖，并且常常藏身于假设性陈述或模棱两可的插入句之中。

总之，施特劳斯将古典的隐微论和现代的勇敢精神结合起来，或者交替使用它们。从奥斯丁的微妙韵事到尼采的相对直率，他来来回回地转换，最后进入漆黑中，那可能让我们想起已故的亨利·詹姆斯（Henry James）。施特劳斯在最后著作中谈论色诺芬，以及谈论柏拉图的《法义》，让我想起詹姆斯的《圣泉》（*The Sacred Fount*）。这种晦涩性可能在一定程度上解释了为什么他对现代自由民主的辩护常常被忽视。

然而，施特劳斯之所以晦涩难解，主要原因还是其哲学肖像的模糊。值得注意的是，据我所知施特劳斯从未称自己为哲人。他坚持认为，在有记载的人类历史上只有极少数人可以被视为真正的哲

---

① Nietzche, *Werke*, in *Kritische Studienausgabe*, ed. Colli and Montinari, vol. 12, p. 41.

② "How to Study Spinoza's Theologico-Political Treatise," in *Persecution and the Art of Writing*, p. 144. 参见 "On a Forgotten Kind of Writing," in *What Is Political Philosophy?* p. 230.

③ *Kritische Studienausgabe*, ed. Colli and Montinari, vol. 10, p. 95.

人。施特劳斯没有像他的朋友克莱因（Jacob Klein）那样给出确切的数字，根据克莱因，人数在 12 到 15 之间。① 我相信施特劳斯更大方一些：他偶尔注意到，在每一代人中正常情况下只有一个或两个哲人。至于他自己，他私下里告诉他的一些学生，他认为自己的成就与莱辛（Lessing）相当，莱辛对施特劳斯发现隐微论技艺起过重要作用。②

　　这里的重要问题是，非哲人如何能够从真正哲人的显白表面洞察他们的隐微深处。在一些关键的地方，能由表面抵达深处的这一格言似乎不可信。施特劳斯自己也指出这不可信。我必须完整地引用下面这段关于海德格尔的文字：

　　　　海德格尔在 19 世纪 20 年代末及 30 年代初对德国产生了影响，很快地，他也对整个欧洲大陆产生了同样影响。除了粗糙或精致的新托马斯主义或马克思主义，现在已经不再有什么哲学立场。所有理性自由的哲学立场全都丧失了其重要性与力量。人们可以对此表示哀叹，可是我个人的确无法依附于那些早已被证明为不充分的哲学立场。我们恐怕必须付出相当大的努力，为理性的自由主义找到一个坚实基础。只有一位大思想家才能帮助身陷智识困境的我们。但有个大麻烦：我们时代惟一的大思想家是海德格尔。

　　　　当然，惟一要紧的问题是，海德格尔的教诲是否正确。但这个问题本身就带有欺骗性，因为它对能力问题——谁有能力

---

①　克莱因多年前在宾夕法尼亚州立大学的一次公开演讲中作了这一发言，当时我也在场。他正在读一篇发表在《圣约翰评论》（*Saint John's Review*）上的文章，那是他任教的一所小型文理学院的刊物，我没有机会去那里。

②　关于莱辛的论述，例见 Leo Strauss, "Exoteric Teaching," *The Rebirth of Classical Political Rationalism*, Chicago：University of Chicago Press, 1989, p. 64。

来做判断——保持沉默。也许，只有大思想家才真正有能力判
断大思想家的思想。海德格尔区分了哲人与那些将哲学等同于
哲学史的人。换言之，他区分了思想家与学者。我明白自己不
过是个学者。①

如果我们仅从字面意思上去理解施特劳斯的谦逊，那么它似乎
表明不仅在海德格尔去世后哲学从这个星球上消失了（至少暂时是
这样），而且施特劳斯和我们都无法理解海德格尔的作品。海德格尔
曾说，"在我 30 至 35 年的教学生涯中，我只有一两次曾经谈论过一
些对我来说真正重要的事情"，② 此时，这位来自德国黑森州
（Schwartzwald）的哲人到底想要表达什么呢？或者可以问一个本质上
相同的问题，施特劳斯如何像他声称的那样，在柏拉图的显白文本
中找到纠正海德格尔学说的解药的？正是柏拉图告诉我们他从来没
有，哪怕一两次，用文字写下自己最深刻的思想。③

施特劳斯在阐释哲学时的第一个晦涩之处，就是他的隐微论学
说，这一学说似乎使哲学从一开始就难以企及（除了每一代人中的
一到两名真正的哲人以外），据此，对于包括施特劳斯在内的我们其
他人来说，关于无知的知识过于不可解而不能算作知识。我们应当
回到"深度包含在表面之中"这条箴言上来。当然，这并不能保证
表面将会产生连续一致的意义。

我将从引用施特劳斯最著名的《自然正当与历史》中的一段话
开始：

---

① "An Introduction to Heideggerian Existentialism," in *The Rebirth of Classical Political Rationalism*, p. 29.

② Martin Heidegger, "Zürcher Seminar," in *Seminare*, *Gesamtausgabe*, Frankfurt am Main: Klosterman, 1968, p. 426.

③ Plato, *Epistulae*, 2. 314b7ff; 7. 341b5ff.

历史主义的立场可以归结为这一断语：自然正当（natural right）是不可能的，因为完全意义上的哲学是不可能的。只有存在着某种与历史上的变动不居的视域（horizon）或洞穴截然不同的绝对的自然的视域，哲学才成其为可能。换言之，只有在人们无法获得对于整全的智慧和完全理解的同时，又能够认识到他对于什么是无知的，亦即只有在他能够明了根本性的问题亦即根本性的选择时——那在原则上说是与人类思想相伴随的——哲学才有了存在的可能。①

施特劳斯认为，这里是反驳海德格尔所必需的假设的几个段落之一。这段话的特别之处在于，可以用两种不同的方式解读。第一种认为施特劳斯在说，真正的哲学对我们来说能够通过回归到政治生活的前理论表面而接近，即使它并非对每个人来说都直接可理解（intelligible），但起码对于卓越之人（endoksoi）或者有着良好判断力的人来说可理解，并且以这些人作为中介面向更广泛的受众。然而在另一种解读中，"人"这个属（species）——这一术语，必须被理解为一个类（class）的名称，这个类有且只有一个杰出的成员，即苏格拉底。因为对哲学史最浅显的考察也足以消除这样一种看法：哲人，甚至那些被施特劳斯视为哲人的人，都限定自己只提出根本性的选择。

那么，可以向施特劳斯提出的第一个问题是：在前理论生活中什么是可及的？并且它对谁来说是可及的呢？我们如何理解"深度包含在表面之中"这条箴言？对于维特根斯坦来说，这句箴言的意义实际上是哲学被适合于表面的智慧所取代。他的读者并不总是接

————————

① *Natural Right and History*, Chicago：University of Chicago Press, 1950, 1953, p. 35. ［译按］中译本参施特劳斯，《自然权利与历史》，彭刚译，北京：三联书店，2016，略有改动。

受这一点，但尽管维特根斯坦经常晦涩难懂，这一点却非常清楚。对施特劳斯来说，其意义似乎是关于无知的知识或者关于根本选择的知识可及，但关于基础或者根基的知识则不可及。但这难道不等于说深度不存在吗？更准确地说，在日常经验的结构中，根本选择先于哲学理论被给予我们。为了证实这一论断，就需要对哲学传统进行一种"消解"或"解构"。但这带来了一个巨大的困难，即对哲学的每一次解构本身就是哲学化的，或者说理论的。看上去似乎日常经验对我们来说既可及又不可及。

在不完全脱离这一点的前提下，我现在转而展开对施特劳斯来说关系到哲学可能性的第二个问题。施特劳斯作品中自始至终的主线都是耶路撒冷与雅典之争。非常有趣的是，一些细心研读施特劳斯作品的学生会发现，施特劳斯自己是一个有信仰的犹太人。关于这一点施特劳斯含糊其辞。这种模糊性来源于两组本身清楚的陈述，但它们最后总的效果模糊不清，即使它们彼此并不完全矛盾。一方面，施特劳斯经常指出，关于这个问题，即信仰还是哲学，哪个是唯一必需之物，我们的西方传统中包含了两个对立的、最终不相容的答案。[1] 针对犹太教，他尤其提出了同样的观点：

> 具有哈列维和迈蒙尼德那样哲学能力的犹太人理所当然地认为，做一个犹太人和做一个哲人是相互冲突的。[2]

这句话表明，一个人可以是犹太人并拥有哲学能力，但这不等同于去做一个哲人。区别是什么呢？一个哲人否认神迹或者拒绝相信从虚无（ex nihilo）中创造有等等。一般来说，哲人拒绝启示的权

---

① "Thucydides: The Meaning of Political History," in *The Rebirth of Classical Political Rationalism*, p. 72.

② *Introduction to Persecution and the Art of Writing*, p. 19.

威而依赖于人类独立的理性去追求真理和幸福。①

另一方面，施特劳斯同样经常说，哲学无法驳斥启示的可能性，可以在《自然权利与历史》中找到一个具有代表性的段落：

> 哲学必须承认启示（revelation）是可能的。然而承认启示之为可能，就意味着承认哲学也许不是唯一必需之物，哲学也许只是某种无足轻重的东西。承认启示是可能的，就意味着承认，哲学化的生活并不必定也不理所当然地就是正当的生活。哲学，亦即献身于寻求人之为人所能获得的明确的知识的生活，其自身是基于一种并非理所当然的、任意而盲目的决断之上。这只会证实信仰所蕴涵的命题：没有启示，就不可能有什么连贯一致的东西（consistency），就不能有连贯一致而又绝对真挚的生活。哲学和启示不能互相驳倒这一简单的事实，就构成了启示对哲学的反驳。（同上，p. 75）

这是非常重要的一个段落。首先请注意这个段落的虚拟语气。这是施特劳斯表达自己观点时最喜欢使用的一种方式，段落的上下文没有证据表明他不愿认真表达，但我发现其推理远非令人信服。有许多信仰是理性无法证明的；这本身并没有使它们比我们依靠理性更可信，也许，这甚至也不会使它们变得不合理。合理（being reasonable）中有一部分是知道什么无法被证明。此外，我们不必证明哲学必定是最好的生活，只需要展现哲学是最好的生活这种说法是可信的。换句话说，哲人只需要证明选择哲学作为最好的生活比选择宗教更可信。更普遍地说，要么理性能够驳斥启示，要么不能。如果能驳斥，这也不会打动启示的支持者。但如果它不能，它本身

---

① 例见 *Natural Right and History*, p. 74 关于"顺从的爱的生活与自由的洞察力的生活"之间的对比。

也不会把理性的人变成一个有信仰者或启示的支持者。

对我们来说，主要的一点是，据我所知，无论在已出版的还是未出版的著作中，施特劳斯都没有表明，甚或宣称，哲学可以驳斥启示。事实上文本证据就足以说明这样的驳斥不可能。既然如此，根据施特劳斯的观点就必定得出，哲学已经被驳斥了，事实上，哲学从一开始就不可能。如果这个说法过于激进，我可以用一种更温和的方式表达同样的观点。这段有疑问的段落和其他的段落向我们表明，施特劳斯希望说服特定的读者：哲学不能驳斥宗教，但更进一步说，哲学是任意武断的，因为它指责宗教的存在。与此同时，在施特劳斯著作的两三个主题中至少有一个主题是：哲学被理解为无知之知，这在苏格拉底身上得到了体现，因此他对我们来说代表了哲学的可能性。但任何一个细心的读者都不能否认，施特劳斯经常称赞哲学是人类存在的最高形式，或者更温和的说法是：哲学是自然正当得以可能的必要条件，也是正义且合乎理性的政治生活的基础。

必须强调一点，无论论证的说服力如何，施特劳斯在其著作中从未背离他青年时在《哲学与律法》（*Philosophy and Law*）中关于宗教的论断：

> 不可能驳斥被"外在式"理解的传统的基本信条。因为所有这些信条都依存于不可驳斥的前提：上帝是全能的，并且他的意志深不可测。①

在一篇非常晚期的文章中，施特劳斯写道，"对正统教义的真正驳斥"依赖于无需假设一个神秘的上帝而系统地证明世界和生命的可理解性。而这转而要求笛卡尔计划（Cartesian project）的成功，

---

① Tr. E. Adler, (Albany: SUNY Press, 1995), p. 29.

即"用人在理论和实践中创造的世界"取代"纯粹给定的世界"。①

请仔细注意在这些文本中，要么哲学与宗教之争以有利于宗教的方式得到解决，要么哲学保存于苏格拉底的孤独劳作中：提出并坚持哲学是无知之知的论题。正如我们将要看到的，这一论证在两个方面变得更加复杂。苏格拉底的智慧肖像从一组文本变换到另一组文本，雅典与耶路撒冷之争，被我们可称做巴黎与耶路撒冷之争的争执所取代，亦即争执的一方是笛卡尔和他的继承者，另一方是摩西和他的继承者。至于苏格拉底，我们并不十分清楚他属于哪个阵营。我的意思是，施特劳斯经常重新定义雅典立场的苏格拉底式描述或理想描述，这使得它与启示之间的差异趋向微妙，即便并非不可见。

思考《什么是政治哲学》中的以下文本。施特劳斯断言，人之本质的问题指向一般的自然问题，因而也指向宇宙论，然后他说：

> 无论现代自然科学的意义是什么，它都无法影响我们对何为人身上的人性（what is human in man）的理解。对现代自然科学来说，从整全（whole）的眼光来理解人就是从次人（sub-human）的眼光来理解人。但从这一角度来看，人作为人完全不可理解。古典政治哲学以不同的眼光看待人。这肇始于苏格拉底。苏格拉底绝没有服从于某一特定的宇宙论，因而他的知识是关于无知的知识。关于无知的知识并不等于无知。它是认识到真理和整全难以捉摸这一特性。于是，苏格拉底凭借整全的神秘特性看待人。②

古典哲学现在通过采用启示性语言元素在现代人面前为自己辩护。启示说，世界和人类生活的可理解性依赖于对一个神秘上帝的

---

① Preface to *Spinoza's Critique of Religion*, p. 29.
② *What Is Political Philosophy*? pp. 38f.

信仰，而哲学论题，正如施特劳斯所见，依赖于"整全的神秘特性"。在施特劳斯致科耶夫（Alexandre Kojève）的著名回信中，最后有一段强有力地暗示出并不一样的论断。施特劳斯注意到哲学的观念本身需要合法性。然后他对比自己关于哲学的假设与科耶夫所持的假设："那么我假定，在历史的发生中存在着一种永恒、不变的秩序，它完全不受历史的影响。"① 神秘之物被假设或假定所取代。但这种转变还不足以反驳科耶夫，更不用说海德格尔。对立的假定是否更有说服力只有通过推导其结果来证明，而在哲学中，这意味着陈述之事要多于根本的替代方案。因此，人们可以捍卫现代性，或以对知识之知取代无知之知，宣称我们无需回到前理论的原初开端，而是必须等待历史的完成（telos）或终结。

施特劳斯提醒我们，关于迈蒙尼德对亚里士多德物理学的讨论，人们很难将从虚无中（ex nihilo）创造有与对永恒不变的秩序的信念相调和。不过这种观点也只是一种假定。简而言之，无知之知就是真正哲学生活的显著特征，它将苏格拉底与信徒区别开来，而它之被界定为假设以及神秘性，即便没有完全消解，也削弱了哲学与启示之间的区别。换一种说法就是，一种关于无知之知的生活被前理论或者自然的常识可及性所支持和引导，而信仰启示的生活则是对常识的直接否定，并且隐含地否定了规范性自然的概念，不论它是前理论抑或后理论的。施特劳斯既区分又融合了这两种不同的生活。他著作中的最大谜团是，他是有意这样做还是无意如此。解开这个谜团在于如何理解施特劳斯的陈述，"最初所知的整全是常识的一个对象"，②

---

① "Restatement," in *On Tyranny*, p. 212.

② "Social Science and Humanism," in *The Rebirth of Classical Political Rationalism*, p. 4; Introduction to *The City and Man*, Chicago: Rand McNally, 1964, p. 12.

或者人性的发现似乎是前宇宙论的或前本体论的，① 这正好与他关于假设和假定的论述相左。

然而，在其发表的对亚里士多德《政治学》的最概括性的分析中，② 施特劳斯对苏格拉底虔诚的奇怪引证使我们更加困惑。施特劳斯做了区分，一方是苏格拉底与柏拉图，另一方是亚里士多德。对于前者，"整全的根源是隐藏的，整全明显由异质性的部分组成"。这里没有提到关于这些部分的知识。相反，施特劳斯谈到苏格拉底转向常识以及"最高的意见"，它们宣告律法，而根据律法：

> 一个虔诚的人将……不研究神性事物，只研究人事。苏格拉底把自己局限于对人类事物的研究，这是他虔诚的最有力证明。他的智慧，因为是虔诚的，所以是关于无知的知识，因为是关于无知的知识，所以是虔诚的。③

这个段落在决定性的要点上模糊了哲学生活与宗教生活的区别。

关于亚里士多德，施特劳斯在《自然正当与历史》中认为，亚里士多德政治哲学的有效性取决于对物理学提出的这一问题的解答，即现代科学是否意味着目的论。在《城邦与人》中，施特劳斯指出："与柏拉图的宇宙论不同，亚里士多德的宇宙论绝对与对最好政治秩序的追求无关。"④ 在 20 世纪 60 年代施特劳斯关于《尼各马可伦理学》（*Nicomachean Ethics*）的未发表的课程讲稿中，他说，亚里士多德显然循环地依赖于有道德的人的存在来培养他人的真正德性，而

---

① 关于施特劳斯论证中这部分内容的清晰的概括性论述，见 "On Classical Political Philosophy", in *The Rebirth of Classical Political Rationalism*（之前曾收于 *What Is Political Philosophy*）。

② ［译注］施特劳斯《城邦与人》中的一篇文章。

③ "On Aristotle's *Politics*," in *The City and Man*, pp. 19–20.

④ 参 *Natural Right and History*, pp. 7–8, and *The City and Man*, p. 21.

这又依赖于宇宙的永恒，以及人类城邦的永恒，进而又依赖于政治哲人的永恒。但我们知道，对亚里士多德来说虔诚不是一种德性，而且他的文本也不能支持他是无知之知的倡导者。施特劳斯在一组文本中显然倚重亚里士多德的权威，而在另一组文本中却因亚里士多德是非苏格拉底派而默默地拒绝他。但更令人困惑的是，关于亚里士多德学说中物理学与政治学的关系这一关键问题，他展示给我们的是自相矛盾的论述。

施特劳斯很少关注物理学，或者更宽泛地说，他很少关注现代科学的内在本性，不是因为他否认它的超日常的力量，而是因为对他来说，宇宙论的问题只有当其照亮了人类生活的本性时才有意义。现代科学变得有缺陷一定程度上是因为它模糊了整全，或者说它模糊了人类作为人在整全中的地位，也就是说，人作为自然界的一个异质性元素，不能被还原为超人或者次人（super- or subhuman）。施特劳斯确实花了相当多的时间来探究现代科学对哲学史的影响。出于我们的目的，可以将这种影响概括为一种使人类沦为次人（subhuman）的影响。科学化的哲学通过拒绝日常政治生活的常识起源，用抽象来代替具体，从而出现了具体之物的抽象诠释方式。①简言之，对施特劳斯来说哲学主要是政治的而非科学的，尽管科学当然在政治生活的经济方面扮演着重要的角色。整全是常识的整全，而不是牛顿、爱因斯坦或量子力学的整体。它是理智的异质性（noetic heterogeneity）之整全。

于是，这个问题便引向或者说强化了施特劳斯理解的苏格拉底哲学的问题。这把我们带向理念学说。用我刚才引入的短语，施特劳斯赞同苏格拉底从"理智的异质性"开始，就是说，苏格拉底从

---

① 见 *What Is Political Philosophy?* pp. 28 and 75。施特劳斯在其中引用了黑格尔关于古代哲学与现代哲学之差异的陈述。

认识到整全分成不同的自然种类（kinds）开始。我将引用以下关键论述：

> 只有存在本质的异质性，才可能存在政事和非政事之间的本质差异。理智异质性的发现，使得人们让事物是其所是，不再强求消除本质差异以混同万物。发现理智异质性，意味着我们可以为我们谓之常识的东西进行辩护。苏格拉底把这称为从疯狂归于适宜或清醒，或者用希腊语词表述就是归于 sophrosyne，我将其译为节制（moderation）。苏格拉底发现了悖谬的事实：某种程度上最重要的真理乃是最明显的真理或关于表面的真理。①

在这里，施特劳斯清晰地指出了从常识性处理人类事物向认识和研究自然种类的轻松过渡。他显然是在暗示，这个苏格拉底式的发现是随后阐述所谓柏拉图式理念学说或假设的基础。但这里有两个严峻的困难。首先，理智异质性的原则似乎消除了柏拉图与亚里士多德之间的差异，对柏拉图（或至少对柏拉图的苏格拉底）来说，就是割断了政治学与物理学的联系。然而，我们刚刚看到施特劳斯在这一点上区分了柏拉图与亚里士多德，他甚至提到《斐德若》中苏格拉底的著名段落，其中苏格拉底说，要想认识灵魂的本性，就必须理解神性（divine nature）。②

第二个困难可能更重要。理智异质性的发现是明智（sanity）、常识或节制的标志，但是理念学说则是哲学的疯狂或极端勇敢（extreme daring）的产物。施特劳斯在谈到柏拉图的《王制》时说：

---

① "The Problem of Socrates," in *The Rebirth of Classical Political Rationalism*, p. 142.

② 例见 *Natural Right and History*, p. 122。

苏格拉底向他的对话者所阐述的学说很难理解：首先，它完全难以置信，不用说它看来就是异想天开……从来没有人能够对这种理念学说作出令人满意或清楚的解说。然而，精确地定义其核心困难却有可能。

接下来，困难似乎在于两点：一是理念与具体事物的分离；二是不仅把理念归给数学形式和道德品质，而且还归给一切事物，包括床等人造物。①

请注意，我们已经从苏格拉底的虔诚转向了苏格拉底的常识和节制，现在又转向了勇敢的甚至异想天开的哲学假设。施特劳斯似乎在其他文本中弱化了这假设的异想天开的特性。例如在上文引用的段落中，施特劳斯讨论了苏格拉底式的无知之知，以及它如何与任何特定的宇宙论不相干（与他在其他文本中的观点相反）：

> 对无知的知识不是无知，它是认识到真理和整全难以捉摸这一特性。于是，苏格拉底凭借整全的神秘特性看待人。因此，他认为，我们更熟悉人作为人的处境而非这一处境的最终原因。我们也可以说他以不变的理念（ideas）的眼光来看待人，也就是从种种根本且永恒的问题的角度来看待人。因为，阐明人的处境就意味着阐明人对整全的开放。②

我再次提请注意施特劳斯在理解自然（物理学）与政治学之间的联系时发生的明显摇摆。如果理智异质性来源于常识但却导向理念，那它是否绕过了自然？这显然是不可能的。如果政治学要独立

---

① "On Plato's *Republic*," in *The City and Man*, pp. 119 – 121. 在同一篇文章中，施特劳斯说，对话者在试图理解苏格拉底时，他们与希腊众神有关的经验将对他们有帮助。

② 摘自 *What Is Political Philosophy*? pp. 38 – 39。

于物理学，自然就必须具有两种涵义：一种属人，另一种属宇宙。但这将会引我们远离苏格拉底，走向现代哲学。

另外要说，正是基于这一假设，亚里士多德的政治哲学才不再因他错误的宇宙论物理学而陷入窘境。古今之争可以在政治领域重新展开，而不考虑存在于更深的隐藏的理论层次的问题。但这种争执在现代性内部很快发生了转变，不再是雅典或巴黎与耶路撒冷之间的争执，而是两派不同的笛卡尔继承者之间的争执：我们可以说是在英国与德国之间的争执。这是两种政治学概念之间的争执，一个是常识，另一个是形而上学。

然而，要理解施特劳斯更为要紧的问题是，鉴于苏格拉底对自然的无知，或者对常识的依赖，他如何认识到这些根本性和永久性的问题。在这里，对理念或理智异质性的清醒和常识性的认识，与整全之难以捉摸且神秘的概念之间，似乎存在区别。施特劳斯经常说，哲学是对根本问题的意识，但他从未告诉我们如何去发现或理解这根本。让我再引用一篇重要的文章，摘自施特劳斯对科耶夫极其有趣的回复：

> 这种意义上的哲学本身不是别的，而是真正意识到某些问题，即那些根本的、全面的问题。思考这些问题，不可能不变得倾向于一种解决方案，即倾向于非常少的解决方案中的一种或另一种。然而，只要没有智慧而只有对智慧的追求，所有解决方案的证据必然渺小于这些问题的证据。因此，当某一解决方案的"主观确定性"强过哲人对这一方案存在的问题（problematic character）的意识时，哲人就不再是一位哲人。这时，宗派分子就诞生了。屈从于解决方案的诱惑，这一危险对哲学来说必不可少（essential），若不经受这种危险，哲学就会衰降成关于那些问题的游戏。但哲人并不必然屈服于这种危险，

正如苏格拉底所表现的那样，他从不属于某个宗派，也从未创建一个宗派。①

我们再次瞥见另一个苏格拉底，这个苏格拉底既不是体系建构者，也不是笛卡尔主义者，也非启示的不充分替代者。我不是说施特劳斯错了，而是他欠我们一个解释：苏格拉底的道路如何保持在斯库拉和卡律布狄斯之间且不遭海难。而且，我们需要知道苏格拉底是否属于摩西和亚伯拉罕的真正替代者。

总结一下这条思路，学院哲学（academic philosophy）无论是经验主义的、现象学的还是科学的，都以施特劳斯所说的"能力的魅力"（the charm of competence）② 或被称作理论的精巧的技术性制作的建构为标志。我认为，施特劳斯和维特根斯坦一样，对过分技术化的哲学概念不屑一顾，并否认人为的原创性或构建哲学体系的能力本身是哲学深度或真正原创性的标志，③ 他们在这方面是正确的。但困难依然存在。如果理念（Ideas）本身就是问题，那么根基就存在问题。谈论成问题的问题有意义吗？这是对隐微教导的隐微解释进行隐微解释的另一个实例吗？

到目前为止，我的阐释已录存了所引施特劳斯著作中的每一个要点。在结论部分我将把文本放在一边，投身于思辨之中——这是疯狂还是清醒则轮不到我来说。

我们对施特劳斯文本的研究在一个僵局或困惑中结束。通过论哲学本性的模棱两可的话语，雅典与耶路撒冷之争被表述为在苏格拉底与笛卡尔之间摇摆不定。苏格拉底式的哲学概念被削弱了，因为

---

① *On Tyranny*, p. 196。参 "Progress or Return?" in *The Rebirth of Classical Political Rationalism*, p. 240。

② "What Is Political Philosophy?" p. 40.

③ "On a Forgotten Kind of Writing," in *What Is Political Philosophy?* p. 230.

它全少接受了耶路撒冷的部分基本前提。哲学仍然停留于诗歌的阵营内；两者之间的争执，如果发生了的话，属于内讧（internecine）或政治性，而不属于宇宙论或哲学性。

我们有很好的理由从施特劳斯的文本中推断出，真正的隐秘教导就是哲学的不可能性，这种不可能性就是，哲学为了自我拯救而必须对人类隐藏起来。也就是说，被理解为对普遍知识之追求、对知识取代意见之追求和对整全知识之追求的哲学，是不可能的。我们只剩下对无知的知识。难怪施特劳斯所设想的哲学无法驳斥启示。我们差不多可以接受这样一个假设：施特劳斯和维特根斯坦之间的主要差异是外在的（exoteric）。也就是说，施特劳斯认为哲学是高贵的谎言，而维特根斯坦认为哲学既不高贵也不粗俗，而是有害的。在这种解读中两位思想家都是精神科医生，他们的治疗方法有时相似但更多时候不同，指向的是两种不同的精神健康概念。

我把这权当一种猜想。我这样做并非暗示我知道这是正确的但不愿意直接肯定它。相反，这个猜想可能字面上错误，而在象征性上却富有启发。在谈论施特劳斯时，我们应该充分理解超日常之物的益处，只有卓有成效地发现哲学的模糊本性，我们才会认识到这种益处。另一方面，我们对施特劳斯的推崇，并不要求我们拒绝试图去澄清这种模糊，这就是说，我们必须接受他的箴言的全部意义：深度包含在表面，而且只在表面之中。这恰恰就是表面本身之所以模糊的原因。它的价值不在于它本身，而在于它具有模糊的内容。

总之，我想说的是，维特根斯坦和施特劳斯都希望将日常语言从它的理论沉淀（theoretical sedimentation）中解放出来，但是两人采用的方式完全不同。对于维特根斯坦来说，日常语言具有地域性或历史性，而施特劳斯则认为，存在一种与原初的人性相应的自然方言。对于维特根斯坦来说，日常语言取代了哲学；对于施特劳斯来说，日常语言把哲学作为具有深度的表面呈现给我们。碰巧的是，两位思想家都无法证明其特色鲜明的论题，因为如果没有公共语言因而也是非历史性的语言，历史就无法理解，而公共语言总是在一系列特定的历史条件下展现自身。维特根斯坦令自己满意地证明了，具有完整而系统的言说形式的哲学是不可能的，于是便陷入了沉默，但在这沉默之中，他却越发冗长地继续说那些无法说出的东西，这体现在他那一篇篇扩充却又缩减的手稿中。当一切都说和做了之后，这与施特劳斯的步骤便没有太大的区别，施特劳斯在一系列特定的研究中丰富了他的原文本（Ur-text），但从来没有清楚地确定其两个标志性争论者中的胜者：雅典对耶路撒冷、古代人对现代人。

苏格拉底转向中被遗忘的谐剧

——评拉齐《哲学的生活方式》在施特劳斯《苏格拉底与阿里斯托芬》中的作用

姆希尔（Jeremy J. Mhire） 撰

骆耕 译

施特劳斯承认，《苏格拉底与阿里斯托芬》一书关注的焦点是苏格拉底经历的深刻变化。阿里斯托芬《云》（*Clouds*）中恰当地讽刺了苏格拉底对自然有强烈兴趣，这种兴趣后来深刻地转向了善、正义和高贵的问题，苏格拉底正是因为探讨这些问题而留名于世。[①]即便一些人只是稍许信任阿里斯托芬的描述，施特劳斯的关注对他们而言也着实重要：是否有理论上而非个人癖好（idiosyncratic）的

[①] Leo Strauss, *Socrates and Aristophanes*, Chicago：The University of Chicago Press, 1966, p. 314 （［译按］中译参施特劳斯，《苏格拉底与阿里斯托芬》，李小均译，北京：华夏出版社, 2011）。诚然，施特劳斯承认，苏格拉底转向政治现象存在两种可能性：一种为人熟知，即苏格拉底是柏拉图和色诺芬的有意塑造（表明他们不同于历史上的苏格拉底，他们经历了深刻变化）；一种是历史上的苏格拉底自己经历了这样一种方向上的变化，为柏拉图和色诺芬的描述提供了充分但不一定精准的基础。本文探讨的是后一种可能性。

原因，使这位曾经对自然充满热情的研究者，转而以同样的热情去关注政治生活？[1] 当然，在苏格拉底的转向中，道德和政治事务的地位存在争议，更不用说自然与习俗的区别本身了。

政治理论家尤其应该像施特劳斯一样思考苏格拉底的转向，因为其中隐含着一个政治思想史的核心问题：什么是政治哲学。[2] 然而，在这件事上遵循施特劳斯的方法并不十分容易。《苏格拉底与阿里斯托芬》尽管关注苏格拉底，但其主题是诗与哲学之争，而且施特劳斯的方法是全面解读阿里斯托芬的现存作品。某种意义上，施特劳斯采用这一方法可以理解，因为关于苏格拉底转向政治哲学之前的生活方式，阿里斯托

---

[1] 阿里斯托芬的作品尽管没得到应有的关注，但一直得到政治理论家的关注，比如 Michael Zuckert, "Rationalism and Political Responsibility," *Polity* 17, 1984, pp. 271 – 97; Mary Nichols, *Socrates and the Political Community*, Albany: State University of New York Press, 1987（［译按］中译参《苏格拉底与政治共同体》，王双洪译，北京：华夏出版社，2007）; Arlene Saxonhouse, *Fear of Diversity*, Chicago: The University of Chicago Press, 1992; Josiah Ober, *Political Dissent in Democratic Athens*, Princeton: Princeton University Press, 1998; John Zumbrunnen, "Elite Domination and the Clever Citizen." *Political Theory* 32, 2004, pp. 656 – 77; John Zumbrunnen, "Fantasy, Irony and Economic Justice in Aristophanes' *Assembly Women and Wealth.* " *American Political Science Review* 100, 2006, pp. 319 – 33; De Luca, *Aristophanes' Male and Female Revolutions*, Lanham: Lexington Press, 2005; Ludwig Paul, "A Portrait of the Artist in Politics: Justice and Self-Interest in Aristophanes' *Archarnians.* " *American Political Science Review* 101, 2007, pp. 479 – 92。其中，只有扎科特（Michael Zuckert）和尼柯尔斯（Mary Nichols）提供了从阿里斯托芬的谐剧看苏格拉底哲学的站得住脚的解释。但是，这些学者都没有注意到苏格拉底转向可能受到了阿里斯托芬诗的影响。

[2] 尽管潘戈宣称这是施特劳斯的原初（infinitive）解释（Thomas L. Pangle, *Leo Strauss: An Introduction to His Thought and Intellectual Legacy*, Baltimore: The Johns Hopkins University Press, 2006, p. 45），但对施特劳斯思想感兴趣的政治理论家们很大程度上忽略了《苏格拉底与阿里斯托芬》。这一不受重视的文本空白，使我们错失了更好地理解施特劳斯作品重要部分的宝贵机会。

芬的诗，尤其是他的《云》提供了最早的证据。但从另一个意义上说，施特劳斯的方法似乎又很奇怪；阿里斯托芬现存的 11 部戏剧中，只有《云》凸显了苏格拉底的形象，而且这种突显还是负面的，换言之，苏格拉底的哲学思想成了讽刺性作品（caricature）的主题。施特劳斯把阿里斯托芬的作品看作一个整体，从而更关注诗而非哲学。由此，施特劳斯似乎决意严肃对待诗歌关于智慧的主张（《云》，行 520）。

不管这意味着什么，施特劳斯的方法都要求把对哲学的诗化思考作为理解政治哲学的条件。这可能也暗示出，无论诗与政治哲学有多深的分歧，二者在如下基本方面都取得了共识：对"前期"苏格拉底哲学性质的认识一致。施特劳斯给出的一些迹象表明，这就是他的观点。他用一个不起眼却意味深长的断言结束了《苏格拉底与阿里斯托芬》：对苏格拉底转向最好的政治哲学解释——施特劳斯的解释可能正是基于这一解释——来自 9 世纪的波斯哲人拉齐（al-Razi）的《哲学的生活方式》。① 与阿里斯托芬一样，拉齐向人们

---

① 参见 Leo Strauss，*Socrates and Aristophanes*，p. 314。政治理论家在很大程度上普遍忽视了拉齐的政治著作。关于拉齐的研究只有少量作品，巴特沃斯（Charles Butterworth）翻译并初步解释了《哲学的生活方式》（"The Origins of al-Razi's Political Philosophy."*Interpretation* 20，1993，pp. 227 – 59），沃克（Paul Walker）概括了拉齐思想的政治内涵（Paul Walker，edited by Charles Butterworth，"The Political Implications of al-Razi's Philosophy."*The Political Aspects of Islamic Philosophy.* Cambridge：Harvard University Press，1992，pp. 61 – 94）。巴特沃思和沃克的工作很有帮助，但他们都没有尝试以自己的方式对《哲学的生活方式》给出更全面的看法，换句话说，他们没有参考拉齐的其他作品。在这方面，我的方法与他们不同。我试图根据施特劳斯在《苏格拉底与阿里斯托芬》中更普遍的讨论来阅读《哲学的生活方式》，厘清施特劳斯对它的独特关注。通过用这种方式连接两个文本，我提出了一种对拉齐的解释，它更符合施特劳斯本人提供的语境。［译按］巴特沃思文章的中译参《拉齐政治哲学的源头》，董修元译，收于娄林主编，《经典与解释 56：马西利乌斯的帝国》，北京：华夏出版社，2020，页 151 – 178。

展示了"早期"苏格拉底是一位禁欲苦行的自然研究者（an ascetic student of nature），而成熟的苏格拉底，据拉齐所言，即使不是一个君子（gentleman），也是一个好邦民（页228）。① 哲学漠视政治生活，诗歌和政治哲学则认为政治生活具有极度重要的意义；哲学处理自然的问题（the question of nature），诗歌和政治哲学则关注政治的自然（the nature of politics）。施特劳斯在解释阿里斯托芬时提到拉齐，暗示了政治哲学的这一重要方面：政治生活起初被隐藏在了哲学之外，因此必须在对自然的探索中发现它。

施特劳斯理解政治哲学的关键是理解阿里斯托芬，而他理解阿里斯托芬又依赖于理解拉齐的苏格拉底。为了避免这种循环被误认为仅仅是一个游戏，施特劳斯的方法强调，把隐藏中的或被隐藏的观点作为苏格拉底转向的基本发现。施特劳斯的结论可简明扼要地陈述为：政制（politeia）隐藏了自己，因此必须发现它的自然。施特劳斯的方法有时看起来显得谨慎而费力，但它反映出施特劳斯把苏格拉底的转向理解为一项发现。而隐藏他对政制的发现，实为施特劳斯的模仿之举——模仿政治哲学最初作为一种可能性向苏格拉底隐藏的情形。因此，认真对待拉齐的叙述为我们提供了两个独特的机会：一是深入了解施特劳斯对苏格拉底转向的难懂的理解，以及他颇具争议的政治哲学方法；二是获得从非传统

---

① 全部引文来自巴特沃思的译本：Al-Razi, trans. Charles Butterworth, "The Book of the Philosophical Life." *Interpretation* 20, 1993, pp. 227 – 36。注意，巴特沃思把拉齐的书名译作《论哲学生活》（*The Book of the Philosophical Life*），而施特劳斯译作《哲学的生活方式》（*The Philosophical Way of Life*）。为保持一致，我保留施特劳斯的译法。［译按］中译本参拉齐，《论哲学生活》，董修元译，收于娄林主编，《经典与解释56：马西利乌斯的帝国》，前揭，页137 – 150。以下引文对应中译本页码不再另外说明。

观点看苏格拉底问题的机会，从而提供一种新的、有待探索的解释方法。①

————————

① 如今关于施特劳斯政治哲学方法的文献，其广度几乎和深度一样（有限）。总体而言，推荐参考 Nathan Tarcov, "Philosophy and History: Tradition and Interpretation in the Work of Leo Strauss." *Polity* 16, 1983, pp. 5 – 29; Remi Brague, "Athens, Jerusalem: Mecca. Leo Strauss' 'Muslim' Understanding of Greek Philosophy." *Poetics Today* 19, 1998, pp. 235 – 59; Stanley Rosen, "Leo Strauss and the Possibility of Philosophy." *The Review of Metaphysics* 53, 2000, pp. 541 – 64; Steven B. Smith, *Reading Leo Strauss: Politics, Philosophy, Judaism*, Chicago: The University of Chicago Press, 2006; Robert Pippin, "The Unavailability of the Ordinary: Strauss on the Philosophical Fate of Modernity." *Political Theory* 31, 2003, pp. 335 – 58; Michael Frazer, "Esotericism Ancient and Modern: Strauss Contra Straussianism on the Art of Political-Philosophical Writing." *Political Theory* 34, 2006, pp. 33 – 61; Thomas L. Pangle, *Leo Strauss: An Introduction to His Thought and Intellectual Legacy*; Daniel Tanguay, *Leo Strauss: An Intellectual Biography*, New Haven: Yale University Press, 2006 和 Catherine Zuckertand Michael Zuckert, *The Truth about Leo Strauss: Political Philosophy and American Democracy*, Chicago: The University of Chicago Press, 2006。相反，关于苏格拉底问题的文献浩如烟海，历史的苏格拉底和苏格拉底转向的问题都有涉及。政治理论家，尤其是那些工作在政治思想史和当代标准化政治理论的交汇点的人，他们的最新贡献包括 Mark Lutz, "Civic Virtue and Socratic Virtue." *Polity* 29, 1997, pp. 565 – 92; DanaVilla, *Socratic Citizenship*, Princeton: Princeton University Press, 2001; Michael Rosano, "Citizenship and Socrates in Plato's *Crito*." *The Review of Politics* 62, 2000, pp. 451 – 77; Catherine Zuckert, "The Socratic Turn." *The Review of Politics* 25, 2004, pp. 189 – 219 和 David Corey, "Socratic Citizenship: Delphic Oracle and Divine Sign." *The Review of Politics* 67, 2005, pp. 201 – 28。接下来，我将通过关注政制概念的相关性（the relevance of the concept of the regime），尝试推进这两条学术路线。[译按] 扎科特夫妇著作的中译参《施特劳斯的真相：政治哲学与美国民主》，宋菲菲译，北京：商务印书馆，2013。维拉（Dana Villa）著作的中译参《苏格拉底式公民身份》，张鑫炎译，北京：华夏出版社，2016。

前苏格拉底哲学的错误假设

诚然，施特劳斯强调拉齐对苏格拉底转向的见解，这似乎有些奇怪。毕竟，施特劳斯仅在《苏格拉底与阿里斯托芬》的最后一行提到这位波斯医生兼哲人，而在他的全部作品中也仅两次提到拉齐。① 此外，施特劳斯如此重视拉齐的见解，也与古代穆斯林和犹太思想家们赋予拉齐的哲学地位形成鲜明对比。② 例如，10 世纪的波斯神学家基尔马尼（al-Kirmani）这样评价拉齐：

> 他是一个傲慢的转述者（reporter），从别人那里转述自己不懂的事情。③

这个看法后来得到了迈蒙尼德（Maimonides）的回应——施特劳斯对迈蒙尼德可不是只知道一鳞半爪——迈蒙尼德谈到拉齐的作品时说，它

> 毫无价值，因为它的作者只不过是个医生，换句话说，他有资格谈论医学而非其他主题。④

我们对于拉齐哲学重要性的共识与施特劳斯赋予拉齐的重要性

---

① 参 Leo Strauss, *Persecution and the Art of Writing*, Chicago：The University of Chicago Press, 1988, p. 117。［译按］施特劳斯，《迫害与写作艺术》，刘锋译，北京：华夏出版社，2012。

② 参 Paul Walker, "Platonisms in Islamic Philosophy." *Studia Islamica* 79, 1994, p. 9。

③ 引见 Paul Walker, *The Political Aspects of Islamic Philosophy*, p. 66。

④ 迈蒙尼德对拉齐的陈述见沃克写给蒂本（Ibn Tibbon）的信中的引述，引自 Paul Walker, *The Political Aspects of Islamic Philosophy*, pp. 68–69。

相对立，这表明施特劳斯一定发现了某些东西——要么是向拉齐的批评者隐藏的东西，要么是被这些批评者归为结论的东西。①

不论如何，拉齐在哲学上的敏锐可以从他对苏格拉底的叙述本身判断出来，他认为苏格拉底是他的伊玛目（imam）（页227）。②拉齐的见解包括了对苏格拉底转向的讨论，它本身就属于拉齐向自己的批评者更强力地申辩的一部分。正如他所说，这些人

> 批评我们，挑剔我们，声称我们偏离了哲人的生活方式，尤其是偏离了我们的领袖苏格拉底的生活方式。（页227）

他的申辩有三部分，第一部分和第三部分直面他受到的指控，第二部分是曲笔插叙，讨论哲学的益处，大概是通过讨论哲学的益处将每第一、三两部分连接成连贯的整体。事实上，苏格拉底的转向构成了拉齐回应批评者的基础，这表明拉齐的叙述是他为自己辩护的重要组成部分，也是他之所以如此书写这一转向的原因。

自从开始讲述他面对的争议，拉齐就展示出对苏格拉底智慧（Socratic wisdom）的博学的调用。他和他的追随者已因未忠于他们的榜样苏格拉底的生活方式而受到批评：他们过着君子般（gentlemanly）的闲暇生活，融入现世。而根据这些批评者所言，苏格拉底

> 从不拜谒君王，当君王来拜访时，他却轻视他们；他不食佳肴，不着锦服，不建造，不占有，不生育，不吃肉，不喝酒，不参加娱乐活动。相反，他自我满足于素食，身着破衣，并住

---

① 特别是关于迈蒙尼德的结论，应考虑到这位犹太神学家－哲人本人的医生身份。

② 参见 Paul Walker, *The Political Aspects of Islamic Philosophy*, p. 65，尤其是注11；Paul Krauss, "Raziana I." *Orientalia*, NS, 5, p. 303。

在荒野的瓮中。他面对大众和有权威的人时也不伪装，而是用最清晰明了的语言向他们阐发他所认为的真理。（页 227）①

拉齐的批评者指责拉齐和他的追随者是伪君子：言行不一，尤其是没有遵循苏格拉底的生活方式。然而，根据拉齐所说，同样这些批评者也同样指责苏格拉底本人的行为，认为他的生活

违背了自然的过程、［摧毁］农耕和生育的规定，会导致世界毁灭和人类的衰亡。（页 227）

苏格拉底实际在过一种不自然的生活，这意味着，拉齐和他的追随者若遵循苏格拉底的言辞而非行动，那么他们即使生活得不好，也符合自然。批评者对拉齐并不协调的指控，相当于控诉拉齐和他的追随者生活和行为不诚实：他们说一套、做一套，换句话说，他们的生活具有反讽意味。

拉齐指出，他的指控者们关注苏格拉底坦率和耿直的语言，而他们又通过自己观点的微妙之处表明，拉齐和他的追随者是因为他们的伪装行为而为人所知。拉齐回答了关于苏格拉底反自然的禁欲主义（asceticism）指控，他指出，苏格拉底的形象在其著名的转向前后有重大区别，不过他没有列出苏格拉底的言说方式经历的任何变化（页 228）。要么，苏格拉底一生都保持坦率和直言；要么，他所经历的转变同时包含了一种不同的言说方式，让他所说的内容和他的本意不一样。尽管很微妙，拉齐承认，后一种可能性等于反讽地谈论坦率，这本身就证实了指控者对他伪装行为的指控。这种伪装行为是苏格拉底转向的一个根本部分，是拉齐本人从一开始就表

---

① 参 Charles Butterworth, *Interpretation* 20, p. 239。［译注］中译来自《经典与解释》第 57 期，略有修改。

现出的做法。①

但是苏格拉底的转向有何特别呢？诚然，拉齐承认，许多关于苏格拉底的描述，至少就其只延伸到苏格拉底生活的"早期"部分而言，是准确的。② 苏格拉底对哲学充满欲望，

> 在其生涯之初，他确实如此，由于哲学带给他的强烈惊异，由于他对哲学的热爱，他渴望将原本耽于欲望和享乐的时间投入哲学中。（页228）

苏格拉底所漠视的正常欲望和享乐，涉及佳肴美酒、锦服华宅、性、财富以及他人的尊重和敬意。苏格拉底对哲学的欲望如此强烈，以至于对大多数人来说过美好生活所不能缺乏的那些东西，反而是哲人蔑视的事物：

> 相对于那些东西，由于他的本性更倾向于它（哲学），也由于他藐视那些未给予哲学应有的评价而青睐比哲学更低级的事物的人——（页228）③

苏格拉底对那些不能分享或不愿分享他本人这种哲学欲望的人嗤之以鼻，他抵触日常的生活方式，并由此获得了禁欲主义的恶名。

---

① 参Plato，trans. Allan Bloom，*Republic*，New York：Basic Books，1991，337a3；Charles Butterworth，*Interpretation* 20，p. 239。秘传主题在施特劳斯的作品和随后关于该作品的文献中都得到了公认。值得注意，施特劳斯仅有的另一次提到拉齐，是在他恰如其分地题为《迫害与写作艺术》的作品中。

② 请注意，当谈到苏格拉底的"前期苏格拉底"时期时，拉齐指的是"在他生平早年和相当长一段时间内"（页228），换句话说，苏格拉底经历他的"转向"时年事已高。这与大多数当代学者得出的结论不同，他们认为这一转向要早得多。

③ 参Leo Strauss，*Socrates and Aristophanes*，p. 314。

然而，根据拉齐所言，苏格拉底的欲望随着时间而消退，他的性情自我调节到了一个地步，即一旦

> 他深入那些欲望之中、深入他身上已经根深蒂固的问题之中，这时，他就会减少偏执而回归中道。（页228）

针对批评者，拉齐的自辩相当于为苏格拉底作了微妙辩护，以表明他们的指责故意歪曲了苏格拉底生活中最重要的部分，并没有击中要害。事实上，拉齐的批评者只关注苏格拉底早期的生活方式，从而故意曲解了苏格拉底后来的生活，而拉齐和追随者其实就是以后来这种生活为榜样。

> 他们①忽略了其中另一些内容，他们蓄意省略这些内容以罗织反对我们的证据。（页227－228）

在心性和气质上进行了深度的再次起航后，苏格拉底投身于人世的事务（things of the world），他生前留下了几个女儿，他为自己的城邦战斗过，他享受过雅致和娱乐（页228）。由此，苏格拉底在转向后可以说是一位君子，由于新获了对属人生活中美好事物的欣赏，他成了人类竞相效仿的榜样。②

拉齐的描述表明，苏格拉底的转向是个单纯的年龄问题，因此实质上它是一个自然成熟过程（natural maturation）。换句话说，在某个时刻，苏格拉底成熟了，抛弃了放纵而无益的年少欲望，代之以更可靠的君子的生活方式。在柏拉图的《王制》中，克法洛斯（Cephalus）详述了诗人索福克勒斯的爱欲经历，而拉齐对苏格

---

① ［译按］指拉齐的批评者。

② 在这方面，拉齐描绘的那位苏格拉底节制地追求美好事物，换句话说，苏格拉底是伦理美德的典范。

拉底转向的描述与此并无不同——疯狂的野兽一旦卸下重负，就会迎来愉快的解放。① 哲学是年轻人的活动，要在年轻时积极参与，它不适合一个上年纪的人。② 然而，拉齐的论点在这里明显有漏洞。拉齐重视苏格拉底的转向，是为了捍卫自己的哲学思考，换句话说，如此解释转向似乎会使拉齐的辩护不再可信。拉齐认为这个问题是一个"量而非质"的问题，这种说法也有问题，尽管他在下一段中指出，"不这样做③并不一定意味着沉溺于欲望"（页228）。④

虽然拉齐措辞含混，但意思足够清楚：苏格拉底在与同胞邦民交往的同时，仍然可以满足对哲学的欲望。⑤ 因此，苏格拉底的转向并不属于个人癖好；政治哲学的诞生不由欲望退却导致，而是由苏格拉底求知渴望的延续所导致，这种渴望甚至还可能增强了。然而，这意味着政治的重要性最初曾向苏格拉底隐藏，而这是由于政治生活的自然曾对他隐藏。发现政治哲学——苏格拉

---

① ［译按］在苏格拉底的转述中，克法洛斯描述了索福克勒斯如何把摆脱情欲之事比作摆脱残暴的主人。克法洛斯表示，当人进入老年，情欲不再紧绷，便能从发疯般的主人那里逃脱出来。参见《理想国》（王扬译注），329d。

② 参 Plato, *Gorgias*, trans. James H. Nichols Jr., Ithaca: Cornell University Press, 1998, 484c4 – 5e3。

③ ［译按］"不这样做"指不回到世间做属人的活动。

④ ［译按］原文页码有误，应改为：页229。

⑤ 基于这种含混，巴特沃思认为拉齐捍卫了苏格拉底的早期哲学，因为这段时期持续时间并不长，甚至没有造成什么损害（1993，页241 – 242）。但是，如果苏格拉底在转向后能够继续以同样的程度沉溺于对哲学的热情，那么，拉齐就确实可以捍卫作为一种生活方式的哲学，尽管是以间接的方式。巴特沃思承认后一种可能性，尽管他否认拉齐参与了这项辩护（页243）。关于最后这句独特的话，参见阿伯里（A. J. Arberry, *Aspects of Islamic Civilization*, Ann Arbor: The University of Michigan Press, 1971, p. 122）的翻译："但对他而言，没有必要为了投身于满足热情的事业而改变自己的做法（即沉迷于世间）。"

底转向的关键——相当于洞察诸事物的自然（the nature of things）。①

但是，什么能对一个如此渴望求知的人隐藏自然呢？拉齐不同寻常地描述了苏格拉底转向前后的生活，这提供了一条线索。因为，如果在转变之后苏格拉底不但成了尽职的邦民，事实上还成了一个君子，那么，转向之前的他一定很少或根本不重视政治，遑论君子之举。拉齐含蓄地否认了苏格拉底的转向与索福克勒斯的经历有相似之处；更确切地说，我们所熟悉的苏格拉底，当他的提问转向内部时，或者说，当被深入领悟的对象是他自己的自我理解时，他就经历了深度的再次起航。② 如果苏格拉底的教诲本身明确地体现在拉齐的叙述方式中，那么该教诲就具有双重叙述的特点——一种本质上属于传统叙述，另一种可能更具争议性。苏格拉底的政治哲学转向，暗示了以一种典型方式进行伪装的实践行为。③ 早期苏格拉底不屑于接受政治生活，后期苏格拉底则一定已经学到了一些关于政治的基本事物，尤其是一些涉及他哲学思考的基本事物。如果早期和后期苏格拉底的区别不是在爱欲强度上而是在内省深度上，那么，苏格拉底的哲学思考一定会让他追问如何与他人交往，或在同样的情况下如何不与他人交往。

苏格拉底之前不感兴趣的东西，在转向后成了他哲学思考的关

---

① 参 Leo Strauss, *Natural Right and History*, Chicago: The University of Chicago Press, 1953, p. 122。［译按］施特劳斯，《自然权利与历史》，彭刚译，北京：三联书店，2016。

② 施特劳斯（Leo Strauss, *Socrates and Aristophanes*, p. 314）之所以强调自我检审，可能是因为这是拉齐的见解与"苏格拉底本人的深刻变化"的可能性之间有联系的原因。

③ 希腊语中的反讽（irony, 即 eiron）一词的首次出现：Aristophanes, *Clouds*, trans. Jeffrey Henderson, Cambridge: Harvard University Press, 2005, p. 449。

键。根据拉齐的描述，早期苏格拉底只有首先认识到政治生活是多余的，才会对其不屑一顾，对他来说，政治掩盖重要的事情，成了智慧的阻碍。苏格拉底早期的哲学思考回避政治生活，是为了"鸟瞰"，据此可以一览无余地凝视事物。事实上，如果视野的清晰度随着观察者各自的距离而不同，那么，苏格拉底不近人情的禁欲主义就要归因于他对哲学的欲望。然而，正如拉齐的对手们很快指出的，苏格拉底不近人情的禁欲主义，不仅令他极度漠视自己身体的维系，理论上来讲也是非自然的。拉齐的批评者在这一点上的一致倒是很有启发：苏格拉底早期的哲学思考实际上具有谐剧性，至少在某种意义上，苏格拉底缺乏自我理解正是谐剧的一个自然的主题。① 拉齐跟随苏格拉底的指引，拒绝这种原初的哲学"理念"，不仅将其视为与审慎有关的问题，而且是与自我反思式的审察（self-reflective scrutiny）有关的关键问题，一个内在核心仍然需要得到解释的问题。②

根据拉齐的说法，如果苏格拉底的"早期"哲思方式非自然，那么他后来的方式一定已经符合自然了。虽然苏格拉底后来的方式拥抱了习俗，但只有依据自然，其方式才是习俗的。换句话说，苏格拉底转向构成了对政治生活的全新理解；政治既非多余，也不是智慧的阻碍。相反，它是严肃的重要之事，因为它在哲学上不可或缺。当然，这意味着苏格拉底理解自然的方式也发生改变：苏格拉

---

① 参阿里斯托芬，《云》，行186。可比较苏格拉底早期的禁欲主义与施特劳斯关于自然与谐剧之关系的论述："我们必须立即补充一点，尽管站在自然的角度，习俗是可笑的……但站在习俗或律法的角度，自然是可笑的。"（Leo Strauss, *Socrates and Aristophanes*, p. 140）

② 关于哲学的"理念"（idea）的起源和地位，对比 Leo Strauss, *Natural Right and History*, pp. 81 – 199 和 Richard Kennington, "Strauss' *Natural Right and History*." *Review of Metaphysics* 35, 1981, pp. 71 – 80。

底的政治哲学转向，显示出前期苏格拉底思考所预设的自然与习俗之间的区分已经变得可疑。可以肯定，浮现出这样的疑问意味着区分本身存在问题，更重要的是，它指向了一个更根本的问题。① 考虑到早期和后期苏格拉底有巨大不同，拉齐认为，前期苏格拉底思想中隐含的问题，就是它的原初目标：自然。

在自然与习俗之间作出哲学区分，会假定存在两类现象，它们彼此间不仅易于区别，而且存在张力。习俗事物的起源归因于人类活动，或者说它们是人类设计的产物；反之，自然事物则不是人类造成的，它们的形成经历了某种并非由人类谋划的东西所引导的过程（同上，页88）。自然与习俗之间的这种区分既需要发现的过程，也需要隐藏的行为。由于自然是隐藏的，所以它必须被寻找和发现，这意味着暴露自然会有危险（同上，页90）。显然，习俗伪装成了自然。习俗伪装成自然是因为自然对习俗是一种威胁，尤其威胁到了习俗理解自身的方式。习俗不希望把自己理解为习俗性的；习俗希望自己变得重要，自然却表明习俗是多余的。早期苏格拉底忽视了要把那些拥有属人起源的事物作为思考重大事情——也就是自然——的必要条件。毫不奇怪，拉齐指出了苏格拉底早期哲学思考的激进方面，同时也让自己与这些方面拉开了距离。

然而，根据拉齐对后期苏格拉底的看法，哲学的充分条件要求反思上述这种忽视。② 习俗观念预先假定了一些对自然的看法，它假定，每个共同体之间的政治或其他方面存在更根本的共性。对于任何共同体来说，最重要的不是它的与众不同之处，而是它与其

---

① 参 Leo Strauss, *Natural Right and History*, p. 124。

② 伯纳德特以略微不同的方式很好地表明："第一哲学只有在第二次机会中才是第一。"（Seth Benardete, edited by Ronna Burger and Michael Davis, *The Argument of the Action*, Chicago：The University of Chicago Press, 2000, p. 3）

他共同体分有的相似之处。习俗是自然的属类，政治只是其中的一个种类。如果每种习俗都是自然的乃是由于习俗本身是自然的，那么，一切事物就都是自然的。但如果一切都是自然的，那就没有东西是自然的了；如果全部习俗都拥有一种自然天性，那么，所有自然事物事实上都是习俗了，或者说是人类设计的产物了。① 苏格拉底开始意识到，在前期苏格拉底哲学中存在一个理论僵局，一个威胁到"自然"观念本身的僵局。因此，前期苏格拉底哲学的出发点最终对自身构成了威胁，也就是对哲学本身的可能性构成了威胁。

重申一下，拉齐表示，苏格拉底在生活中的某个时刻认识到，他关于自然与习俗之间原初区别的假设根本站不住脚。更重要的或许是，苏格拉底被迫重新思考自然和习俗，以便维持二者的可能性。苏格拉底开始意识到，习俗中存在一些重大区别，其原因不在习俗自身，而在于自然。② 因此，政治可以视作对自然的揭示，这意味着政治展现出的差异是实质的而非偶然的，或者说是重要的而非多余的。③ 有不同类型的政治共同体，它们之间的差异无法基于它们的共同点得到理解。具体来说，政治揭示了对人而言至关重要的差异。只有在政治生活中，不同类型的人才能成为他们自己真实所是，

---

① 自然与习俗之间明显有必然关系，施特劳斯在《苏格拉底与阿里斯托芬》开头略有隐晦地引用尼采，可以为我们理解这个疑难问题提供某种参考。参见 Leo Strauss, *Socrates and Aristophanes*, pp. 6 – 7。

② 记住这点很重要，拉齐重视苏格拉底转向后与敌人战斗的意愿，这可能是他之前不会做的事。

③ 施特劳斯把这些实质性差异称为"思维的异质性"（noetic heterogeneity）。参见 Leo Strauss, *The Rebirth of Classical Political Rationalism*, Chicago：The University of Chicago Press, 1989, p. 142。［译按］施特劳斯，《古典政治理性主义的重生》，郭振华等译，北京：华夏出版社，2011。

只有通过政治生活，才能完全揭示人的自然。①

构成事物之自然的明显差异存在于政治生活中，并通过政治生活揭示出来，而非与之对立。根据拉齐所言，后期苏格拉底对政治的兴趣恰恰是因为他渴望智慧。当然，这并不意味着，每个政治共同体凭靠它在事物自然中的状态，就已经是自然法的例子，即已经是依据自然的法则的实例了。并非任何政治共同体的特定法律都具有自然特征，从而拥有哲学旨趣。相反，正是每个政治共同体的独特性揭示了自然本身诸方面的多样性。换句话说，不同政治共同体的存在揭示了存在不同的统治主张（claims to rule），在每个城邦中，统治主张之所以能那么主张，是因为它具有权威性，或者说具有决定性。② 政治哲学的起源在于发现了政治生活中特有的、无可简化的统治主张。但是，苏格拉底如何在自我思考中意识到了这一根本性缺陷？造成这一缺陷的原因又是什么？

关于这些问题，拉齐只提供了一些线索和暗示，来说明是什么让苏格拉底开始质疑自己对政治的原初立场。③ 例如，拉齐认为苏格拉底转向前对政治生活基本漠不关心，这意味着哲人在理解哲学与政治的关系之前，必须学习一些关于政治的关键知识。另外，拉齐煞费苦心地表明，苏格拉底并非彻底冷漠：尽管苏格拉底本人作为一个禁欲

---

① 参见 Leo Strauss, *Natural Right and History*, pp. 133 – 134。也请注意，拉齐把他的批评者称为"沉思、明辨并获得成就的人"（页 227）。"成就"要么指这些人拥有雄厚的物质财富，要么指这些人拥有重要的社会（包括政治）地位。

② 参 Aristotle, trans. Carnes Lord, *The Politics*, Chicago: The University of Chicago Press, 1984, 1253a2 – 3a4; Leo Strauss, *Natural Right and History*, p. 137。

③ 通过施特劳斯在《苏格拉底与阿里斯托芬》中对拉齐的引用，我们可以推断，对这位哲人来说，谐剧在这方面有一定的重要性。参见施特劳斯（Leo Strauss, *Socrates and Aristophanes*. p. 311）在结束语中如何讨论"马蜂似的"（waspishness），并对比他关于谐剧与肃剧关系的讨论（页 312）。[译按] waspishness 的衍生含义是"易怒的"。

苦行者不受打扰，但他还是藐视那些没有禁欲的人（页228）。拉齐强调早期苏格拉底直白的坦率，由此展示了日常交往如何被不那么公开和诚实的话语形式所统治。然而，这还不足以确定为什么苏格拉底会藐视那些不进行哲学沉思的人——毕竟，如果一个人的行动纯粹是出于渴求理解自然，那他为什么还会在意不这样行动的人呢？

拉齐让人注意苏格拉底的早期倾向，以此表明，早期苏格拉底认为他和非哲人之间存在的任何差异都是由于习俗而非自然的影响。因此，那些差异不是本质的，而是偶然的。由于是偶然的，因此也是不重要的，它们会发生变化，能够被哲学的预见性所引导的变化。为什么会这样？根本原因似乎是：要掌握的不仅是某些事物甚至全部事物的知识，而是作为自然整全的知识，就是说，要知道自然要么本身完善，要么可以变得完善，亦即由自然知识通向完善。① 作为整全的自然以及它的众多部分最终来看均是善。因此，致力于获取自然知识的人所拥有的这些知识本身就是善的。苏格拉底坦诚和藐视的态度，尤其是对王者和当权者的这种态度，同时表明他坚信哲学的至高优越性，而不满于迄今为止的政治的无能。拉齐把早期苏格拉底描绘成对非哲人的统治持藐视态度的人，他认为可能存在的最好世界是一个单单由明智者统治的世界。②

---

① 这是施特劳斯对苏格拉底早期哲思中潜在乐观主义的解读。参 Leo Strauss, *Socrates and Aristophanes*, p. 7; Heinrich Meier, *Leo Strauss and the Theologico-Political Problem*, Cambridge: Cambridge University Press, 2006, p. 97。

② "他是理性主义者的原型，因此也是乐观主义者的原型，因为乐观主义不仅相信这个世界是可能世界中最好的世界，而且相信这个世界可以变成所有可想象的世界中最好的世界，或者认为在最好的可能世界中，邪恶可以被知识变成无害的：理性不仅可以完全理解存在，甚至可以纠正它；生活可以被科学指导；神话中鲜活的神可以被机械降神（deus ex machina）代替，也就是说，被知晓、被运用的自然力量将服务于'更高的自我主义'（higher egosim）。" Leo Strauss, *Socrates and Aristophanes*, p. 7。

苏格拉底决定不再过严格的禁欲主义生活，而代之以更君子的生活，这意味着他的理论取向与现实之间出现了决定性的抵牾——某种东西迫使苏格拉底重新考虑智慧的至高优越性，尤其是相较于政治生活的至高优越性。① 无论这东西是什么，它都暴露了对理性的抗拒，因此它不允许被"纠正"。鉴于拉齐诙谐可笑的描述，人们已经可以猜测到，正是苏格拉底的同胞邦民顽固地抵制他的哲学思考。如果说，苏格拉底哲学暗含让所有事物处于其最佳状态的知识，那么，不拥有这种知识的城邦——不被这种知识统治的城邦，就定义而言便缺乏并需要这种神圣技艺（divine art），而这种技艺必然也是最佳政治技艺。换句话说，要么只有苏格拉底一个人是完整的人，要么所有人都需要留意人自己不仅仅是作为人类存在。

然而，顽强抵制这种神圣哲思的，恰恰是不对这种哲学开放的城邦，它不会接受哲学的神圣律令。② 与其说政治生活不希望被哲人统治，不如说政治生活认为自己已经拥有一定程度的智慧；政治承担自身的意义，意味着它拒绝成为除自己之外的其他东西。于是苏格拉底被迫去处理一种拒绝哲学统治的现象，这种现象主张自己的至高无上而非善，当此时，他的哲学思考便投向了自身。政治生活如果不对哲学开放，也就否定了哲学统治，最根本的是，它否定了哲学的终极优越性。③ 苏格拉底的转向包含了每个学者都熟知的事实：苏格拉底将焦点转向关心政治生活。但是，转向的原因被普

---

① 参 Leo Strauss, *Socrates and Aristophanes*, p. 7。

② 这个结论难免会使熟悉柏拉图和色诺芬作品的人想起他们的苏格拉底所熟知的某个教诲。参 Plato, *Republic*, 327c1 – 328a1; Plato, trans. Thomas West G. West and Grace Starry West, *Apology*, In *Four Texts on Socrates*, 1984, 36a1 – a3, pp. 63 – 97; Xenophon, trans. O. J. Todd, *Symposium*, Cambridge: Harvard University Press, 2002, II 17 – 19; Aristophanes, *Clouds*, 1506 – 1509。

③ 参 Leo Strauss, *Socrates and Aristophanes*, p. 7。

遍忽视，或被认为是基于个人癖好，而这个原因其实是对哲学在政治世界中具有至高超越性的否定。苏格拉底的确成了拥有超凡爱欲的哲人（the philosopher of eros par excellence），但这只能是因为，他通过理解爱欲的自然而明白了爱欲的限度。直到苏格拉底发现了爱欲实质性的对立面——血气（thumos），他才发现了爱欲的本来面目。①

拉齐对苏格拉底转向的整体解释，体现于他针对那些看似重要却无知的批评者的自我辩护，一旦深入理论核心，这种解释就开始变得清晰。如果说政治生活与哲学的差异在于政治生活不渴望知识，或者，如果说政治生活不能看到它所渴望的真正对象，那么，明智者统治的可能性就成了机遇问题，更可以说是运气问题。② 换句话说，哲人不太可能成为王者，王者更不可能进行哲思（柏拉图，《王制》，473d1－3d2）。此外，实际中极不可能出现哲人王的情况，这就给哲学提出了一个理论问题：如今，哲人必须怀疑哲学的至高性并思考这种怀疑的含义，这使他们处在什么处境之中？拉齐强调苏格拉底转向后的君子行为，这只能从理论上表明，苏格拉底在重新评估自己的处境时，质疑为什么自己一度采取了原来那种对待政治生活的立场，并从质疑中发现了一些决定性的东西。

考虑到这种转向的性质，苏格拉底早期的想法或观念显然是，一个人可以站在习俗之外，就像站在哲学上的阿基米德支点之外一样。但要彻底质疑这一点，就需要追问这个观念从何而来：是什么如此强大，在它还没有对苏格拉底进行明确的教导时，就教会他如此重要的一个假设？事实上，这个假设是如此重要，以至于苏格拉

---

① 同前，页313。参 Leo Strauss, *The Rebirth of Classical Political Rationalism*, pp. 166－167。

② ［译按］这里是说哲学的统治凭靠"机运"。

底直到在现实中遇到了对它的决定性驳斥，才意识到它在理论上的不足。尽管拉齐由于与他自我辩护性质（nature）相关的原因不愿公开这样说，但他的线索都指向同一个方向：政治生活本身。①

揭开隐秘的政制

拉齐认为，苏格拉底原来对政治生活的态度不仅隐含了对政治的否定，也隐含了这样对待政治的立场或超然态度。苏格拉底的"自然主义"倾向表明，政治生活既不必要也不重要；相反，这是个易于伪装的假象，是个需要克服的阻碍或需要纠正的缺陷。苏格拉底对政治生活的藐视只有在没有受到挑战，并且没有挑战他的自我理解时，才能保持不受阻碍。政治生活的权威性特征之所以仍然隐藏在苏格拉底的质疑之中，只是因为它与这种质疑有着更深层的一致。作为一名政治哲人，苏格拉底的首要发现是，政治生活本身分享了早年苏格拉底哲学的最终目标。但这到底意味着什么呢？

虽然拉齐颇为隐秘地强调了苏格拉底对政治生活的藐视，但还是可以从中看出，未来的政治哲人（the would-be political philosopher）必须首先了解，他对政治生活的漠视本身就是一种决然的政治行为。② 苏格拉底从政治生活中寻求的虚幻自由之所以有可能，是因

---

① 拉齐用苏格拉底的叙述为自己辩护，这表明拉齐的理论辩护可能不止这一种方法。这位著名医生被怀疑拥有不可靠甚至不被接受的宗教信仰。参见 Paul Walker, *The Political Aspects of Islamic Philosophy*, p. 65。

② 参 Plato, trans. Carnes Lord, edited by Thomas L. Pangle, "*Alcibiades I.*" In *The Roots of Political Philosophy：Ten Forgotton Socratic Dialogues*, Ithaca：Cornell University Press, 1997, 110c3－12b5, pp. 175－221。［译按］中译参潘戈（Thomas L. Pangle）编，《政治哲学之根》，韩潮等译，北京：商务印书馆，2019。

为当他将自己视为独立的、非政治的人时，他已经假设了政治生活隐含有一种自我理解。然而，这意味着政治生活中存在着将政治差异视为偶然的而非本质的倾向。拉齐认为，哲学与政治之间的关系意味着，在每个政治共同体中，权威性的统治主张必定倾向于将自己视为唯一的统治主张，简而言之即最佳的统治主张，或者将自己作为反对其他所有低劣且不道德的主张的标准，后者只是不完整的阴影（partial adumbrations）。① 在苏格拉底那里，政治共同体是雅典，它根据其自我理解来审判所有其他城邦，并必然发现其他城邦的缺点。像每个政治共同体一样，雅典诞生以来就倾向于拒绝城邦间存在的差异，认为那些差异都是偶然的，因此，雅典试图把每个城邦改造成与自己相似的模样，以此来完善它们。②

只有在以自己看似正确的（spurious）主张向雅典的普遍主义（universalism）发起攻击时，苏格拉底才意识到这一点。③ 换句话说，苏格拉底只能通过激起城邦的愤怒，通过挑战城邦自以为是的

---

① 参 Leo Strauss, *The City and Man*, Chicago：The University of Chicago Press, 1964, pp. 240 – 241。相关的方法，参柯林斯（Susan Collins）和斯托弗（Devin Stauffer）论柏拉图《默涅克塞努斯》（*Menexenus*）的作品。Susan Collins and Devin Stauffer, "The Challenge of Plato's *Menexenus.*" *The Review of Politics* 61, 1999, pp. 85 – 115。

② 参见 Leo Strauss, *The City and Man*, p. 228。关于雅典的主张的范围，参见施特劳斯相当直率而富有启发的评论："每种意识形态都是一种企图，它想在某人自己或他人面前证明那些被感到多少需要证明的行动，也就是说，那些不是一眼看上去就对的行动。雅典人之所以相信他们是"地生人"（autochthony），还能是什么原因呢——除了因为他们知道掠夺别人的土地不义，并感到一个自重的社会无法与它的基于犯罪的概念相调和?" Leo Strauss, *Natural Right and History*, pp. 129 – 30。

③ 显而易见，拉齐也通过自己的哲学思考吸取了这一教训。

普遍主义主张，来了解血气在自然中发挥的重要作用。① 苏格拉底
通过挑战城邦的主张来激怒城邦，正如那些无法认识到苏格拉底哲
学优越性的人令苏格拉底异常轻蔑。此外，城邦对哲学的抵制一定
也告诉这位未来的政治哲学创立者，即使在尝试摆脱城邦时，也有
一个关于城邦基本立场的假定，而基于这种假定，他会得出一个极
为重要的论断：这个城邦正在进行统治。城邦错误的普遍主义掩盖或
伪装了它的真实自然——在特定的城邦里存在一个权威性的特定部分。
每个城邦回答谁来统治的问题时，都是根据它所珍视的东西——它敬
仰的东西，尤其是城邦中有决定性发言权的阶层或部分人。每个城
邦的自然即通过某种形式的普遍主义来隐藏这种权威性的声音。②
无论苏格拉底是否意识到，他都是在通过坚称智慧的至高性来坚持
自己的统治要求，而此时城邦中权威性的声音则愤怒地向他回应，
这迫使他重新思考哲学的终极至高性（参阿里斯托芬《云》，行
1507 – 1509）。正是这种与城邦的敌对和冲突，标志着苏格拉底哲学
生活的决定性时刻，因为正是在这一点上，他发现了之前没人理解
的东西——政制。③ 因此，拉齐的自我申辩——它完全依赖于苏格

---

① 似乎有理由认为，并不热衷雅典帝国主义的施特劳斯一定会设想，谐
剧性的特征在他的苏格拉底解释中发挥了决定性作用，尽管对此只有间接的证
据。关于这一点，参 Thomas L. Pangle, *Leo Strauss: An Introduction to His Thought
and Intellectual Legacy*, pp. 76 – 77。

② 声称自己在做某事但同时做的却是另一件事，这在本质上是一种政治
现象，这意味着掩饰做法本身本质上就是政治性的。施特劳斯对秘传意图和活
动的理解依赖于对政治的前理解，或者更确切地说，依赖于对政治的自然（the
nature of politics）的前理解。

③ 参 Leo Strauss, *Natural Right and History*, pp. 135 – 136。另参 Nasser
Behnegar, "Reading What Is Political Philosophy?" *Perspectives On Political Science*
39, 2010, p. 68, 尤见注 5。尽管近来对施特劳斯作品的关注激增，但人们很大
程度上忽视了其中作为主题之一的政制问题，这要归因于其他与施特劳斯联系
更频繁的主题，如古今关系、隐微与显白写作，或理性与启示等。因此，政制

拉底对政制的发现——本身就具有政治性的核心意义。[①]

政制观念（idea）的影响范围和对政制自我理解的把握之间的联系，仍然是学术研究中丰富而未开发的资源。[②] 尽管如此，拉齐对苏格拉底的描述表明，哲人和城邦都认为现实政治世界可以被抛弃，因为它可以重塑成另一个没有其他统治主张的世界。[③] 然而，尽管两者都由相同的精神驱动，但苏格拉底对哲学的至高性的献身精神与雅典普遍主义的观念相矛盾。在哲人的最佳政制中，所有人都是明

的概念还没有得到具体和持续的学术关注，尽管关于施特劳斯的文献经常提及这个概念，参 Catherine Zuckertand and Michael Zuckert, *The Truth about Leo Strauss：Political Philosophy and American Democracy*, p. 6, pp. 75 – 77。我对施特劳斯的解释是，政治哲学有一个更"政治"的基础，一个不把 politeia 等同于 politika 的基础。参 Heinrich Meier, *Leo Strauss and the Theologico-Political Problem*, p. 98。

① "政治的"（political）在这里有两种含义：哲学承认政制的理论重要性，并接受这种承认在行动或沉思上的结果。因此，政治哲学（political philosophy）既是对政治的哲学思考，也是以政治方式进行哲学思考。

② 相比于这种对苏格拉底转向的解读，还可参蒙图里奥（Mario Montuori, *Leo Strauss：An Introduction to His Thought and Intellectual Legacy*, Baltimore：The Johns Hopkins University Press, 1981, pp. 87 – 143）对这一主题所提供的最好的理论处理，他也全面评述了政治理论之外的文献。在政治理论领域，Catherine Zuckert（*The Review of Politics* 25, pp. 189 – 219）提供了另一种对苏格拉底转向的最好理论解释。除施特劳斯的文献外，对于政制的其他历史研究，参见 Danielle Allen, edited by George Klosko, "The Origins of Political Philosophy." *The Oxford Handbook of the History of Political Philosophy*, Oxford, UK：Oxford University Press, 2011, pp. 75 – 95。

③ 倘若如此，我可以得出结论：苏格拉底对自然的原初理解，本身就发端于政制的自我认识，也就是说，依据习俗，更准确地说是依据技艺，政制将自身理解为自然。根本差异如果能被习俗或技艺克服，也就不是根本差异了；改善的自然克服了自然——将自然转化为技艺。拉齐和阿里斯托芬似乎都同意这点：哲学对自己的原初误解源于它没有看清自己对自然的兴趣是什么——企图改变事物的存在方式。因此，诗与政治哲学在根本差异的重要性上看法一致，尤其在那些以自然与技艺之别为前提的方面看法一致。

智的，或至少权威性的声音是明智的，没有被任何无知的掺入所稀
释。然而，雅典民主制的前提是雅典政制的绝对优越性——雅典民
众（demos）的主权和根本自由，这点与明智者统治不同。拉齐强调
了哲学与政治之间的张力，从而表明，苏格拉底的生活方式无可避
免会对雅典构成直接威胁，遑论对雅典霸权了。苏格拉底对政制的
发现也带来一种认识，即他的活动构成了对这种政制的统治主张的
直接挑战，这种挑战在最好的情况下即便不会遭遇冷漠，也会遭到
嘲笑和揶揄，最坏的情况则是因挑战这种政制自我理解的合法性而
引起激烈反应。

对有血气的（thumotic）政制的发现——这项发现基于拉齐对苏
格拉底转向本身的看法——也是灵魂对自我确认（assertion）和自身
价值的发现，灵魂希望保持自身原貌，而不是变成超越自己的东西，
也不是变成与自己不同的东西。因此，苏格拉底对政制的发现，就
是发现了人类身上具有某种顽抗性的东西，这本身即为灵魂的一个
基本面相。然而，对苏格拉底来说，这呈现出一个两难困境：灵魂
的血气面相是理解事物自然的关键，因为灵魂作为自然的一部分对
整全既开放又封闭。① 但是，一个人如何审查不可侵犯或至少希望
不被侵犯的东西呢？问题显而易见：审查那些维护自己的东西和那
些不希望自己的神圣性受到质疑的东西，会引发冲突。这需要一种

---

① 对此，参见施特劳斯关于爱欲（eros）和血气（spiritedness）之间关系
的令人费解的评述。参 Leo Strauss, *The Rebirth of Classical Political Rationalism*,
p. 168。［译按］施特劳斯关于灵魂与整全之间关系的评述，参见 Leo Strauss,
What is Political Philosophy. Chicago：The University of Chicago Press, 1988, p. 39。
"关于人类生活目的知识是使人类生活完备或整全的知识，因此是关于整全的
知识。关于人的目的的知识必然包含关于人类灵魂的知识；人类灵魂是整全中
唯一向整全开放的部分，因此比其他事物更接近整全。"译文参考《什么是政
治哲学》中译本（李世祥译），北京：华夏出版社，2019，页30。

方法，让哲人既可以安全地与同胞邦民交往，同时又可以接近他所寻求的东西，保护他免受灵魂的神圣性遭到审问时所引发的愤怒。① 拉齐申辩的第二部分同时也是最长的部分，在他的辩护中似乎是离题的言辞，解释了快乐－痛苦原则的效用。② 但是，这项原则对哲人颇有益处，这份益处能够将理论和行动统一于完整的整体中，从而连接了［拉齐申辩的］第一和第三部分。

哲人的理性礼法（Rational Nomos）

拉齐的曲笔插叙进入所谓的理性法则（laws），这些法则必然支配哲人与其共同体的关系。插叙有两部分：将知识和正义统一起来的神学、一种运用快乐－痛苦原则服务于神学的伦理体系。③ 苏格拉底独一无二、无拘无束，因而有令人敬佩的热情，拉齐早先对此的讨论清楚表明，哲学爱欲，如果方向正确，就是最伟大的努力，因此也是最高的生活方式。在第二部分，他从理论和行动两方面巩固了这一立场。从理论上讲，拉齐提出六条原则，它们构成神对人的所有要求，引导人获取知识并践行正义（页 229）。人类看似神圣的目的论隐含着行为的品质等级（a qualitative hierarchy of actions），最高等级是沉思，在行动中的最高等级是正义。拉齐利用快乐－痛

---

① 施特劳斯的方法可能在这一点上模仿了拉齐，因为它突出了在一个自由政制中写作的重要意义。

② 整体来说，拉齐的文章所揭示的要比它直接展示出来的多。只有思考了苏格拉底转向如何解释了拉齐自己的申辩以及他对哲学之于哲人益处的说明，才能看到拉齐《哲学的生活方式》的三部分如何能够连成一个整体，否则它们显然互不相关。也就是说，要么文本掩饰了政治生活的地位，要么拉齐的申辩就其本身而言最终不够充分。后一种可能性是巴特沃思的解读。参 Charles Butterworth, *Interpretation* 20, 1993, p. 254。

③ 参 Leo Strauss, *Persecution and the Art of Writing*, pp. 126 – 135。

苦原则作为落实这一神圣目的论的手段。拉齐认为，任何造成快乐的行动，如果会阻碍我们获得更大的快乐，都不应该去做（同上）。同样，神憎恨所有的痛苦，故此，人既不应该忍受任何痛苦，也不应该忍受任何一种快乐——如果享受这种快乐会带来在量上大于快乐的痛苦的话。神的意愿是人类参与最大的快乐——沉思；而作为神的审判的最大的痛苦——神罚，将降临到那些在质上没有达到其自然目的的人身上。

拉齐关于未来哲人的行动指导，不仅详细阐明了符合神赐目的的人类行动，而且牢固确立了高级之于低级的优越性。拉齐进一步将快乐–痛苦原则扩展到行动领域，认为只要是施加比快乐更大的痛苦来伤害自己和他者（包括伤害其他人和动物），都属于违背神的意志。[①] 除非是为了带来更大的快乐，否则不能施加痛苦；所有惩罚都必须采取教育的形式，而不是为了报复：

> 由此，一个必然的结论是：我们不应该使任何有感觉的生物痛苦，除非这种痛苦是它应得的，或者我们借此使它免受更强烈的痛苦。（页 231）

那些对谁都没用的东西，比如像狼这样的纯粹食肉动物，或者像蝎子这样的纯粹有害动物，可以除掉，这是为了减少世界上的痛苦并产生更多的快乐。不过，必须以怜悯之心待人，以改善他们的灵魂，以期他们有可能分享到只属于人类的永恒快乐。然而，谁必然被包括在人的范畴之内，仍不清楚。[②]

---

① 拉齐在描述中始终强调苏格拉底拒绝吃肉这一点非常重要。

② 拉齐在此的含糊其辞源于两条奇怪评论。首先，他认为，为了保护一个哲人的生命，甚至可以借正义剥夺一个好人的生命。这意味着，哲人既是对所有其他生命最有益的人，也是这种益处的最佳评判者。他后来补充说，只有人的灵魂可以与他们的身体分离。然而，这一说明的语境使得是否这样做保持

拉齐在结束他的离题话时承认，他的快乐－痛苦原则只能笼统理解为实际行动的指导（页232－233）。使个体发现其自身所处的环境，是拉齐伦理推演（calculus）中不可或缺的一部分，因为任何一个给定的人感受到多少痛苦，很大程度上取决于这些环境。例如，拉齐指出，在缺乏风雅的生活中，一个生来奢侈的人相较于生来贫穷的人往往更艰难，这表明快乐－痛苦原则既有上限又有下限，上限和下限帮助裁决行为的智慧和正义。如果使自己痛苦的行为无法带来与之相应的更大程度或种类的快乐，那就没人会这样伤害自己。在这种思路下，拉齐随即指责在某些印度人，以及在摩尼教、基督教和伊斯兰教的舍己（self-denial）行为中发现的极端禁欲主义（页233）。相反，只要是不触怒神、不冒犯神的公道（reasonableness）与正义的快乐，人都可以享有。这些下限和上限约束了人类生活，从而提供了必要的范围，使遵循快乐－痛苦原则成为可能。

这些界限也规定了拉齐的行动指导，这一指导通过拉齐对苏格拉底转向的看法，使未来哲人们在与同伴的关系中受益。为了让人注意环境在人类生活中所起的作用，拉齐说了一句相当随意的话：苏格拉底比柏拉图更容易过舍己的生活，因为柏拉图与苏格拉底不同，他出生于一个富裕的贵族家庭（页233）。[①] 从另一方面来说，非常明显的是，苏格拉底作为一个完美君子与同胞邦民重新交往，是

了开放，换句话说，杀掉某些人可能不符合他们的最佳利益，但同样减少了世上痛苦的总和。同样，在这个例子中，裁决者将是哲人，这表明对拉齐来说，智慧是唯一合法的统治资格，尽管鉴于人们的属己之爱，这一要求不可能实现。参 Charles Butterworth, *Interpretation* 20, p. 245。

    ① 巴特沃思完全没有提到，拉齐相当传统地讨论了苏格拉底与柏拉图的关系，这一讨论显然有意唤起联想。鉴于施特劳斯本人几乎不可能推荐这种传统说法，这种忽略就更令人惊讶。参见 Leo Strauss, *The Rebirth of Classical Political Rationalism*, pp. 178－183。

一种实践行为，这为他提供了新的哲学活动，并不是以此取代或减少爱欲（erotic desires）。苏格拉底有孩子，与敌人战斗，并享受风雅，他这样做不意味着他渴望或需要它们；相反，他这样做是为了达到参与政治生活的最低门槛。由于出身低微，他的交往门槛比柏拉图低；像柏拉图一样的贵族在与同胞们共同生活时，必须更多地按照同胞们的条件并根据他们的期望而活动，以免引起城邦的怀疑甚至愤怒。①

有哲人生活在其中的政制，将根据它自身的权威性偏好，决定拉齐伦理推演的具体界限。每一种政制都会陷于一种自我遗忘的过程，在这个过程中，它的权威性声音的不完整特征会被隐藏起来。以雅典为例，它屈从于狂热的新观念，试图依靠帝国使政制的主张普世化。施特劳斯经常谈到，成熟的苏格拉底和不虔敬的阿里斯托芬有相同的政治见解，这在此处是决定性的，因为二人都准确看到伯里克勒斯（Periclean）的雅典对其邦民的影响：它开启了野心和变革的新努力，其顶峰是雅典帝国主义，但最终在伯罗奔半岛战争中遭到毁灭性失败。② 某种意义上说，政制是智术师，它为了克服自然，或为了隐藏自然内部的本质差异，便通过礼法（nomos）来掩饰自然（physis）。每一种政制都掩饰其权威性主张的偏好——它所偏好的统治主张，从而隐含地拒绝所有其他政制的主张以及由此带来的一切。

尽管这种对政制的掩饰是自我遗忘的前提条件，自我遗忘又助长了雅典帝国主义，但对政制全部权力的发现也是隐藏在苏格拉底转向中的自我回忆（self-remembering）的前提条件。苏格拉底在他

---

① 我们所知道的柏拉图在历史上属于这一类：与苏格拉底不同，柏拉图既写作了对话，又创立了一个运作良好的学园。

② 参 Leo Strauss, *Socrates and Aristophanes*, p. 312; *The Rebirth of Classical Political Rationalism*, p. 104; *Natural Right and History*, p. 93。

自己的自我发现中意识到，政制不想要人注意到它自身及它的特殊性。由于血气之所是，对血气的发现并不可靠；一个希望否认除自己之外任何统治主张的政制，从定义来看，并不是一个希望人记住它自己的本质区别和其他区别的政制。因此，苏格拉底、阿里斯托芬、拉齐，大概还有施特劳斯，都在努力而小心地约束这种血气甚至肆心（hubris）。他们用来摆脱血气的唯一可支配的工具是虔敬，以及随之而来的羞愧。①

政制不愿面对自身的自然。唯一可以对付它的手段，是通过主张自然的根本特性——自然是超越任何个别存在者的存在——将政制的自然与整全的自然区分开来。重申作为整全的自然，这强调了一种超越维度，其效果是降低了任何基本部分的重要性。拉齐的整个实践指导都以这种策略为前提，因为他的神学重申了神圣事物的超越性特征，它超越并反对任何特定的政制；鉴于超越性激发的虔敬、崇敬和羞愧，拉齐的神学承认灵魂寻求整全的正当性，或至少认为这一点应受到保护。对拉齐来说，至高的神是哲人之神，由此，他提出的怀疑也就确实可能有根据。② 尽管如此，拉齐的神学试图提醒政制在超越人类的至高神面前的有限、不洁和低贱。政制与超越性的分离，使哲学超政治的正当性成为可能，同时也使哲人可以安排他们的活动以便呼吁神圣超越性——否则他们太禁欲苦行，以至于不能被自我肯定（self-affirming）的政制所理解。③

---

① 参 Leo Strauss, *Liberalism, Ancient and Modern*. Chicago：The University of Chicago Press，1968，pp. 260 – 72。关于谐剧使用羞愧作为一种教育手段，参阿里斯托芬，《云》，行 519 – 528。［译按］中译本参《古今自由主义》，叶然等译，上海：华东师范大学出版社，2019。

② 参 Paul Walker, *The Political Aspects of Islamic Philosophy*, pp. 66 – 67。

③ 比较苏格拉底在《申辩》中为哲学的辩护，Plato, *Four Texts on Socrates*, 30a2 – 30a7, pp. 63 – 97。

拉齐将自己从成熟的苏格拉底那里学到的忠告昭然呈示：礼法，尤其是任何特定政制的祖传律法，都是给予哲人的最大保护，而不是他最大的障碍。这些律法并不反对哲人不愿追求的那些短暂的欲望目标；相反，它们是一个最低限度的参与门槛，哲人绝不能在它之下，而使得共同体由于受哲人活动影响，所获得的痛苦多于哲人活动产生的快乐。律法与新神学的重新结合，把哲学爱欲在品质上的更高维度，与神圣敬畏所激发的血气型羞愧，尽可能地像希望的那样结合在一起。

结　论

拉齐申辩的第三部分，也是最后一部分，是迄今为止三个部分中最短的一部分，由他重申自己与公民的交往构成：这一切交往不仅是为了至高神为人类设定的终极目的，也是为了惠及他人。因此，一方面，拉齐的理论成就不言而喻——他是两百多篇论文的作者，涉及从天体运动到炼金术的一系列主题（页234）；另一方面，他是一位受人尊敬的医生，从不拒绝向前来寻求建议的人提供建议或忠告。拉齐通过展示自己的能力证明自己的行为准则，从而将［申辩的］三个部分合为整体，并将他的实践即文本写作与包含在文本中的演讲交织在一起。但是，在一定意义上，一个人若自己没有变得明智，就不可能读懂关于如何变得明智的解释，正是由于这个缘故，拉齐证明了，他生命中最后一部作品——因他的肉身缺憾而非灵魂缺憾写得很短促的作品——实际上是他最明智的作品（页235）。

说到底，施特劳斯向我们推荐拉齐的解释，这确实富有启发性。由于我们讨论的现象，即自我隐藏的政制，政治哲学的诞生即便不是彻底不为人所知，也可能总是受人误解。对施特劳斯而言，这个洞见现在对拉齐和对苏格拉底一样正确：每种政制，现在和从前一样，都不希望承认其他统治主张的存在。也许施特劳斯企图将苏格拉底对政制的发现隐藏在对解释的解释中，这种企图本身就是他自己在模仿政制的自我理解：只有通过展示某物为什么不能视作与他物等同，才能看到它的真实所是。① 换句话说，施特劳斯自己的政治哲学方法总是被视为高深莫测——这或许已经是对他最好的看法了，之所以如此，是因为他的方法本身就是对事物自然的模仿。当然，这意味着对政制的哲学思考总是既含混，又引起争议。每一种政制，无论其品质如何，都对某些问题闭口不谈，因此，政制的自然本质上是血气的。

当然，同样有启发性的是，施特劳斯只在关于诗与哲学的书中推荐拉齐。政制的发现由哲学与诗的相遇引起。② 更确切地说，施特劳斯表明，如果苏格拉底没有转向自我审视，就不会发现政制，这种转向本身是由谐剧般的审视所引起。③ 至少，阿里斯托芬知道

---

① 参 Leo Strauss, *Thoughts on Machiavelli*. Glencoe, IL: The Free Press, 1958, p. 13。［译按］中译参《关于马基雅维里的思考》，申彤译，南京：译林出版社，2016。

② 诚然，希腊诗歌比它的对手哲学古老得多，这意味着，只有在哲学首次表明自己无需诗歌时，或者更恰当地说，当诗歌首次因为哲学不需要它而被放弃的时候，诗与哲学之间著名的"争论"才能开始。

③ 参见潘戈对虽然不同但与此相关的观点的评论："这场讨论的主要教育目的，是引导或诱使听众和读者在一段时间内将他们自己的灵魂严肃地投入思想实验中，把它作为一种需要经历且需要艰难求索的东西，而不仅仅像博物馆里的展览品。乌托邦（utopia）就谐剧意义而言不可能实现，如果这一点没有隐藏，那么，让有思想的读者自己，如果愿意的话，成为解放谐剧的受害者这一目标，就会遭到削弱或失败。柏拉图的《王制》可以说完美体现了古老的说教修辞，它由此将读者的灵魂吸引到一个戏剧性（谐剧性）的思想实验中，这一实验完全成功地改变了只占少数的灵魂——那些在某种意义上将思想实验进行到底的人。"（Thomas Pangle, *Leo Strauss: An Introduction to His Thought and Intellectual Legacy*, p. 48）

一件事，即如何使用反讽性的模仿为自己的智慧服务（阿里斯托芬，《云》，行518－562）。很难说是施特劳斯对拉齐的研究引得他关注阿里斯托芬，还是相反的情形。但清楚的是，施特劳斯在拉齐的申辩中看到了他对苏格拉底的理解，这能够调和柏拉图和色诺芬笔下永恒的邦民－哲人与阿里斯托芬同样永恒的谐剧描述。施特劳斯的方法表明，柏拉图和色诺芬对公民－哲人（一体者）苏格拉底的描述不但受益于哲人苏格拉底，也同样受益于诗人阿里斯托芬。① 那些寻求考察施特劳斯自己称作的"苏格拉底问题"的方方面面的人，最好像他一样好好思考苏格拉底与谐剧诗相遇的理论联系。②

---

① 参 Leo Strauss, *Socrates and Aristophanes*, p. 314。

② 参 Leo Strauss, *The Rebirth of Classical Political Rationalism*, pp. 103－183。

海德格尔的亚里士多德解释对施特劳斯的启示

沙孔（Rodrigo Chacón） 撰

王铠 译

> 有一次，我确实听懂了某些东西，那是在海德格尔阐释《形而上学》开端部分的时候。
>
> ——施特劳斯①

> 我们将一同坐在亚里士多德的学园里，只是确保我们不会误解他。
>
> ——海德格尔②

---

① 施特劳斯对海德格尔的论述，见 "A Giving of Accounts", in *Jewish Philosophy and the Crisis of Modernity: Essays and Lectures in Modern Jewish Thought*, ed. Kenneth H. Green (Albany: State University of New York Press, 1997), p. 461. Hereafter JPCM。［校注］所引中译见刘小枫编，《施特劳斯与古典政治哲学》，张新樟等译，上海：上海三联书店，2002，页727。

② 施特劳斯参加了海德格尔1922年的亚里士多德讲座课，见 *Gesamtausgabe*, vol. 62, *Phänomenologische Interpretationen ausgewählter Abhandlungen des Aristoteles zur Ontologie und Logik* (Frankfurt am Main: Klostermann, 2005), 10. Hereafter GA 62。译文为笔者大致给出。

施特劳斯的思想就其最重要的方面而言是对海德格尔的回应，这一点已成为公认的事实。长久以来，人们认为施特劳斯将海德格尔视作恢复古典政治哲学的主要阻碍，而近期的研究表明，施特劳斯其实也从海德格尔那里获益匪浅。其中最激进的说法或许是，施特劳斯的苏格拉底式政治哲学"继承了海德格尔对存在（Being）问题的探问"。① 不理解海德格尔对施特劳斯的影响，似乎就不可能理解施特劳斯。② 这是一项巨大的挑战，因为我们为此就需要熟悉两个人的全部著述。但我们还可以用一种更实际的方法，而这一方法仍然是理解施特劳斯的基础。

施特劳斯宣称，海德格尔最重要的贡献在于他无意中展现了重回古典哲学的可能性。③ 确切地说，海德格尔表明，"现代哲人并未理解柏拉图与亚里士多德"。④ 施特劳斯暗示，相比之下，海德格尔至少开始理解古典：他的解读伴随着"理解柏拉图与亚里士多德真实意图所必要的热情"（同上）。

本文将回到施特劳斯看法的源头，即海德格尔1922年就亚里士多德《形而上学》开篇开设的讲座课。我认为，这篇2005年出版的

---

① Richard Velkley, *Heidegger, Strauss, and the Premises of Philosophy: On Original Forgetting* (Chicago: University of Chicago Press, 2011), p. 8. ［译按］中译本参维克利，《论源初遗忘：海德格尔、施特劳斯与哲学的前提》，谢亚洲、杨永强译，北京：华夏出版社，2016。

② 同上，p. 2。亦参 Christopher Bruell, "The question of Nature and the Thought of Leo Strauss," *Klēsis: Revue Philosophique*, no. 19 (2011), p. 97。

③ Leo Strauss, "An Unspoken Prologue to a Public Lecture at St. John's College in Honor of Jacob Klein," in *JPCM*, p. 450.

④ Leo Strauss, "Living Issues of German Postwar Philosophy," in *Leo Strauss and the Theological-Political Problem*, by Heinrich Meier (New York: Cambridge University Press, 2006), p. 134. ［译按］中译文参施特劳斯，《德国战后哲学的现存问题》，何祥迪译，收于刘小枫编，《苏格拉底问题与现代性》，北京：华夏出版社，2016。

讲稿是施特劳斯理解哲学的关键源泉，他将哲学视为"对基本和广泛的问题的真正领悟"。① 海德格尔 1922 年的讲座课程旨在恢复亚里士多德最先表明的"生命的自然意识"（*GA* 62：305）。海德格尔认为，哲学发端并滋养于前科学经验的"自然意识"。他以一种看似简单的方式提出，哲学是对生命及其蕴含的"基本问题"（Grundprobleme）的表达（*GA* 62：10，348－349）。海德格尔在演讲中强调的主要问题，关乎科学或哲学作为一种人类可能性的意义。"人出于自然而求知"② 意味着什么？什么是人的"自然"？科学的"观看"如何关联我们对世界的前科学理解？

施特劳斯表示，海德格尔试图找回最初在亚里士多德那儿寻求的"自然意识"，因而他寻找的是真正的基本问题，但他最终失败了。③ 海德格尔尤其未能把握神圣律法或礼法的核心，它作为必须遵循的生活秩序，统一了古希腊人自我认知中的宗教、政治和伦理。④ 更进一步说，海德格尔未能理解，任何人的自我认知最初都

① Leo Strauss, *On Tyranny*, rev. ed., ed. Victor Gourevitch and Michael S. Roth (Chicago：University of Chicago Press, 2000), p. 196. ［译按］中译本参施特劳斯、科耶夫，《论僭政：色诺芬〈希耶罗〉义疏》，彭磊译，北京：华夏出版社，2016，页212。

② Aristotle, *Metaphysics*, trans. W. D. Ross, in *The Complete Works of Aristotle*, ed. J. Barnes, vol. 2 (Princeton, NJ：Princeton University Press, 1984), 980a22.

③ 对"自然意识"的探求可追溯到黑格尔，胡塞尔、海德格尔和施特劳斯延续了这项工作。见 Leo Strauss, *What Is Political Philosophy？and Other Studies* (Chicago：University of Chicago Press, 1988), pp. 17, 75 （［译按］中译本参施特劳斯，《什么是政治哲学》，李世祥等译，北京：华夏出版社，2019）；Timothy W. Burns, "Leo Strauss' Recovery of Classical Political Philosophy," in *Brill's Companion to Leo Strauss' Writings on Classical Political Thought*, ed. Timothy W. Burns (Leiden：Brill, 2015), pp. 13－18。

④ Leo Strauss, "Cohen und Maimuni," in *Gesammelte Schriften*, vol. 2, *Philosophie und Gesetz*, ed. Heinrich Meier (Stuttgart：Metzler, 1997), p. 428.

维系于某种既定的法或生活方式，因而他也就没有注意到，将哲学生活从对政治生活的前科学理解中分离出来，这其中有着根本的冲突。① 然而，我将论证的是，海德格尔对亚里士多德的阐释，仍然为施特劳斯的政治哲学提供了一个不可或缺的开端。

哲学人类学是联结施特劳斯与海德格尔（以及他的亚里士多德）的关键前提。只有根据自身向整全存在（the whole of Being）的开放状态，才能理解人的自然。② 现代思想认为，自我意识的最初概念是欲望的体验或纯粹思想（分别对应如黑格尔、笛卡尔），相反，亚里士多德认为活着就是感知。③ 在思考或欲求之前，我们已经"看到"或开始意识到一个向人类智识开放的世界。哲学与科学自始至终都依赖于这一原初意识：若不依赖我们对世界的前科学意识，就不可能有任何知识。这意味着哲学与科学建立在无法证明的前提之上，即建立在世界的现象学所给予（海德格尔与他的亚里士多德）或我们向神秘整全的开放状态上（施特劳斯）。④ 当哲学变成探究

---

① 关于方式（way）、习俗（custom）或法（dharma）的现象的普遍性，参 Leo Strauss, "Progress or Return?," in *The Rebirth of Classical Political Rationalism*, ed. Thomas L. Pangle（Chicago：University of Chicago Press, 1989），pp. 253 – 254（［译按］中译本参施特劳斯，《古典政治理性主义的重生》，潘戈编，郭振华译，北京：华夏出版社，2011）；亦参 Leo Strauss, *Natural Right and History*（Chicago：University of Chicago Press, 1953），pp. 79 – 80（［译按］中译本参施特劳斯，《自然权利与历史》，彭刚译，北京：三联书店，2016）。

② Leo Strauss, "The Problem of Socrates," in *The Rebirth of Classical Political Rationalism*, p. 164; Leo Strauss, "An Introduction to Heideggerian Existentialism," in *Rebirth*, p. 37. ［译按］中译本参施特劳斯，《古典政治理性主义的重生》，潘戈编，郭振华译，北京：华夏出版社，2011。

③ Aristotle, *Protrepticus*, B73; Rémi Brague, *Aristote et la question du monde：Essai sur le contexte cosmologique et anthropologique de l'ontologie*（Paris：Cerf, 2009），pp. 63 – 64, 79, 91.

④ 分别参 Brague, *Aristote* 及 Strauss, *What Is Political Philosophy?*, p. 39.

时，哲学的基础也随之改变：有一种我们既无从掌握也无法彻底怀疑的思想要素，即对存在的意识。

下文将首先讨论海德格尔 1922 年对亚里士多德《形而上学》的解读，进而转向海德格尔设法处理的基本问题。第一个问题是科学的含义，按照亚里士多德的探究，科学先是被称作"智慧"（《形而上学》981b28），而后又是"形而上学"。第二个问题与路径有关，即科学从何开始。最后一个问题是，什么是哲学或科学的主题——尤其是，亚里士多德如何理解自然。

施特劳斯的工作，在很大程度上，被认为是恢复了海德格尔在"解构式"解读古人时不闻不问的东西。这或许会成为一种负担，因为这表明本文开端的论述只是部分正确，即本文认为，施特劳斯经常白纸黑字地否定海德格尔，只因他们都从共同的问题出发。对海德格尔提出的每一个论点，施特劳斯都可能暗中反对。但这并不意味潜藏着的问题已经解决，即使是亚里士多德，也没有解决这些基本问题。

《形而上学》的开篇，或智慧的开端

西方科学可以说起步于亚里士多德的《形而上学》，亚里士多德在这部作品中首次将"哲学–科学"探究定义为对"普遍"原则的"理论"研究。[①] 用苏格拉底的话说，西方理性主义最初的探究就是：

> 知道每一事物的原因，即每一事物何以产生，何以消亡，何以存在。（《斐多》，96a－b）

也正是在《形而上学》当中，西方理性主义找到了最重要的答

---

① 《形而上学》，982a24（katholou），b9（epistēmē theōrētikē）。柏拉图并不使用"理论"或"普遍"的词汇。参 Jean Grondin, *Introduction to Metaphysics*：*From Parmenides to Levinas*（New York：Columbia University Press, 2012），p. 61。

案：认识某物就是认识它的原因或原则（《形而上学》981b20；《后分析篇》71b10 – 14）。举例来说，原则可以是物理的、数学的或神学的。唯一决定性的重点是，存在一些使事物可知的原则，也存在一个从整体上解释存在的普遍原则。① 海德格尔重拾由此引起的问题或困难，试图给这一科学的结构去蔽。在考虑海德格尔的阐释之前，有必要先简要回顾亚里士多德的探究。

继柏拉图的探究之后，亚里士多德着手在《形而上学》中寻找最配得上智慧之名的科学。② 根据亚里士多德，这门最重要的科学仍然没有名称，也无定所。正如莱布尼茨（Leibniz）所说，它是且仍将是人们"渴求"或"竞逐"的科学。③

亚里士多德从一个我们先前提及的论断开始：人出于自然而求知（《形而上学》980a22）。其标志是我们通过感官获得愉悦，尤其是通过视觉。虽然其他动物天生也有感知能力，有些甚至可以形成记忆并付诸实践，但是人除此之外还凭借技艺和判断生活。"从经验所得的许多要点使人产生对一类事物的普遍判断"，我们由此就习得了某种技艺，例如认识到某种疗法有益于"所有具备某一类型（eidos）体质的人"（《形而上学》981a5 – 10）。④ 并且我们相信，

---

① 亚里士多德并未具体说明这一原则，但暗示它或是"神"（第一推动力），或是每一存在（being）的"所是"（what），亦即"实体"（substance），或是"善"（the good，即一切存在的目的）。关于历史上对这一问题的争论，见 Grondin, *Introduction to Metaphysics*, pp. 64, 91, 94 – 98。

② 见如柏拉图《卡尔米德》175b，《厄庇诺米斯》976c – d。亦见 Pierre Aubenque, *Le problème de l'êtrechez Aristote* (Paris: PUF, 2013), pp. 266 – 67。

③ Grondin, *Introduction to Metaphysics*, p. 126.

④ eidos 常见的译法有 species、form、kind、class、shape、look，这里我遵循罗斯（W. D. Ross）的翻译。我还将使用 species 和 form 的译法来区分亚里士多德理解的 eidos 与柏拉图式的 forms。[译按] 在所引的原文中，亚里士多德将人分为"粘液质或胆液质"。这一划分可以追溯到古希腊医学家希波克拉底，他将人分为血液质、粘液质、黄胆汁质与黑胆汁质。

掌握这一技艺的人（如此处所举的医术）要比只是在治疗疾病上有经验的人更智慧。后者只知道"事物之所然"（《形而上学》981a27），或者说只知道某种疗法有益于苏格拉底，而前者还知道为什么这一疗法会起作用。最智慧的则是那些知道所有事物的原因和原理的人，或者说，是那些知道"终极原因和原理"（《形而上学》981b2）的人。

亚里士多德以六个方面的特质描述最接近智慧的这一阶段的知识，即"最高的科学"最普遍、最艰深、最确切、最可教、最自由且最适于统治。部分出于这些理由，亚里士多德将关于智慧的科学称为神的科学或"神学"（《形而上学》1026a19、1064a35）。

亚里士多德对第一哲学这个主题的探究并无定论。然而，他试探性的回答却成了建立西方哲学与神学的基石。从普罗提诺（Plotinus）到笛卡尔与霍布斯乃至胡塞尔，"第一"哲学或奠基性哲学几乎是每一位重要思想家的核心追求。如果我们可以找到一个所有事物背后的"实体"，或推动它们的"上帝"，或表征整体的"主体"（subject）或意志（mind），那么我们就能着手建立一项"普遍"科学，由此将产生一种普遍文明。①

途径问题：观看即看见

海德格尔以质疑这一目标开始。他表示，人们并没有理解《形而上学》的开篇。正如耶格尔（Werner Jaeger）所说，那句经典的"人出于自然而求知"，并非是人所写出的对知识最"纯粹"、最"郑重"与最"令人赞叹"的推荐。理论研究并非"对人类更高自

---

① C. F. Gethmann, "Erste Philosophie," in *Historisches Wörterbuch der Philosophie*, ed. Joachim Rittner (Basel: Schwabe, 1972), 2: 726–29.

然的实现", 也非"文化的顶点"。①《形而上学》的开篇并未真推荐什么。毋宁说, 它是对"生命的自然意识"的现象学描述或"展开"。实际上, 亚里士多德是第一位也是最后一位尝试做出这一解释的哲人 (GA 62: 305)。他开始意识到科学在存在论上的意义 (GA 62: 280), 即科学如何从我们"自然的"日常理解 (它赋予科学以意义)中产生, 还要求特定的实践或参与活动 (它赋予科学以"存在论"上的可能性)。相较于传统的亚里士多德主义者对"自然"的"目的论"理解, 海德格尔还强调, 所谓"自然"的给定之物充满了谜团。

第一个谜团是途径问题。"人出于自然而求知"的知识从何而来?"人出于自然而求知"的字面意思是, 人出于自然的欲求去观看且看见 (eidenai)。② 这一欲求"出于自然", 并不意味着它是人的自然目的。从现象学的视角看, 根据海德格尔, 过沉思的生活只是人向世界敞开的一种可能方式。在以科学或技术的手段知道事物之前, 我们已经在最一般的意义上"看到"了它们。换言之, 我们已然对寻求的事物有所目睹或有所了解。③ 因此, "人出于自然而求知"并不意味着人有观看并理解世界的冲动。例如, 我们或许同样欲求被承认。求知并非一项独立产生的活动, 而是对可见事物的延伸, 它产生于世界本身或我们对世界的敞开。作为在世的存在

---

① Werner Jaeger, *Aristotle*: *Fundamentals of the History of His Development*, trans. Richard Robinson (Oxford: Oxford University Press, 1948), p. 68.

② GA 62: 17. Cf. Claudia Baracchi's translation in *Aristotle's Ethics as First Philosophy* (Cambridge: Cambridge University Press, 2008), p. 17: "All human beings by nature desire having seen." 在"获得洞见"的最宽泛的意义上, "观看"是一种"理解"形式, 是海德格尔用以翻译"看见"(GA 62: 58)的另一术语。

③ William McNeill, *The Glance of the Eye*: *Heidegger*, *Aristotle*, *and the Ends of Theory* (Albany: State University of New York Press, 1999), p. 2. Cf. Plato, *Meno* 81d – e.

者，我们既不能决定去知道或去观看，也不被某个求知的意志驱
动（尼采可能持有这样的观点）：我们带着原初的洞见和先见
而来。①

海德格尔以对亚里士多德的新解为基础，意图重新定义知识，
进而定义哲学或科学。而关键在于恢复亚里士多德对黑格尔式问题
的回答，即"科学的开端必须具备什么？"② 科学并不始于对我们认
知能力的检验（知识论），也不源自在历史经验中产生的知识（黑
格尔式的现象学）。海德格尔认为，科学开端于使世界显现或去蔽的
每个人类活动或行为。若真如亚里士多德所表明的，活着就是去感
知，那么科学必定始于这样的开端时刻，即世界开始向我们传递信
息之时，或（更接近海德格尔的观点）我们开始以行动或言辞去观
看世界、给世界去蔽之时。

这样的哲学基础建立在我们向世界的敞开之上，它化解了怀疑
主义的现代问题（即宣称无法证明我们的所思与某个"外在事实"
相对应）。③ 然而，它也暗示了与原初理解的哲学知识的决裂，亦即
与关于可知的必然性（intelligible necessity）的知识决裂。④

让我们进一步检审，海德格尔如何发现亚里士多德对这一问题
的预示。新的［哲学］基础表现在把"求知"翻译成"观看"。原
初性的观看不仅涉及感觉的认知，还意味着以各种方式让世界显现

---

① James Dodd, "Aristotle and Phenomenology," in *Phenomenology in a New Key: Between Analysis and History*, ed. Jeffrey Bloechl and Nicolas de Warren（Cham: Springer, 2015）, p. 191.

② G. W. F. Hegel, *The Science of Logic*, trans. George di Giovanni（Cambridge: Cambridge University Press, 2015）, p. 45.

③ Charles B. Guignon, *Heidegger and the Problem of Knowledge*（Indianapolis, IN: Hackett, 1997）.

④ Cf. Leo Strauss, "An Untitled Lecture on Plato's *Euthyphron*," *Interpretation* 24, no. 1（1996）, p. 17.

的活动，它包括有意义的言说与指导我们活动的"先见"。① 重要的是，知识是可能的——如果我们将知识理解为对永恒结构或现象本质的洞见。因此，根据海德格尔的阐释，亚里士多德的医生（即超越了仅凭检验与技术行医的专家典范）可以"看到"别人无法看见的东西：他能看见病症的"类型"（eidos）。然而，他的洞见绝非牢不可破，原因有二：首先，它取决于改变实践所获得的洞见或意识；其次，科学的"对象"（在此尤指健康的"自然"）终究深不可测。

"什么是"高于"所是"

对亚里士多德的传统解读认为，亚里士多德将人类灵魂视为超感觉但可知的实体，它向种属－形式（species-forms）敞开，充当生成原则，解释事物之是其所是。② 种属－形式可以说既存在于自然，又存在于人类灵魂，而人类灵魂存储着最多（潜在的）可知形式。它通过确实的理解（in-formed）过程或通过领会整个自然种属来实现这一潜在性。③

海德格尔在他最早的作品和讲座课程中，按照以下思路理解亚里士多德。他宣称，亚里士多德的诸形式具有"形而上学的意义"，它是"灵魂学、物理学和形而上之实在性的形式原则"。但若种属—形式的确是"使某一实体是其所是"的"实体"，那么，

①　Cf. Dodd, "Aristotle and Phenomenology," pp. 193 – 196.

②　Jacob Klein, "Aristotle: An Introduction," in *Lectures and Essays*, ed. Robert B. Williamson and Elliott Zuckerman (Annapolis: St. John's College Press, 1985), p. 184.

③　Jonathan Lear, *Aristotle: The Desire to Understand* (New York: Cambridge University Press, 2010), p. 134.

海德格尔指出，"这将存在一种无限倒退"。① 对这一问题的当代回答将亚里士多德的诸形式（如"猫""人类"或"健康"）解释为经由理解形成的概念而非实体。② 这实际上是将亚里士多德化解成了康德。

海德格尔避免陷入上述两种极端。他认为，亚里士多德的形式既非实体也非概念，而是事物的形象（look）或外观。③ 这些形象是可理解性的原则，任何对存在者的研究必须从这里开始。更准确地说，海德格尔认为科学或哲学必须从前科学的理解开始。前科学的理解构成任何科学研究必不可少的"土壤"或"基础"。④ 缺乏土壤，比如缺乏对健康之形象的前科学关注，科学就无法获得基础。［为科学奠基的］困难正是来自这些形象，同时还在于如何力图"观看更多"或"看得更真实"。⑤

继续对亚里士多德的论述：其他动物"只有一小部分的经验"，海德格尔将其翻译为"处理事物的技术"（GA 62：23；比较 20，305，21），但"人类也凭技艺和理智生活"，用海德格尔的话说，即

---

① Martin Heidegger, *Die Kategorien- und Bedeutungslehre des Duns Scotus*, in *Gesamtausgabe*, vol. 1, *Frühe Schriften*（Frankfurt am Main：Klostermann, 1978），p. 221.

② Hermann Cohen, *Logik der reinen Erkenntnis*, 4th ed.（Hildesheim：Olms, 1977），p. 344.

③ GA 62：22, 315, 318 – 19，"外观"（Aussehen）；类型也表达为"形象"（Gestalt）（pp. 83, 92）。海德格尔否认，亚里士多德式的类型作为变化的原则，同时也是事物的"伦理"目标。他宣称类型"非伦理"（pp. 318 – 19）。

④ 关于恢复科学的前科学基础/土壤（Boden）的重要讲座举办于 1924年，部分转录于 Jacob Klein：Martin Heidegger, *Grundbegriffe der aristotelischen Philosophie*, vol. 18 of *Gesamtausgabe*（Frankfurt am Main：Klostermann, 2002）。

⑤ 亚里士多德在《形而上学》卷 A 通篇用这个语词描述"看得更多"的智者，即能看到（例如）我们大多数人看不见的诸形式。见《形而上学》981a24 以下。

凭"深思熟虑"与"某种类似投入工作的能力"（GA 62：21；《形而上学》980b25）。根据亚里士多德的看法，"从经验所得的许多要点使人产生对一类事物的普遍判断"（《形而上学》981a7－8），技艺知识就由此形成。海德格尔将古希腊语的"判断"（hupolēpsis）直译为"信念"（belief），认为亚里士多德表明对事物存在着不同的信念，或更字面地说，有将事物"处理"为这个或那个的不同方式，这将显现事物的不同方面（GA 62：58，315）。在我们日常与世界打交道时，有多种有效的技术形式，当其中一项技术形式占据主导，可以"处理"或发掘在"每一情况下"（in every case）① 都显现的事物时，技艺知识就由此形成。

海德格尔的翻译表明，判断暗含心理活动，每一科学远非建立在判断的基础上，而是基于一种方式，或基于不断与事物打交道所形成的对世界的显现。例如，亚里士多德认为，医生通过对病人的反复治疗，可以形成一种直观，光照（light up）某种有益于所有同一类型（eidos）的人的疗法（《形而上学》981a10）。尽管新康德主义者将类型理解为概念，② 但海德格尔坚持认为，类型意指通过反复打交道可以"光照"到或被抛入解脱的"形象"。例如，医生与巫医都注意到同一个病人，但医生能从病人身上"看见"巫医所看不到的"胆汁质"或"粘液质"。

在这个阶段，知识的难题可以描述如下。我们总是可以看见诸类型或可理解的形式。当今的医生或许不会把人看成"粘液质"，而可能是有"高血压"。当我们看到有形体、颜色与重量的事物，或看

---

① GA 62：22，"每一情况"（in jedem Fall），或"总体上"（im Ganzen）并非如传统翻译所表示的"普遍地"。

② 大体见 Karl-Heinz Lembeck, *Platon in Marburg：Platonrezeption und Philosophiegeschichte bei Cohen und Natorp*（Würzburg：Königshausen, 1994），pp. 31－35。

到圆环或光滑的表面时，我们都看到了诸类型。世界并非显现为无形式的一团糟，而是一个明晰的整体。它使求知的心灵有可能获得关于任何给定之物的越来越多的洞见，这一过程似乎没个尽头。为了从亚里士多德的术语中得到海德格尔式的观点，可假设存在某种有益于特定类型的人的疗法，那一疗法将显现那一类型的"自然"（参《物理学》，193a30 – 31）。但这一假设并未穷尽这一点："什么是"总是高于"所是"。①

问题在于，对于亚里士多德而言，严格意义上的"是"无法超越所是。在最高意义上，存在者的是意味着它充分实现了自身的类型（《形而上学》1050a16）。② 这指出了亚里士多德对存在者的理解有关键性的含混。对任何给定的存在者而言，类型既是它的"外观"，又是支配它生成的不可见的原则。③ （在上述提及的例子中，医生所洞见的类型既指某个可理解的外表［appearance］，也指根本上生成外表的原则。）

为了更准确地表明这为什么成问题，考虑海德格尔在多大程度上跟随亚里士多德、又在何处背离亚里士多德将大有助益。海德格尔同意亚里士多德的观点，即知识的起源必然是现象学的和

---

① 根据海德格尔，现实性并不支配（或穷尽）可能性。现实性在此指的是，得到充分实现了的作为生成原则的形式或 eidē。因此，正如下文所述，存在者"总是（潜在地）比我们认为的更多"。见 Iain Macdonald, "'What Is, Is More than It Is': Adorno and Heidegger on the Priority of Possibility," *International Journal of Philosophical Studies* 19, no. 1（2011）: 57。关于健康之本质无法呈现为稳定的外观或形象，见 Martin Heidegger, "On the Essence and Concept of Phusis in Aristotle's *Physics* B, 1（1939），" in *Pathmarks*, ed. William McNeill（New York: Cambridge University Press, 1998）, pp. 183 – 230, esp. p. 197。

② 进一步的参考与讨论，见 Thomas Sheehan, *Making Sense of Heidegger: A Paradigm Shift*（London: Rowman & Littlefield, 2015）, pp. 50 – 53。

③ 见 Klein, "Aristotle: An Introduction," pp. 185 – 186。

"实践的"。这意味着，某物的形象就是认知的恰当起点。然而，事物如何显现并非简单地取决于我们。举一个有名的例子，六等边立方体既不可见，也难以想象。无论我们怎么翻一个立方体，都永远看不到六条等边。除此之外，这样的立方体之所以同样无法想象，是因为它作为立方体的本质，或作为对象（Gegenstand），在字面上就意味着"站在我们对面"，只能以透视的方式显现。①

关于亚里士多德的病症的例子也类似。病并不可见，除非掌握治疗技艺的人以老练的眼睛发现了它。关于这一点我们可以举个例子，医生绝不可能从概念上将病人的疾病对象理解或"建构"为胆汁质。这也是因为，将会在不同病人身上以不同形式呈现自身的东西，正是作为疾病的本质的胆汁质。医生必须"画出"每个病人身上呈现出的症状，尤其是以手指按压确认或探问出病人的疼痛经历。② 由此，我们可以说疾病与健康正如六等边立方体。它们并非概念式的建构，而是有着本质形式的经验对象。作为对象，它本身属于他者而非我们自身，与我们"相距甚远"。③ 尽管存在者"存在"，但它们的"形式"（或类型）永远不会充分地向我们的精神呈现。显然，这一问题仍然保留了这些形式确切的存在方式。在此，只需重申病的类型所暗示的内容就足够了。亚里士多德式的形式既非形而上学的实体，也非概念式的建构，而是某种可理解的外观。因而，与康德不同，这并不意味着"理性只能洞见它根据自身的目

---

① Maurice Merleau-Ponty, *Phenomenology of Perception*, trans. Donald A. Landes (London: Routledge, 2014), p. 210.

② Hans-Georg Gadamer, *The Enigma of Health*: *The Art of Healing in a Scientific Age* (Stanford, CA: Stanford University Press, 1996), p. 108.

③ 见 Günter Figal, *Objectivity*: *The Hermeneutical and Philosophy* (Albany: State University of New York Press, 2011), p. 115。

的所生产的东西"。① 相反，理性可以洞见本质的形式，并最终洞见
"自然"或"存在"。②

这样的洞见不仅是现象学的，也是"实践的"。所有的知识都预
设了实践性的技术。实际上，如果一个医生并不具有这种技巧，而
只是通过给病人强加健康的标准价值来"应用"科学知识，那么他
将可能有害于病人。③ 换言之，科学源于实践性的参与活动（实则
为操劳）与技艺。它并不给自然规定法则，而是让自然显现自身，
以"健康"为例，它意味着自身的复原。

海德格尔在以下要点中背离了亚里士多德，或至少是背离了亚
里士多德主义。再多的参与活动或"观看"都无法"抽象"出任何
事物的"可理解的种类"（intelligible spcies）。④ 在上述的例子中，
尽管健康既"出于自然"也可（部分）被人类理解，但没有人能够
"理解"大概会生成它的类型（"人"或"人性"）。根据海德格尔的
解读，此事的原因之一在于，诸类型根本不是我们可以掌握的生成
原则。更深层的原因则是，自然确实生成了被理解为可知的外观
（在其可为人所知的程度上）的种类或形式，但自然（phusis）在本

---

① Immanuel Kant, *Critique of Pure Reason*, trans. Paul Guyer and Allen W. Wood
(Cambridge: Cambridge University Press, 1998), Bxiii, p. 109.

② 根据海德格尔，在西方哲学的开端，"存在"意为"自然"（Heidegger,
"On the Essence and Concept of *Phusis*," 229）。关于对"自然"的洞见，见197：
洞见健康就是洞见它的原则，即自然。但获得这一洞见并非我们的终点，因为
健康，如同正义或美，是我们参与其中而非由我们生成的存在方式。我们不能
把自然视为健康的"原因"，因为原则（或"初始之物"）与外观之间的关系仍
然是难以解决的问题。参 Figal, *Objectivity*, p. 114。

③ Gadamer, *Enigma of Health*, p. 107；另参亚里士多德，《尼各马可伦理
学》，1104a3 – 10。

④ Contra Thomas Aquinas, *Summa Theologiae* I, 12 – 13, 见引于 Sheehan, *Making Sense of Heidegger*, p. 94。

质上是我们无法理解的运动或"运动性"(movedness)。

什么是自然

在海德格尔的翻译中,自然意为"如何存在"或"存在的方式"(Wiesein, *GA* 62:17, 19)。这一术语有助于传达亚里士多德将自然视为运动①的理解,同时也更接近常识与前哲学的言说。因此,回顾《形而上学》的开端,《形而上学》并不需要哲学证明人类的存在方式源于去观看,亦即向世界敞开的欲求。然而,严格意义上的知道,或"知道为何事物是如此……知道它不容许除此以外的存在"② 似乎很难是"自然的"。在这个意义上,海德格尔认为,只有古希腊文明(以及只有其中的一小部分人)求知。什么是自然,什么是我们"出于自然"寻求知道的东西,仍然是个谜。

亚里士多德没有假定智慧"(可能)自然"的对象,例如善或神,而是遵循生命的自我解释,尤其是人们对智慧的说法或信念。在亚里士多德遵循的日常言说中,追求智慧在比较级上理解为力图"看见更多"(eidenai mallon,《形而上学》981a26、981b)。因此,技艺可以"看见"仅凭经验看不到的东西。还是以医学为例,尽管一个医生或许在治疗病人上不如护士有效,因为"有经验的人较之有理论而无经验的人更为成功",但"我们认为技术家较之经验家更聪明"(《形而上学》981a15)。这表明,"智慧在各方面……都取决于知识"(而非经验),或根据字面翻译,它取决于智慧的人"看见

---

① 或"运动性"(kinēsis),海德格尔在20世纪30年代将其描述为"在场之涌现"或"自我展开之涌现"("On the Essence and Concept of Phusis," pp. 191, 195)。

② Aristotle, *Post. An.* 71b10 – 14, trans. Terence Irwin and Gail Fine (Indianapolis, IN: Hackett, 1995), p. 39.

更多"的能力（《形而上学》981a24 - 28），因为有技艺的人"知其所以然，凭经验的人知事物之所然而不知其所以然"（《形而上学》981a25）。因此，在亚里士多德对智慧本质的探究中，存在着不同等级的洞见形式。等级划分从感觉开始，再到经验、技艺知识，然后到科学，最后抵达最高科学（近似智慧），它寻求知道"善"或终极因，即"每一事物""所必至"的原因（《形而上学》982b5以下）。

根据亚里士多德对生命运动的现象学解释，海德格尔表明，人是出于自然而向世界开放的存在者，由于这种建构性的开放，人与求知或观看之间存在着本质的关系。布洛克尔（Werner Bröcker）与施特劳斯都是这一讲座课程的学生，用他的话说，"追求洞见是人的本质"，获得洞见"说到底是为了人之为人"。①

海德格尔在非常独特但颇具启发的译读中表明，亚里士多德强调"更多"与观看"更多"所体现出的努力，表达了古希腊人对生命的理解，他们对德性（arête）的追求推动了这一理解。② 实际上，海德格尔表明，生活就是我们成为自身之所是的这种努力，更准确

---

① *GA* 62：72 - 73；Walter Bröcker, *Aristoteles* (Frankfurt am Main：Klostermann, 1964), 23；Strauss, "A Giving of Accounts，" pp. 461："我有时去上（海德格尔的）讲座课却完全听不懂，但我感觉到他在处理有关人之为人的最重要的事情。"

② *GA* 62：71 - 72. Arête 一般被译为"德性"（virtue）或"卓越"（excellence），海德格尔对 arête 的注解为："存在的方式……在它的充分投入中践行实现现实生活的趋向"（同上，p. 71）。评论家指出，这从伦理德性中抽象出了（至少可以这样说）诸如慷慨、大度与正义。对海德格尔而言，德性或人的"卓越"在本质上是对世界的去蔽，或使世界显现——尤其是作为通过谈话具有言说（logon echon）的存在者。然而，德性的核心是自我去蔽，或不断把"更多"的我们自身带向前来（同上）。对此的分析与评论，见 Jacques Taminiaux, "The Interpretation of Aristotle's Notion of Aretê in Heidegger's First Courses," in *Heidegger and Practical Philosophy*, ed. François Raffoul and David Pettigrew (New York：State University of New York Press, 2002), pp. 13 - 27, and Sheehan, *Making Sense of Heidegger*, pp. 139 - 143。

地说，生活作为无限的可能性，是力图成为我们之所是的（比以往）"更多"。在此，德性是构成"人之为人的本体论结构"的部分（*GA* 62：386）。然而，我们之所是总是一种"去存在"（to be），一种向外延展以观看世界的运动。因而，理解人的本质的可能性取决于把握存在与生成间奇异融合的能力，它体现在亚里士多德将自然视为运动的理解中。对此，海德格尔表明，自然被译为一种存在方式，它使事物与其所是攸关（*GA* 62：305）。自然的存在者"归根结底"是它们自身的存在，这是"好的……有意义的"（*GA* 62：36）。

这种对亚里士多德的读法被传统忽视，路德（Martin Luther）却很好地将之接受了。海德格尔顺随其后。生命运动回应一种基本的（constitutive）缺失，亚里士多德称这种"形式的缺失"为"生成的因素"，即丧失（steresis），路德称之为匮乏（privatio），海德格尔则将之描述为生命的"'尚未'（not yet）——'不彻底'（not quite）"。①

这可以说是海德格尔在解释中达到的顶峰，他试图以西方传统哲学所隐匿的前提颠覆它自身。海德格尔抽出了一条尤其包括路德与霍布斯的暗线，这条线索既对亚里士多德提出猛烈批评，又严重依赖亚里士多德其人或其政治哲学。简单地说，它同时构成了对亚里士多德的解构与恢复。根据从帕默尼德（Parmenides）到黑格尔的传统，存在在"最高"的和奠基性的意义上是普遍、永恒、可理解

---

① *GA* 62：38，41；亚里士多德《物理学》191b15，193b19 - 20；《形而上学》1050b10。根据路德对亚里士多德的解读，"人总是处于非存在（non-being）"，"总是陷于匮乏，总是处于生成与潜在状态"，"寻求上帝"，在"通往上帝的路上"。正如海德格尔，路德坚称没有把自己的神学代入对亚里士多德的解读中："亚里士多德对这些问题做了哲学思考，他做得很好，但他没在这一意义上被理解。"见 John Van Buren，"Martin Heidegger, Martin Luther," in *Reading Heidegger from the Start: Essays in His Earliest Thought*, ed. Theodore J. Kisiel and John Van Buren（Albany：State University of New York Press，1994），p. 169。

的，且向心灵"显现"，而亚里士多德理解的存在还是特殊、暂时、神秘的，且充满某种"缺失"与"匮乏"。① 在此，根据海德格尔的解读，这些并非偶性的特点，尤其在亚里士多德对自然的理解中，它们是事物所应是的本质。

根据亚里士多德的看法，的确有某种留存（且永久不变）于每一生成物的东西，即存在者所趋向的"基质"与"种属－形式"（《物理学》190b3 以下、191b15 以下）。而海德格尔认为，这些赋予存在者以永恒、稳定、同一与可理解性的特点，都最终源于古希腊本体论神学（onto-theological）的偏见，根据这一偏见，存在着一个最"存在"（ontōs on）的上帝或一种思想本身的思想（《形而上学》1074b34 - 35，GA 62；109，96 - 97，108，389）。

根据海德格尔的解读，更确切地说，自然是一种存在方式，它从自身，尤其从"尚未"和"不彻底"的匮乏中不断生成（GA 62；38，41）。因此，海德格尔关注亚里士多德学说中的运动现象，恢复了潜在性的观念。潜在性并非在现实（actuality）上无效，而是保存在现实中。例如，说一个人"完整"是悖谬的，除非他还能是超出他之所是的其他东西。② 如果我们不关注作为生成之关键的"匮乏"或者说不关注纯粹的可能性，我们将无法理解任何真正的新事物的出现，例如一项技艺的伟业，它"赋予事物以外观，赋予人类以观点"。③

---

① Walter Brogan, *Heidegger and Aristotle：The Twofoldness of Being*（Albany：State University of New York Press, 2005）, p. 112.

② Jussi Backman, "Divine and Mortal Motivation：On the Movement of Life in Aristotle and Heidegger," *Continental Philosophy Review* 38, no. 3/4（2006）, pp. 241 - 261.

③ Martin Heidegger, "The Origin of the Work of Art," in *Poetry, Language, Thought*, trans. Albert Hofstadter（New York：Harper & Row, 1971）, p. 43.

海德格尔的重审对施特劳斯的启示

长久以来，施特劳斯被认为是最著名的海德格尔批评者之一，他为海德格尔的思想提供了一种替代方案。海德格尔寻求克服哲学的传统，相反，施特劳斯则要修复哲学的根基。海德格尔的历史主义拒绝永恒的标准，施特劳斯则恢复自然正确的视野。海德格尔认为只有通过一种"对生存的分析"才有可能通达存在，施特劳斯则找到了通向属人事物或政治事物中的"一切"的钥匙。最根本的或许是，海德格尔仍然受惠于基督教路德宗的"存在理念"，而施特劳斯将哲学与神学或政治的每一个"理念"冲突作为他研究的核心主题。[1] 然而，总而言之，我想说明，视施特劳斯为海德格尔的替代方案，认为施特劳斯能取代海德格尔的思想终将是一种误导。[2] 施特劳斯的确取消了，或至少质疑了上述海德格尔解读古人的关键前提。因此，在很大程度上，他以一种不受海德格尔的异议影响的方式解读古人。但施特劳斯同样表明，不通过海德格尔，我们将无法通达柏拉图与亚里士多德。[3] 实际上，海德格尔的影响如此之大，

---

[1] 见 Leo Strauss, "The Problem of Socrates," 328；Meier, *Leo Strauss and the Theologico-political Problem*, pp. 18, 48 – 49, 97, 102n22, 105。

[2] 关于施特劳斯展现"苏格拉底转向"优于海德格尔的"历史主义转向"，因而他取代了海德格尔的主张（暗示），见 Arthur M. Melzer, "Esotericism and the Critique of Historicism," *American Political Science Review* 100, no. 2（May 2006）: 288。关于认为施特劳斯的"修复"为海德格尔对古人的解构提供了本质上不同的替代方案，见 Steven B. Smith, "Destruktion or Recovery? Leo Strauss's Critique of Heidegger," *Review of Metaphysics* 51, no. 2（December 1997），pp. 345 – 377。

[3] Leo Strauss, "Living Issues of German Postwar Philosophy," p. 134；"An Unspoken Prologue," p. 450.

以至于在他之后哲学毫无立足之地，如果哲学要再次存在，它必须回应海德格尔重新发现的"基本问题"。① 我们的确可以从施特劳斯的作品里发现这一点。在 20 世纪的思想中，就海德格尔对人类事物的无视，施特劳斯或许提出了最艰巨的挑战。不过，施特劳斯也始终深受海德格尔思想所依托的"完全不同的层面"，即海德格尔率先在亚里士多德那里发现的问题的探询层面的影响。②

　　施特劳斯回应海德格尔的第一部分是质疑海德格尔解读古人的前提，可简述如下。我们至少可以这么说，在理解古人思想中的伦理－政治视野方面，海德格尔是一个糟糕的向导。海德格尔忽视了人类生活的人际关系或政治环境，尤其忽视了关于正义和不义的日常言辞，而这正是人们对正当或善的任何可能理解的源头。③ 而且，海德格尔似乎还误解了古人对永恒的在场的探究，包括永恒的正确或善背后的基础动机。该动机并非某个本体论神学的偏见，而是对关乎一切事物，包括存在与人之起源的基本问题的回应。海德格尔声称，存在深不可测且毫无根基，因而在根本上无法解释。与之相反，古典哲人认为，严格意义上的知识预设了永恒基

---

① Leo Strauss, "An Introduction to Heideggerian Existentialism," p. 29：除了新托马斯主义和马克思主义，已经不再有什么哲学立场。

② 同上，页 38。这种断言在施特劳斯的作品中随处可见，即在回归古典哲学中的基本问题，尤其是回归存在问题时，现代哲学在海德格尔那里终结了。见施特劳斯于 1932 年 12 月 12 日写给克鲁格（Gerhard Krüger）的书信，载 *Gesammelte Schriften*, vol. 3, *Hobbes' politische Wissenschaft und zugehörige Schriften—Briefe*, ed. Heinrich Meier (Stuttgart：Metzler, 2001), p. 415；Leo Strauss, "Living Issues," p. 136；Leo Strauss, "Correspondence with Hans-Georg Gadamer concerning *Wahrheit und Methode*," *Independent Journal of Philosophy*, no. 2 (1978), p. 7。

③ 参 Leo Strauss, *The Political Philosophy of Hobbes：Its Basis and Its Genesis*, trans. Elsa M. Sinclair (Chicago：University of Chicago Press, 1996), pp. 142, 153。［译按］中译本参施特劳斯，《霍布斯的政治哲学：基础与起源》，申彤译，南京：译林出版社，2001。

础，或"初始事物"的存在。① 柏拉图与亚里士多德可不是盲目地认定初始事物，而是要求对此做出论证。② 因此，根据海德格尔最基本的异议，古典思想仍然固守对存在之永恒在场的理解，而施特劳斯实际上通过悬置海德格尔的异议，使重回古典思想成为可能。

然而，施特劳斯回应海德格尔的第二部分却采取了大不相同的进路。它超越了伦理－政治动机与对古代思想的预设，抵达被视为整全知识的哲学层面。施特劳斯并没有试图取代海德格尔的反对，而是在自我批判的辩证运动中，以海德格尔的反对直指海德格尔本人。实际上，对本文所讨论的每一个基本问题，施特劳斯都给出了两个回答：其一反对海德格尔，其二澄清海德格尔思想中包含的真理核心。

首先考虑途径（access）问题。在知道存在者或现象之前，我们如何开始意识到它们？施特劳斯与海德格尔一致认为，知识或理解预设了一种最初的视域（horizon），它允许我们去"观看"并理解事物。③ 正如我们所知，对海德格尔而言，这一视域的一部分由人类活动，尤其是由世界去蔽的行动与言辞构成。在上文的例子中，沉浸于治疗技艺的医生突然"看见"未曾见过的疾病类型的"外观"，这种疾病由此成为历史"世界"的一部分，并构成了进一步发现的视域，而建构这一视域的方式足以与库恩（Kuhnian）范式转换相提并论。施特劳斯以古典视角回应这一历史主义进路。他认为，"所有的理解都以对整全的基本意识为前提"，这一整全出于自然，而且是

---

① 参 Martin Heidegger, *Nietzsche*, trans. David F. Krell（San Francisco：Harper Collins，1991），4：193 以及 Leo Strauss, *Natural Right and History*, pp. 88 – 89。

② Leo Strauss, *Natural Right and History*, p. 89.

③ "激进的历史主义"（即海德格尔）与苏格拉底式政治哲学都持有这一观点，见 Leo Strauss, *Natural Right and History*, pp. 26 – 27，125。

被"永恒地给定的"。① 尤其是，理解疾病，或者说理解健康的匮乏，似乎以认识健康或良序灵魂的"理念"为前提。一个良序灵魂将反映整全的"永恒秩序"，即一种超历史的现象。②

然而，施特劳斯也呼应海德格尔并肯定，"没有人，这一整全就不成其为整全"。③ 尤其是，他似乎暗示自然即自然的整全以人为前提，或者说，只有被我们这样的存在者"看到"，它才"是"［自然］。如果这话说得对，那么，健康的原则就不再能理解为永恒的或永恒地给定的，它只能与表达它的人类一样长久。因此，施特劳斯的"整全"近似海德格尔的"存在"。正是可理解性的视域使得人之为人，但它仍以某种方式需要有人而得以"存在"。

关于本文讨论的第二个问题，即途径通往何处，或什么是哲学洞见的主题，海德格尔认为，哲学寻求知道事物的"本质"并最终知道"关于其起源的整全"。④ 这些同样是施特劳斯的术语，但它们所指向的现象却似乎截然不同。海德格尔将现象的本质，例如"房屋性、树性、鸟性、人性"描述为关于它们的"我们知道与尚未知道"的东西。⑤ 本质（Wesen）是一种存在方式，它原本是一个摆脱现代主客体范畴的动词（wesen），是"推动我们并使我们操心"的

① Leo Strauss, *Natural Right and History*, p. 125; Leo Strauss, "On the Interpretation of Genesis," in *JPCM*, 361.

② Leo Strauss, *On Tyranny*, pp. 200 – 201.

③ Leo Strauss, "Plato," in *History of Political Philosophy*, ed. Leo Strauss and Joseph Cropsey（Chicago：University of Chicago Press, 1987），p. 77.［译按］中译本参施特劳斯、克罗波西，《政治哲学史》，李天然译，河北人民出版社，1993。

④ Martin Heidegger, *Basic Questions of Philosophy：Selected "Problems" of "Logic,"* trans. Richard Rojcewicz and André Schuwer（Bloomington：Indiana University Press, 1994），29; Martin Heidegger, *Plato's "Sophist,"* trans. Richard Rojcewicz and André Schuwer（Bloomington：Indiana University Press, 1997），p. 146.

⑤ Martin Heidegger, *Basic Questions of Philosophy*, p. 73.

东西，然而，它同时也是具有某种"特质"的存在者的一个方面，一旦被"看见"，就将束缚一代又一代的人（参考亚里士多德的"人是有理性的动物"的断言）。① 至于"关于其起源的整全"，本质只作为一种令人敬畏的经验与问题而向我们揭示出来。海德格尔的思想用不同的称谓处理经验所指向的这种东西，如"存在""自然""澄明""事件"（Ereignis），以及"物"，这种"物"用一种令人想起圣经中的上帝的方式"给予"和收回。② 相反，以施特劳斯的古典视角看，严格意义上的哲学洞见是深入自然的"不可变的可知的必然性"。③ 正如亚里士多德与海德格尔所说，哲学始于被理解为"形象"或"事物的表面"的诸类型。但在施特劳斯的解读中，类型并不仅仅是某种可理解的外观，它是"欲求的目标"，是自然的存在者总是倾向于而实际上是在爱欲上渴望的东西，也是"力量或……自然"推动的东西。④

然而，施特劳斯再次对这一古典的答案提出质疑。如果"没有人，整全就不成其为整全"，且人非永恒，那么探问可理解的必然性，或探问永恒的原因，就在根本上成问题。众所周知，海德

---

① Martin Heidegger, *On the Way to Language*, trans. Peter D. Hertz（New York：Harper and Row, 1971），95；*Basic Questions of Philosophy*, p. 112.

② 见 Marlène Zarader, *The Unthought Debt*：*Heidegger and the Hebraic Heritage*（Stanford, CA：Stanford University Press, 2006），pp. 115–38。

③ Leo Strauss, *Natural Right and History*, p. 90.

④ Leo Strauss, *On Plato's Symposium*（Chicago：University of Chicago Press, 2001），p. 235（［译按］中译本参施特劳斯，《论柏拉图的〈会饮〉》，邱立波译，北京：华夏出版社，2011）；Leo Strauss, *The City and Man*（Chicago：University of Chicago Press, 1978），p. 119, cf. 19。亦见施特劳斯 1961 年 12 月 7 日致 Ernst Manasse 的信，见引于 Svetozar Y. Minkov, *Leo Strauss on Science*：*Thoughts on the Relation between Natural Science and Political Philosophy*（New York：State University of New York Press, 2016），p. 178。

格尔出丁类似的考虑抛弃了理性原则（即无因便无果）。① 海德格尔认为，不存在可能确证理性原则的证据。而鉴于上述理由，施特劳斯认为海德格尔的结论"明智"或许就不足为奇了。② 理性原则是严格意义上的哲学前提，但这并不意味着理性原则能够得到证明。

最后，在人的自然问题上，海德格尔寄希望于一种朝向存在之秘的敞开，他认为这种敞开将以不可预料的方式改变人的本质。相较于把人理解为理性的动物或堕落的被造物或自由的行动者（free agent），海德格尔卓著地超越了人类学的框架，"揭示"了他所谓的"人的此在"，即我们面向存在之整体的有限性与开放性。③ 相反，施特劳斯则肯定古典视角，认为存在一种普遍有效（且不可变）的人类目的或生活方式的等级。④ 与海德格尔不同，施特劳斯认为可能性并不高于现实，他表示，"在人的自然与事物的本性中存在着不可变易的标准"。⑤

但是，正如上述讨论表明的，除了人面向存在之整全的开放性外，施特劳斯认为我们无法理解"人的自然"。但这并不否认施特劳斯对人之所是的理解或许在决定性的方面与海德格尔截然相反。对施特劳斯而言，难以想象"人之为人"是"缺乏神圣约束的存在者"。⑥ 施特劳斯似乎还在"人类生活的审判所"前提出这一观

---

① Martin Heidegger, *Der Satz vom Grund*, *vol.* 10 *of Gesamtausgabe*（Frankfurt am Main：Klostermann, 1957）.

② Leo Strauss, "Problem of Socrates," p. 329.

③ 见引于 Rémi Brague, "Radical Modernity and the Roots of Ancient Thought," *Independent Journal of Philosophy*, no. 4（1983）, p. 67。

④ Leo Strauss, *Natural Right and History*, pp. 162 – 63.

⑤ Leo Strauss, *Liberalism Ancient and Modern*（Chicago：University of Chicago Press, 1968）, p. 63.

⑥ Leo Strauss, *On Tyranny*, p. 192.

点，正如他所说，"它在哲学之前就已为人所知"。因为人不可武断地排除只属于我们人类的需要或义务的可能性，正如施特劳斯似乎从海德格尔与他笔下的亚里士多德那里学到的："去爱智慧（philosophize），去观看。"①

---

① 施特劳斯 1946 年 3 月 27 日的笔记，见引于 Minkov, *Leo Strauss on Science*, p. 154。

在僭主与哲人之间

——重访施特劳斯与科耶夫之争

王　钦

> 我们无法成为哲人，但我们可以热爱哲学；我们可以努力
> 进行哲学思考。
>
> ——施特劳斯《什么是自由教育》

施特劳斯与科耶夫在 1940 年代围绕"僭政"展开了一场讨论，这无疑是 20 世纪西方思想史上的一次重大事件。① 众所周知，这场争论的起点是施特劳斯在 1948 年写的一本书，《论僭政》，该书阐释了古典哲人色诺芬一篇短小精悍的对话《希耶罗或僭政》。该书于

---

① 施特劳斯的弟子古热维奇（Victor Gourevitch）将两人的这场争论定性为一次象征着哲学上的"古今之争"的争论。参见古热维奇针对这场争论撰写的长文 "Philosophy and Politics, I&II," *The Review of Metaphysics*, Vol. 22, No. 1&2 (1968), pp. 58 – 84; 281 – 328。

1954 年出版法文版，里面收录了科耶夫对此做出的批评性回应《僭政与智慧》，以及施特劳斯的再回应《重申色诺芬的〈希耶罗〉》。长期以来，有关施特劳斯和科耶夫这两位思想和政治立场差异极大，私下却相交甚笃的思想家之间围绕"政治与哲学的关系"的争论，论者们已经从不同角度做出了丰富而深刻的研究。①

然而，正如不少研究者已经指出的那样，要梳理施特劳斯和科耶夫之争的整体面貌，其实并不容易。如英文版编者所说，两人在争论中都最大程度显示了自己的立场并充分尊重对方的立场，但都没有被对方说服。② 关于这场争论，最为粗心的读者也不能不注意到的特征是：一方面，两人的讨论经由色诺芬的文本逐渐上升到一系列重大而根本的问题，以至于很难再将这些讨论归拢到施特劳斯对色诺芬的解读上；另一方面，施特劳斯和科耶夫在思考方式上的显著差异，使得两人的论述始终遵循着各自独特的论述风格。尤为明显的是，科耶夫针对施特劳斯的回应显然有意省去了《论僭政》中的大部分细节，大胆而直率地、赶时间般地将讨论直接抽象到哲

---

① 关于迄今为止的先行研究有一份较为详尽的列举，可参考 Daniel E. Burns, "The Place of the Bible in the Strauss-Kojève Debate," *Philosophy*, *History*, *and Tyranny*: *Reexamining the Debate between Leo Strauss and Alexandre Kojève*, ed. Timothy W. Burns and Bryan-Paul Frost (Albany: State University of New York Press, 2016), 84, n. 3. 在中文学界，对于这场争论的整理和探讨，可参考刘振，《哲人与僭政——施特劳斯与科耶夫关于〈论僭政〉的争论》，载于《海南大学学报（社会科学版）》，2014 年第 2 期，页 24 - 32；彭磊，《施特劳斯〈论僭政〉中的古今之辨》，载于《中国人民大学学报》，2018 年第 2 期，页 56 - 63。

② 参见古热维奇和罗斯（Michael S. Roth）所撰的导言，载于 Leo Strauss, *On Tyranny* (corrected and expanded edition), ed. Victor Gourevitch & Michael S. Roth (Chicago and London: University of Chicago Press, 2013), pp. ix - xxii。对争论中两人的观点进行总体性整理的尝试，可参见 G. P. Grant, "Tyranny and Wisdom: A Comment on the Controversy between Leo Strauss and Alexandre Kojève," *Social Research*, Vol. 31, No. 1 (1964), pp. 45 - 72。

人与政治、智慧与国家等层面。正因如此，施特劳斯在回应科耶夫的方式上，也就不得不相应地在某种程度上遵循后者的概念、行文脉络乃至风格。而这一事实也多多少少影响到研究者在探讨这场争论时所采取的论述策略，即往往会沿袭科耶夫所设定的某些重大议题来推进论述。

从这个意义上说，按照施特劳斯《论僭政》本身的脉络和细节，重新梳理两位伟大思想家的对话，仍然是值得再次尝试的工作。更不用说，在技术和治理手段日新月异的当代，我们正在面对思想上的严重挑战：层出不穷的新兴学问不仅拒绝了现代社会科学和政治理论的基本视野和方法——而施特劳斯认为，后者甚至在*语词层面*上已然相当成问题——而且力图破除人与动物、植物乃至非生物的边界；在动辄以几千年为计量单位的"哲学"视野下，如今变得愈发险恶的"僭政"形式不仅无法得到恰切的理解，甚至可能和"权力""革命""抵抗"等问题一道，作为"人类中心主义"的陈迹而消弭在众多时髦术语的喧哗中。就此而言，再次提起施特劳斯和科耶夫的这场争论，也许有助于我们重新认识和反思自己所置身的政治地平线。

在涉及两人有关具体论点的争论之前，必须注意到施特劳斯对科耶夫的一个至关重要的基本判断：在他看来，科耶夫"未能区分哲学的政治与哲人为了确立最佳政制或改善实际秩序而可能采取的政治行为"[1] ——哲学作为一种"行动"，其政治意义不能被还原为或等同于"政治行动"本身。换句话说，科耶夫在前提上的上述混淆，很可能使他针对施特劳斯的色诺芬阐释所做的批评，在整体论点上产生重大偏差。我认为，这一偏差在两人的争论中，也许可以

---

[1] Leo Strauss, "Restatement on Xenophon's *Hiero*," *On Tyranny* (corrected and expanded edition), p. 207. 以下引自此书的引文皆随文标注页码，不另作注。

被解释为"古典"与"现代"的思想方式的差异。因此，尽管对于施特劳斯与科耶夫的这场交锋已经形成了卷帙浩繁的阐释，本文仍然试图通过梳理施特劳斯《论僭政》的细部，揭示科耶夫的现代眼光所忽略或敉平的一些关键问题。[1] 通过重审这场争论，本文认为，通过引入哲人的生活方式作为一种必要的参照，施特劳斯试图探讨"僭政"下公民生活方式的可能性。

一

众所周知，色诺芬在《希耶罗或僭政》中呈现了诗人（在上下文中也是智慧之人）西蒙尼德和僭主希耶罗之间的一场有关"僭主生活"和"平民生活"之可欲性的对话。西蒙尼德首先运用娴熟的修辞技巧迫使希耶罗列举出僭主政治的一系列缺点，逼迫后者做出"僭主最有利的选择就是上吊自杀"（7.13）的夸张论断，之后给了后者诸多施行仁政来改善僭主与其臣民关系的建议。根据这些充满马基雅维利色彩的建议，西蒙尼德似乎试图让希耶罗相信，"僭政"一样可以达成良好的统治，因而僭主的生活方式不仅优于平民的生活方式，而且在追求快乐的意义上可以是单纯地可欲的。

在针对这篇对话的阐释中，施特劳斯提请读者注意标题中的"僭政"一词，他指出，当如今的社会科学和政治理论越来越多地以相对"科学"或"中性"的概念（如"极权主义"或"威权主义"），来取代被认为具有价值判断色彩的"僭政"，这一事实只能

---

① 无须多言，施特劳斯从来没有无条件地拥抱所谓的"古典立场"，更没有把古典政治哲学还原为一系列教条或学说。在他那里，古典政治哲学始终是一个中介，我们借它可以认识到自身所处的现代性条件下的思想困境和难题。关于这一点最明确的表述，参见 Leo Strauss, *The City and Man*（Chicago and London：University of Chicago Press，1964），p. 11。

表明人们已经丧失了恰当辨认僭政的能力（页 23；页 177）。如果"僭政"始终是一种"像癌症那样"（页 177）"与政治生活并存"的"危险"（页 22），那么，无法恰当地认识"僭政"，就意味着无法恰当地理解什么是健康的政治生活，意味着无法恰当地理解政治本身。在双重意义上，这一后果要求我们重新回到古典政治哲学对"僭政"的思考和讨论。一方面，受到"价值中立"信念的影响，现代政治科学不仅拒绝"僭政"的概念，甚至将对于"真理"本身的追求也视作一种特定的价值取向。但施特劳斯指出，这种拒绝并不来自"价值中立"论者对于某种替代性价值的捍卫；恰恰相反，如此论说的人也许无意识中抱持着他置身其中的社会所"采纳和推崇"的价值，只是对此缺乏反思：

> 社会科学实证主义催生的与其说是虚无主义，不如说是因循守旧和市侩主义。[1]

于是，正视"僭政"并不意味着支持某种特定的政治偏见或价值，而仅仅意味着开始试图理解政治事务。

另一方面，更重要的是，回到古典政治哲学的讨论源于一个基本事实：施特劳斯认为，古人具有对政治生活的"直接经验"，能够直接从关于政治生活的种种鲜活的意见出发，而现代政治哲学与政治生活的关系则必然要透过"传承下来的有关政治哲学或政治科学的一般观念"的中介，要透过"新的科学概念"的中介。[2] 不难推测，经历了政治哲学的漫长传统和"新的科学概念"的中介之后，

---

① 亦见 Leo Strauss, "What Is Political Philosophy?" *What Is Political Philosophy? and Other Studies* (Chicago and London: University of Chicago Press, 1959), p. 20。

② 见 Leo Strauss, "On Classical Political Philosophy," *The Rebirth of Classical Political Rationalism: An Introduction to the Thought of Leo Strauss*, ed. Thomas L. Pangle (Chicago and London: University of Chicago Press, 1989), p. 49。

现代人有关政治事务的讨论不免陷入对于某些概念的不同含义的争论之中，以至于政治生活的现实反而变得模糊不清——不仅原先不成为问题的议题开始变得富有争议性（如"共同体"的存在、人与动物的边界等等），① 而且，古典政治哲学中最重要的议题，即"何为最佳政制"这一涉及政治生活之根本目的的问题，到了现代政治科学那里，也已经不再重要了。因此，重新追随古典政治哲学的脉络讨论"僭政"的议题，也能帮助我们重新思考政治生活的目的，帮助我们在判断政治事务往"更好"或"更坏"方向发展之前建立明确的"好坏"之标准，② 从而帮助我们判断自身所处的共同体所推崇和真正实践着的价值。

　　不过，这并不意味着"僭政"是一种从古至今始终如一的统治形式。施特劳斯明确指出，古典哲人所面对的僭政和我们时代的僭政之间存在着"根本差异"，当今的"僭政"掌握了古代的对应物所不具有的"技术"和"意识形态"（页23）。具体而言，前者指的是现代科学对于自然的征服和包含其中的、以数学为代表的将一切都同质化的倾向③，后者指的则是"哲学或科学的大众化可能性"（页178）。④ 无论是"技术"还是"意识形态"，其发展都被古人视

---

① 在施特劳斯看来，这样的问题注定是没有结论的，因为它们在常识意义上构成了政治生活的前提条件。参见同上，页54。值得注意的是，在众多被打上"后现代"标签的思想家那里，对于常识意义上的前提的批判性反思，恰恰是重塑社会形式的重要一步。在当今社会，这些反思和由此引发的激烈争论不仅限于学院内部，更已蔓延至一般的大众讨论——而许多人或许从未阅读过这些"后现代"思想家的任何著作。

② 参 Leo Strauss, "Thucydides: The Meaning of Political History," *The Rebirth of Classical Political Rationalism*, p. 98。

③ 参 Leo Strauss, "What Is Political Philosophy?" p. 39。

④ 施特劳斯在此似乎将"意识形态"与一般所谓的"启蒙"等同起来。在我看来，这么做是因为启蒙运动把智性进步还原为方法的问题，而"方法带

为"不自然"和"毁灭人性"的倾向（页 178）。因此，回到"僭政"的自然形态，有助于我们在不受其扭曲形态的影响下——悖论性地说，在"僭政"作为一种自然的政治病态的情形下——甄别政治与哲学的关系，或政治对哲学的压抑（tyranny）和哲学向政治提出的挑战。

作为对《希耶罗或僭政》的阐释，施特劳斯遵循了色诺芬文本的具体出发点：在涉及"快乐与痛苦"的特定方面，哪一种生活方式——僭主的或平民的生活方式——更为可欲？（页 37）施特劳斯告诉我们，西蒙尼德如此措辞的目的是让希耶罗对他放下心理防备——我们记得，希耶罗对于智慧之人的恐惧在于不知道对方想要干什么（5.1）——因为"主要兴趣在于身体快乐的人不太可能渴望任何统治性的位置"（页 49）。不过，施特劳斯之后的阐释让我们意识到，或许《希耶罗或僭政》的上述出发点有着另一层用意：毕竟，西蒙尼德向希耶罗提及自己对于"荣誉"的兴趣，显然会让后者高度警惕这位智慧之人是否抱有谋求僭主地位的野心（页 55 – 56）。因此，西蒙尼德与希耶罗对于身体快乐的强调，事实上架空的是僭主统治下缺席的、未必与快乐兼容的、符合"道德"或"德性"的生活方式。而如果僭主和哲人最终殊途同归地强调"快乐"，那么在

来了心智的自然差异的抹平"。因此，与现代的"技术"进步类似，"哲学或科学的大众化"同样指向的是一种同质化，即心智的同质化。另一方面，启蒙和技术的进步一起带来了一种新的观念，即认为一切"苦难"和"不平等"都将得以消除，而施特劳斯则借助对马基雅维利和尼采的阐释表明，"苦难"有时恰恰是人性卓越的必要前提。参见 Leo Strauss, "Progress or Return?" *The Rebirth of Classical Political Rationalism: An Introduction to the Thought of Leo Strauss*, pp. 236 – 37; Leo Strauss, "Note on the Plan of Nietzsche's *Beyond Good and Evil*," *Studies in Platonic Political Philosophy* (Chicago and London: University of Chicago Press, 1985), p. 190。

此缺席的生活方式很可能既不是僭主（或统治者）式的，也不是哲人式的。我们下文会回到这一点上来。

西蒙尼德注意到，比起"荣誉"，希耶罗更关心来自他人的"爱"，而他最关心的其实是来自"同性恋爱情"的身体快乐。既然希耶罗将僭主得到的荣誉与他们在性欲上获得的快乐进行比较（页60），西蒙尼德便利用"荣誉"与"身体快乐"的结合而非"荣誉"与"德性"的结合，试图将希耶罗引向德性统治的道路：

> 人们甚至可以认为……［西蒙尼德］对于荣誉的称赞，可以完全由他的教育目的来解释。他的意图是向对德性漠不关心的希耶罗表明，如何不通过诉诸德性或高贵，而是诉诸快乐来实现德性统治，而源于荣誉的快乐似乎可以自然地代替源于德性的快乐。（页87）

在此，之所以"源于荣誉的快乐"似乎可以取代"源于德性的快乐"，是因为"荣誉"已经和身体的快乐、和个人意义上的爱结合在一起，而后者又进一步被西蒙尼德从"性爱"转化为"一般意义上的爱"或集体意义上的爱。于是，西蒙尼德顺理成章地提示，如果希耶罗想要获得臣民自发和诚挚的热爱（首先是同性恋的爱情），他就必须首先爱自己的臣民，必须实施仁政（页61）。他必须对待臣民慷慨大方，必须将奖励的工作留给自己而将必要的惩罚工作留给别人去做；他应该避免和臣民一同参加体育竞技，而应该与其他城邦的统治者竞技，以此获得臣民的热爱和所有人的崇敬，等等。总之，统治者不必具有德性，但他必须在臣民面前显得具有德性——不必多说，西蒙尼德的这一教诲将在马基雅维利的《君主论》中被发扬光大。

不难发现，遵循色诺芬或西蒙尼德的修辞，施特劳斯默不作声地将僭主希耶罗对于"爱"的欲望，扩展到一般意义上的统治者那里：

> 正因为统治者渴望被"人"本身所爱，他才能成为所有臣民的自愿的仆人和行善者，才能成为一位好的统治者。（页88；强调为引者所加）

如果说服务和施恩于所有臣民是任何好的统治者的条件，而这又是出于统治者想要被爱——想要获得身体上的快乐——的欲望，如果好的统治可以还原为统治者与被统治者之间相互的利益关系，那么，在施特劳斯笔下，智慧之人（或哲人）所追求的便是截然不同的价值：

> 另一方面，智慧之人没有这种欲望；他满足于被一小部分人崇敬、赞赏、认可。（页88）

简言之，西蒙尼德（智慧之人）关心的只是一小部分人对自己的肯定，而不是他们的爱；与之相对，希耶罗（统治者）关心的则是所有人对自己的爱，而不是他们的崇敬。也就是说，"爱"和"崇敬"这两种不同追求，"某种程度上呈现了统治者与智慧之人之间的差异"（页88；比较页198）。

让我们牢牢记住这个差异，因为施特劳斯接下去的一段阐释不仅将上述局面变得复杂，甚至暗示了截然相反的结论。更由于既有研究甚少涉及施特劳斯相关段落的字面含义，这一部分尤其值得我们悉心推敲。[1]

---

[1] 围绕"爱"和"崇敬"主题所展开的富有启发性的讨论，参见古热维奇的论文，前揭。

二

在主张说统治者渴望所有人的爱之后，施特劳斯马上写道：事实上，统治者不可能被所有人喜欢，因为好的统治者必然要抵御外敌，而敌人的存在便意味着"虽然行善的统治者会被所有人称赞和崇敬，但他不会被所有人热爱：爱的范围比崇敬或称赞的范围更有限"（页89）。根据施特劳斯，"爱"具有两个性质：一方面，它是自私的，因为"每个人都爱属于自己的东西，自己的所有物"（页89）；因此，另一方面，"爱"的范围在时间和空间上都非常有限。（但施特劳斯并没有说，"爱"是非政治性的。）

让我们回到希耶罗的例子，来看看统治者与他所渴望的"爱"的关系。如前所述，希耶罗渴望的不是一般意义上的抽象的"爱"，而是身体或情欲意义上的、同性恋的爱情。似乎通过施行仁政，希耶罗可以从所有臣民那里获得他所渴望的自发的爱。然而，施特劳斯在另一个地方却说，统治者对臣民的关心根本上源于他对于被统治者的依附关系（attachment），以至于——

> 统治人们意味着服务于他们。当然，一种要求向人们提供服务的依附关系满可以被称作"爱"他们。（页199）

在这个意义上，臣民对于施行仁政的统治者的爱，几乎不可能是希耶罗渴望的那种自发的爱，而更接近于因受到恩惠而回报的爱。更不必说，如果统治者渴望的是"被'人类'本身所爱"，那么，政治共同体的天然边界从一开始就使得这种带有普遍性的欲望无法得到满足。

统治者无法得到他所渴望的普遍的、自发的爱，但似乎可以得到普遍性的崇敬或普遍性的"承认"。毕竟，如施特劳斯所说：

仁慈的统治者被所有人称赞和崇敬，但他主要是被其臣民所热爱：爱的界限通常与政治共同体的边界吻合，而对人性卓越的崇敬没有边界。（页89）

与"爱"在时间和空间上受到限制相对，"崇敬"既不在乎对象是否为自己所有，也可以跨越时空的局限。在此，施特劳斯似乎区分了统治者与智慧之人在"崇敬"的问题上的差别："就统治者而言，希耶罗是正确的：统治者只有为其臣民提供服务才能获得所有人的崇敬。就智慧之人而言，西蒙尼德是正确的：智慧之人不是因为他向其他人提供的任何服务而受到崇敬，而单单是因为他是其所是而受到崇敬。"（页89-90）不妨借用科耶夫的区分来说，统治者是因为其"行动"而得到崇敬，智慧之人（哲人）则是因为其"存在"本身得到崇敬。然而，事情真的是这样吗？

施特劳斯在谈及统治者得到的崇敬时，反复强调了他受到外邦乃至敌人崇敬的可能性：一位好的统治者不会被他的敌人热爱，但是可能会被后者称赞和敬仰。而从时间上说，"一个人可以在逝世后被许多世代崇敬，但一旦那些熟悉他的人死去，他就不再被爱了"（页89）。尽管被后人敬仰并不是追求身体快乐的希耶罗所追求的价值，但这并不妨碍他因施行仁政而得到称赞。问题在于，施特劳斯马上补充道：事实上，恰恰是那些并非本国臣民的人，能够更好地评判一位统治者：

那些崇敬而热爱施恩者的人们，并不必然会在他们的施恩者与卓越之人之间做出区分；而那些崇敬他而不爱他的人们——例如对敌城邦——就超越了将施恩者误认作卓越之人的粗俗错误。崇敬优越于爱，就好比卓越之人优越于施恩者。（页89；强调为引者所加）

前面提到，臣民对于统治者的热爱并不是自发的，而是与他们得到的恩惠休戚相关，两者的关系近乎利益交换。问题是，如果确如西蒙尼德（以及马基雅维利）所言，统治者可以通过显得具有德性，可以通过一系列治理技艺，来使得被统治者以为他施行的是德性统治——换言之，如果对于被统治者而言，衡量一位统治者是否优秀或具有德性的标准，只可能在于他是否施行仁政、是否为自己提供了良好的服务，而不是他是否确实具备德性，那么，我们似乎就不可能在统治者的臣民那里找到区分"爱"与"崇敬"的标准。在一个确定的政治共同体的边界内，我们似乎无法避免施特劳斯所谓的"粗俗的错误"。

另一方面，在超越时空限制的意义上，外在于某个特定政治共同体的人，似乎的确可以对某位治国安邦的统治者表达"崇敬"——正如我们对历史上所有伟大政治家所做的评价那样——而这似乎意味着，统治者所获得的"崇敬"可以是普遍的。然而，吊诡的是，这一事实同时也不可避免地意味着：我们作为外来或后来的"崇敬者"，必然将一种外在于该政治共同体的眼光引入我们的判断之中，我们的判断必然外在于因而有别于统治者对于政治的自我理解，因为后者不得不被他与臣民之间的恩惠关系所限制。换句话说，我们能够恰切地称赞和崇敬一位政治家，恰恰是因为我们超越了他所在的共同体的边界——不仅是地理的边界，更是认知的边界。而站在作为被统治者的民众的角度，为了避免"粗俗的错误"，他们对于统治者的评价同样得依据某种超越性的理解（我们会看到，重要的是，施特劳斯认为这是可能的），因为现实的统治者与被统治者的关系本身不足以提供正确认识和判断的标准。

无论如何，在僭主政治的内部，希耶罗事实上既无法从他的臣民那里得到自发的爱，并且，他从臣民那里得到的崇敬，也只能是基于"粗俗的错误"认识的崇敬而非纯粹的崇敬。如果这一命题不仅仅适用于希耶罗或僭主，而且适用于一般意义上的统治者，甚至好的统治者，那就可以认为，若要恰当地认识政治生活的卓越性（如果这种东西存在的话），若要克服政治生活中不可避免的"粗俗错误"，我们就需要一种超越政治生活之当下性的眼光或距离。对于政治本身的恰当理解，天然地要求我们超越实际政治的范围；政治的视野天然地是不充分的。

另一方面，同样围绕"爱"和"崇敬"的问题，接下来让我们考察一下西蒙尼德所代表的智慧之人或哲人那里的情况。首先，在"爱"的问题上，西蒙尼德并不像希耶罗那样渴望被爱，而显得更关心荣誉，因为荣誉最终通向的是"卓越"（页87）。换句话说，西蒙尼德对于"源于荣誉的快乐"的强调，不是为了某些特定的快乐，而是为了某种"内在地快乐"的东西（页96）——相对于统治者，在西蒙尼德那里这种东西体现为"友爱"：

> 友爱，即被一小部分亲密的人们所爱和关怀……不仅是"一项很大的善"，而是"很快乐"。它是一项很大的善，因为它是内在地快乐的。（页96；比较页85）

因此，不同于统治者通过向臣民提供服务来获得他们的回报，西蒙尼德向我们展示的"友爱"表明，同样在时间和空间上受到限制的爱在这里恰恰是自发的、自足的，它不需要被爱者向别人提供服务或恩惠。施特劳斯提醒我们，这种"友爱"关系会将我们带离政治共同体：

> 西蒙尼德从来不称赞祖国或城邦。……他可以满足于和一小群朋友待在一起。（页97）

虽然这里的论述被限定在西蒙尼德，但就像施特劳斯之前对于希耶罗的论述悄无声息地从僭主希耶罗转向了一般意义上的统治者那样，我们很难认为关于"友爱"的论述只能局限于智慧之人或哲人的特殊友爱。① 毋宁说，借助"友爱"的特殊性，施特劳斯暗示我们从平民生活的状态下寻求向哲学思考过渡的自然条件：如果平民的"友爱"是"内在地快乐"的，那么我们就必须思考它与其他种类的快乐之间的关联，思考快乐的层级，乃至开始思考"事物的等级秩序"（页96）。

在这个意义上，施特劳斯将"友爱"给人带来的快乐与对于"祖国"的关切对峙起来：对公民而言，"祖国"作为"善"的地方在于它让人们免于恐惧，或免于"暴死的恐惧"（霍布斯）。但这并不是说，国家为公民消除了恐惧。相反，"它用一种恐惧（对法律或执法权威的恐惧）代替了另一种恐惧（对敌人、作恶之人、奴隶的恐惧）"（页96-97）。众所周知，"友爱"的对象不仅是本国公民，也完全可以是外国公民甚至敌对城邦的公民；与之相对，公民与祖国的联系则天然预设了共同体的边界以及政治生活中的强迫。"友爱"不仅跨越了政治共同体的自然边界，它根本上是一种"非政治的善"（页97）。"强迫或必然性根本而言是令人不快的。友爱即被爱是令人快乐的，而爱国主义则是一种必要（necessary）"（页97）。在《重申色诺芬的〈希耶罗〉》中，施特劳斯回应沃格林（Eric Voegelin）的批评时写道：

> 必要性本质上劣于高贵的东西或本身就值得追求的东西，

① 的确，施特劳斯提到《希耶罗或僭政》尽管涉及了各种快乐，却"对智慧之人的特定快乐保持沉默，例如友善讨论的快乐"（页85）。不过，智慧之人或哲人与他人的"友善讨论"是否能够完整地涵盖或等同于"友爱"本身，则并不清楚。施特劳斯在上下文中提到"友善讨论"，是为了强调智慧之人的特定生活方式，而他所想到的无疑是苏格拉底的生活方式。

不是吗？必要性提供借口：由必要性证成的事情需要一个借口。
（页179）

因此，"友爱"相对于"爱国主义"是一种与哲学生活更切近的善；但两者都可以在一般人的日常生活中找到对应的基础。

在我看来，施特劳斯强调"友爱"作为"非政治的善"，不是为了巩固"政治/非政治"或"公共性/私人性"的边界，恰恰相反，"友爱"使我们能够跨越这些似是而非的边界。由于在现代政治哲学的视野中，政治德性越来越被等同于"市民德性，即爱国主义或对集体性自私的忠诚"，① 于是，公民的生活方式的问题往往被还原为如何调和个人主义的私利与公共善（集体性的自私)② 之间关系的问题。并非只有践行苏格拉底式的哲人生活方式才有可能思考"什么是好的政治"，因为"友爱"本身就包含着令我们暂时超越共同体的边界而思考那些"内在地值得追求的东西"、思考什么是单纯意义上的善的可能性，从而让我们注意到"爱国主义"本身不足以成为对于"私利"的克服，反而是有待重估和反省的另一种"私利"。但反过来说，"友爱"的这种可能性，恰恰源于它和哲学的亲缘关系。

其次，在"崇敬"的问题上，与统治者那里的难题——从臣民那里获得的崇敬是不纯粹的，而从敌人那里获得的崇敬则并非其渴望的——相反，在西蒙尼德这里，人们对于智慧之人的崇敬并不是因为他的具体行为，而是因为他的存在本身。换句话说，人

---

① 见 Leo Strauss, "What Is Political Philosophy?" p. 42。

② 同前。施特劳斯列出的这些"实际上为所有社会追求的目标"包括"免于外族统治的自由，稳定或法治，繁荣，荣耀或帝国"。值得注意的是最后一项：为了建立"帝国"式的统治，对外扩张和战争不可避免。而在修辞上为国家的对外扩张赋予正当理由的做法，从来都不需要哲人来教导。

们对于智慧之人或哲人的"人性卓越"的崇敬，意味着在此"行为"和"存在"通过哲人对于自我完善的追求而实现了统一。施特劳斯写道：

> 为了作为卓越之人被崇敬，智慧之人根本无需成为施恩者。更准确地说：统治者的特定职能是行善，他根本上是一个施恩者；智慧之人的特定职能是理解，他仅仅在偶然的意义上是施恩者。智慧之人在人类可能的限度上达到了自足，他获得的崇敬根本上是对其完善的褒奖，而不是对任何服务的回报。（页89－90）

不难发现，从"行善"到"理解"的转变是一种从外部向内部、从依附关系向自足性、从行动到审视的转变。当然，施特劳斯和科耶夫一样强调，智慧之人或哲人不可能达到完全的自足（只有神才能做到这一点），他们在日常生活的经营中需要"在偶然的意义上"与他人打交道，但这并不会产生统治者的那种对臣民的依附关系。众所周知，哲人的爱欲指向的不是具体的个人或物质性，而是智慧或理念本身，而无论是与哲人亲近的人还是时空上相距甚远的人，对他的"崇敬"都是纯粹的对于"卓越"的肯定。

当然，这并不意味着所有人实际上都会"崇敬"哲人。恰恰相反，历史上苏格拉底之死证明，智慧本身会引起人们的嫉妒（页42）。不过，和统治者那里的情形不同，无法得到"'人类'本身"的崇敬，在哲人这里不是一个需要解决的难题或悲剧。施特劳斯明确写道："智慧之人不会嫉妒别人，而他们被别人嫉妒的事实也不会影响到他们的幸福或至乐。"（页84）另外，在注释中，施特劳斯提醒我们注意色诺芬《苏格拉底的申辩》中苏格拉底所说的一段话：

我的精神并不因为我要被不义地处决而萎靡；耻辱并不是我的，而是那些把我定罪的人的。我从帕拉米德（Palamedes）那里得到宽慰，他也死在和我类似的情形下……我知道，将来和过去的时间都将证明，我非但没有错待任何人或使任何人变坏，反而给与我对话的那些人带去了好处——我无偿地教导他们人力所能及的所有善事。①

如果统治者受到崇敬是因为他的行为——准确而言，是因为他在国内政治上为臣民提供的物质利益，或某种"集体性的唯我主义"（比较页 199）——那么哲人受到崇敬仅仅"在偶然的意义上"与他为别人带去的好处有关，与智术师相反，哲人并不兜售自己的知识。但尽管如此，或正因如此，哲人因其自身对于永恒秩序和智慧的追求、因其自身的追求完善而得到超越时间和空间的人们的崇敬，这一事实意味着：在一般意义上，人们对于自我完善的追求、对于善和卓越的追求，乃至对于最佳政制的追求，符合人性的自然。也许存在着天生适合从事哲学的人，但哲学属于人性本身的潜能。人不必如现代政治哲学所预设的那样，必定且仅仅是自私的存在者，正如社会的起点不必也不可能是"理性经济人"（homo economicus）。

于是，当我们将视线放在一般公民的维度上，就会发现一个人天然地处在根本的张力之中：一边是与祖国、与既定的政治共同体的边界、与固有的政治意见或偏见之间的那种"必要"的依附关系，这种关系自然地规定了他对于共同体的热爱，规定了他在衡量统治者的好坏时所用的功利性尺度；另一边则是同样自然的，对于良好生活和良好的政治秩序、对于非政治乃至非属人的智慧和卓越的崇

---

① Xenophon, *Apology of Socrates*, *Xenophon in Seven Volumes*, 4 (Cambridge, MA：Harvard University Press, 1979), section 26.

敬。如何维系这种张力，甚至让它成为日常行为处事的参照系，理应成为公民生活中的重要议题。

三

正是在这一点上，科耶夫对于《论僭政》所涉问题——政治与哲学的关系问题、统治者与哲人的关系问题——的处理方式，与施特劳斯绵密的注解式分析形成了鲜明对比。相比于施特劳斯对于色诺芬的文本的反复推敲，科耶夫在其回应中几乎没有对《希耶罗或僭政》或施特劳斯的阐释进行细读，而是在更为一般的概念层次上提出批评。我认为，两人的这种差异不仅仅涉及写作风格，还涉及双方思考方式上的某种古今之别。科耶夫开宗明义地指出，色诺芬或整个古典政治哲学传统认为仅仅是乌托邦的僭主统治，在现代已经成为现实。[①] 既然如此，像施特劳斯那样纠缠于文本细节的内在批评，便理所应当地让位于站在现代立场上对整个古典传统做出的外部批判。

于是，与施特劳斯相对，科耶夫在他的批评中依据黑格尔的论述，将所有人的渴望都还原为对于普遍"承认"的渴望，从而不仅否认了统治者与智慧之人在目标上的差异，也取消了施特劳斯笔下的"崇敬"与"爱"的差异。在科耶夫看来，像施特劳斯那样主张哲人满足于一小部分亲密之人的热爱，而不是尽可能多的有能力之人（the competent）的承认，结果会使哲人把自己局限在某种固定的偏见（读作：错误）之中，甚至哲人的这种"主观确定性"最终无法跟疯子的

---

① 例如，科耶夫写道："服务于真正的革命性的政治观念、社会观念或经济观念的'僭政'，以民族、种族、帝国主义或人道主义为基础的'僭政'。"（页139）

主观性区别开来。① 而一旦哲人要寻求大众对于自己学说的承认，科耶夫指出，就没有什么理由将这一渴望限定在一小部分亲密的朋友中间。相反，哲人和统治者最终都渴望获得"普遍承认"：

> 黑格尔说，政治人在渴望"承认"的意义上行动，而只有当他的这个欲望完全得到满足时，他才是完全"满足"的。现在，这个欲望在原则上是没有界限的：人实际上想要被所有那些他认为有能力因而值得"承认"他的人们承认。（页 145；强调为原文所有）

对此，施特劳斯的回答是：所有人都渴望得到"满足"，但满足是一回事，而将满足等同于得到"普遍承认"则是另一回事。如果界定哲人之事业（cause）的不是某种特定学说或意见，而是一种特定的生活方式，② 那么哲人就不需要通过他人对自己的承认来克服所谓的"主观确定性"："苏格拉底根本不关心别人是否崇敬或称赞自己。"（页 102；比较页 205）科耶夫之所以认为这不可能，是因为他将哲人和统治者（或"'人类'本身"）的欲望一律还原为"对于普遍承认的欲望"。而这实际上是基于自霍布斯或马基雅维利以降的现代政治哲学所坚持的一个预设，即"人"这种存在者缺乏对于神圣性的意识：

---

① 已经有不少研究者指出，科耶夫的这段批评或许不适用于施特劳斯本人对于哲学的态度，但的的确确在相当程度上适用于一部分"施特劳斯主义者"，尤其是在公开场合将施特劳斯的学说保守化和精英化的几位知识分子，如布鲁姆（Allan Bloom）、曼斯菲尔德（Harvey Mansfield）以及在这一点上尤为突出的"新保守主义者"克里斯托（Irving Kristol）。关于这一问题，参见 Robert Howse, *Leo Strauss: Man of Peace*（Cambridge：Cambridge University Press，2014）中的有关分析。

② 参 Leo Strauss, "On Classical Political Philosophy," p. 51ff.

黑格尔的教诲比霍布斯复杂得多，但它和后者一样是一种建构。黑格尔和霍布斯的学说都从一个不正确的前提开始建构人类社会，即认为人之为人，在能想到的意义上，是一种对神圣的约束缺乏意识的存在者，或一种只受到对于承认的欲望引导的存在者。（页192）

我们记得，根据科耶夫的论述，一旦将所有人的欲望都单一性地还原为"对于普遍承认的欲望"，那么就可以顺理成章地认为，要满足所有人都获得他人"真正"承认的愿望，只有一条路，即通过一场解放全人类的革命来建立迈向"自由王国"的政治共同体，此即科耶夫所谓的"普遍均质国家"。在这样一种国家设想下，既有的种种先验给定的边界和社会差异（种族的、地理的、身份的，等等）都将不再具有重要意义，在这个国家中也不存在"首都"或"中心"（页170），所有人都没有固定的、自然的"性质"，而是可以通过"融合"种种不同的心性——简言之，即"希腊式"与"犹太式"的心性——来"'自由地'创造"出符合现代资产阶级世界的"普遍人性"（页172）。

对于科耶夫的"普遍均质国家"的目标（它同时是政治的和思想的目标），施特劳斯从不同角度提出了一系列质疑和批判。

第一，并非所有人都总是理性地行动，因而无法保证在普遍均质国家中所有人都能"有充分理由"感到满意（页208）。这一批评的着眼点并不在于（如有论者所认为的那样[1]）"普遍均质国家"中

---

[1]　例如，参见 Robert Howse, *Leo Strauss: Man of Peace* (Cambridge: Cambridge University Press, 2014), p. 72; Bryan-Paul Frost, "Who Won the Strauss-Kojève Debate? The Case for Alexandre Kojève in His Dispute with Leo Strauss," *Philosophy, History, and Tyranny: Reexamining the Debate between Leo Strauss and Alexandre Kojève*, pp. 157–96。

所有人是否实实在在地感到满意，而在于它所依据的理性论据并不符合人们生活的常态，即未能充分地理解人性。①

　　第二，既然没有什么理由赋予"普遍均质国家"的统治者以高于其他人的地位，那么其他人就有理由变得不满（页 208）。与第一点批评类似，施特劳斯在此质疑的是科耶夫所代表的现代政治哲学

----

① 施特劳斯进一步指出，在"普遍均质国家"中实现的"人性"恰恰是人性的丧失，是尼采意义上的"末人"（页 209）。在写给科耶夫的信中（1957年 9 月 11 日），施特劳斯强调，科耶夫"从未回答：尼采将黑格尔—马克思的目标描述为'末人'，难道不对吗？"（页 291）。但公允地说，这种或许会令尼采或施米特（Carl Schmitt）感到憎恶的未来，在科耶夫笔下并不构成对"普遍均质国家"的批判。科耶夫早在 1950 年 9 月 19 日写给施特劳斯的一封信中，便已经将最终状态下的人性理解为和机器无异的东西："在最后的国家中，自然不再存在我们所理解的'历史性的人'意义上的'人类'。'健康'的自动机械已经得到'满足'（体育、艺术、性爱等等），而'不健康'的自动机械则会被关起来。至于那些不满足于他们的'无目的活动'（艺术等等）的人，他们是哲人（如果他们'沉思'得足够，就能获得智慧）。他们以此变成'神'。僭主会成为一个管理者，一个由自动机械为了自动机械而塑造的'机器'上的一颗螺丝。"（页 255）在这个意义上，我们千万不能将施特劳斯对科耶夫的批评还原为一种指向人类生活之道德严肃性的批评。早在题为《德国虚无主义》（1941）的演讲中，施特劳斯便已经充分说明了自己早年在这一方向上如何受到尼采和韦伯（Max Weber）等人的深刻影响以及对这种思想倾向的克服。所以，施特劳斯在对科耶夫的回应中故意调用"末人""悲剧""人性的毁灭"等情绪性的说法，是为了在修辞上引出长达两页半的批判（页 208 - 210）的一个戏剧性结尾："全世界的战士和工人，联合起来，趁着还有时间，去阻止'自由王国'的到来。全力捍卫'必然王国'——如果它需要捍卫的话。"（页 210）在我看来，这段戏仿，连同之前对于"末人"的涉及，表达了施特劳斯对于科耶夫所预想的前景的好恶，而非严格哲学意义上的驳斥。参见 Leo Strauss, "German Nihilism," *Interpretation*, Vol. 26, No. 3（1999）, pp. 353 – 78；比较施特劳斯对施米特的批判：Leo Strauss, "Notes on Carl Schmitt, *The Concept of the Political*," in Heinrich Meier, *Carl Schmitt and Leo Strauss: The Hidden Dialogue*（Chicago and London: University of Chicago Press, 1995）, pp. 91 – 119。

传统的哲学企图，即取消人的自然差异的重要性。在这里，关键问题并不是主张人们在追求智慧的能力或心性上的确存在自然差异，而是指出抹除差异的宏大目标所指向的"自由王国"并不自洽。其中最显然的一点是，如果在"普遍均质国家"中所有人都能"真正"得到满足，那么，为什么我们仍然将想象力局限在"国家"这种特定的政治形态上？（比较页 211）

结合上述两个批评，施特劳斯提出了更关键的第三个批评：科耶夫所设置的"国家"这一终点，其实是为了解决预设或起点处的难题。如果科耶夫认为在"普遍均质国家"的状态下，所有人都同样地在理性的意义上得到"普遍承认"并达到满足，那么，这一命题不仅需要预设人的劳作对自然的历史改造，而且需要预设所有人的智性必须在普遍的意义上达到充分发展，所有人都必须理性地把握历史所达到的最终状态——这不啻要求"六亿神州尽舜尧"。需要注意的是，在"是否所有人都能获得智慧"的问题上，施特劳斯和科耶夫的分歧看似是立场或意见分歧，但事实上，这一推论是施特劳斯将科耶夫的基于理性的论证予以充分化和尖锐化的结果——这是针对科耶夫的一个内在批判。不过，施特劳斯连用三个表现不确定性的"也许"，来表明这里的批评不仅是为了揭示科耶夫自身论述所包含的困难，而且的的确确关乎如何理解人性这个基本论题：

> 但是，**也许**并非战争或工作，而是思考构成了人的人性。**也许**不是承认……而是智慧才是人的目的。**也许**普遍均质国家的证成取决于如下事实，即它的实现是实现智慧的充要条件：在最后的国家中，所有人都会合理地得到满足，他们会真正幸福，因为所有人都将获得智慧或即将获得智慧。……但是，如果最后的国家要满足人类灵魂最深的渴望，那么每个人都必须能变得智慧。人们最重要的（relevant）差异必须在实际上消

失。现在我们知道为什么科耶夫如此急于拒绝古典看法了：根据后者，只有一小部分人有能力追求智慧。（页210；强调为引者所加）

简言之，若要克服施特劳斯提出的前两个批评，科耶夫在人性的问题上就不能仅仅将人性化约为历史性的劳作，而必须考虑如何消除各色人等的智性差异乃至品质差异——众所周知，按照马基雅维利的看法，有些人天生追求权力、向往统治，但大多数人天生渴望和平和个人财富，① 这似乎是所有时代都不可抹平的一种具有实际政治意义的重要差异。古往今来的历史和我们的常识在在表明，追求智慧或选择哲人的生活方式并不是所有人甚至大多数人所欲求的。与此同时，苏格拉底的事例也表明，哲人并不会试图与所有人对话——恰恰相反，苏格拉底只试图教导那些在他看来具有哲学思考潜力的人。因此，尽管科耶夫"急于拒绝古典看法"，但他无法在实际上驳倒强调人性品质差异的古典看法。

不过，或许有人会说，科耶夫的论述重点并不在于否认这种差异，而在于强调这种差异在世界历史的意义上将随着"普遍均质国家"的实现而变得无关紧要。尽管如此，或正因如此，在"普遍均质国家"中容易设想的一个情形是：只有一部分人将变得智慧，而如科耶夫和施特劳斯都强调的那样，哲人和智慧之人往往都不会想要统治。因此，施特劳斯指出，"普遍和最终的僭主，将会是一个没有智慧的人（unwise）"，而这样一位僭主或统治者必定会像希耶罗一样对智慧之人感到恐惧，因为他不知道后者在想什么。注意，此处在科耶夫而非色诺芬的意义上这么说：这位僭主将缺乏智慧来理

---

① 见 Niccolo Machiavelli, *The Prince*, trans. Harvey Mansfield（Chicago and London：University of Chicago Press, 1998）, p. 76。

解当下的状态，他无法理解已经实现了的"普遍均质国家"不但是国家的最终状态，而且是人类历史和人性的最终状态；另外，在这个最终状态下，意在推翻当下统治的革命者也许在世界历史的意义上不会带来任何改变，却可能在实际政治的意义上举足轻重地威胁统治的稳定性，于是，为了维系自己的权力，他将不得不"镇压所有可能会让人们怀疑普遍均质国家的根本安定的活动：他必将把哲学视作败坏青年的举动而予以镇压"（页211）。在这个意义上，"普遍均质国家"留给哲人和哲学思考的空间并不比苏格拉底所处的环境更多，而只会更少，因为那时僭主将可以动用所有高科技手段来控制、监视、惩罚一切他认为对自己的统治带来威胁的行为，以至于被视作威胁的哲学思考将无处逃遁（页212）。

可以看到，施特劳斯对于科耶夫的"普遍均质国家"的批评，立足点始终在于哲人和哲学思考的处境。① 根本而言，施特劳斯试图厘清政治和哲学作为两种截然不同的生活方式的特性和紧张关系，而科耶夫则主张哲人或智慧之人在行动方向上与僭主或统治者的一致性——一向对某政府抱持某种诡异好感的科耶夫甚至明确写道：

> 哲人－顾问……完全准备好为国家的改革做出贡献，但他在此过程中想要尽可能节约时间。如果他想要迅速成功，那么他就得向僭主而非民主主义的领袖进言。事实上，想要在政治的当下行动的哲人，无论何时都会被卷入僭政。……哪怕是某

---

① 不过，需要着重指出的是，这并不是说施特劳斯引入了一个外部的批判视点，相反，这里对于哲人处境的描绘，仍然是对于科耶夫的一种内部批判。换言之，施特劳斯表明，哲学思考在"普遍均质国家"中并不会像科耶夫设想的那样与政治无涉。更严重的是，即便哲人或智慧之人理解了哲学思考不再具有世界历史意义，他们也无法让统治者相信这一点。他们向统治者展现的智慧，只能呈现为一种对于统治本身的威胁。

位在外国的僭主。（页164；强调为原文所有）

在科耶夫这里，哲人必须为改变当下状态、迈向"普遍均质国家"的目标来向统治者提供切实可行的方案。而既然只有哲人才能在理智上把握这个目标，大多数人仍然囿于自身的成见和偏见，那么，无视法律制约和程序正义而能随心所欲推动改革的僭主统治，无疑就是对哲人来说最为有效的手段。科耶夫进而将"僭政"（tyranny）改写为"暴政式的"（tyrannical），即从一种特定的制度形式扩展为所有不遵守法律的统治方式：

> 如果不诉诸那些始终被谴责为"暴政式的"政治程序，［哲人］如何能够施行他的改革计划呢——它们必然是极端的，必然与一般接受的观念相反？（页165）

一旦哲人和统治者在最终的历史目标的层面上达成一致，两者的行动就不再代表两种截然不同甚至无法综合的生活方式，而仅仅呈现出某种劳动分工上的差异（注意施特劳斯在完全不同的意义上使用了这个词；参页200）。在科耶夫笔下，"僭主"的否定性称谓最终被"政治家"的称谓替代，而哲人与政治家之间的区别也不复存在：

> 所以，在原则上政治家和哲人没有什么区别：两者都寻求承认，两者都以值得被承认的方式行动。（页156；强调为原文所有）

很容易发现，在施特劳斯那里，哲人迈向自我完善的行为将他从所处的政治共同体和社会关系中暂时抽离出来，哲人对于永恒秩序和智慧的追求，在他的存在与共同体的存在之间产生了一种观照、评判和反思的距离。与之相反，在科耶夫这里，哲人的自我完善行

为在朝向历史实现终结的方向上与一般意义上人的劳作没有性质的
区分，因而哲人自始至终都必然而且必须在现实历史中、在现实的
政治状况中将自己的哲学思考不断付诸实施。在科耶夫的论述中，
"行动"一词从根本上被同质化了。

四

现在，让我们重新回到施特劳斯所辨析的"爱"和"崇敬"之
区分。如前所述，尽管在《论僭政》中施特劳斯强调了智慧之人与
"崇敬"的密切关联，但他也提示了"爱"与哲人的生活方式之间
的密切关系。尤其是在针对科耶夫的回应中，施特劳斯明确写道：
"苏格拉底的朋友怎么会忽略'爱'在哲学生活中扮演的角色呢？"
（页198）换言之，在不同的意义上，无论是对于统治者还是哲人，
"爱"都扮演着非常重要的角色。

但在科耶夫看来，"爱"完全可以被"对于普遍承认的欲望"
所代替，因为"爱"与政治没有任何关系：

> 僭政或一般意义上的政治行动本身不会产生"爱""喜爱"
> 或"幸福"。（页142）

科耶夫指出，"爱"完全基于对象的存在而与其行动无关，相对
地，"崇敬"或"承认"则取决于对象的行动，而无论是西蒙尼德
还是希耶罗都希望人们在行动的意义上肯定和承认他们（页156）。
在这里，科耶夫特别提到了一个有趣的例子："一个母亲爱她的儿
子，不管他犯了什么错误。"（页156）针对这个例子，施特劳斯回
应说：母亲爱自己的儿子，不是因为儿子的存在本身，而是因为儿
子是自己的（页200）。换句话说，施特劳斯将这里的重点从科耶夫
强调的"行为"与"存在"的区别，改写为人们对于"好的"东西

与"自己的"东西的不同态度。众所周知，这一差异在施特劳斯的
著作中具有重要的政治意义，因为它涉及我们之前提到的一般人对
于祖国的自然的热爱。关于这个问题，施特劳斯在《什么是政治哲
学?》（1955）中讨论亚里士多德时写道：

> 我们可以将亚里士多德的思想表达如下：爱国主义是不充
> 分的，其理由就好像对于最溺爱孩子的母亲来说，如果她的孩
> 子良善而非败坏，那么她会更高兴。一个母亲爱她的孩子，因
> 为这是她自己的；她爱自己的东西。但她也爱好的东西。一切
> 人类的爱遵从同样的法则：它既是对属于自己的东西的爱，也
> 是对好的东西的爱，而在"自己的"与"好的"之间必然会存
> 在张力。①

施特劳斯认为，古典政治哲学的上述见解所引出的一个实际结
果是："'好的'比'自己的'更为高贵，或最佳政制比祖国分量更
重（a higher consideration）。"（同前，页 36）对此，我们要马上加
以补充：这并不是说施特劳斯试图用有关"最佳政制"或永恒秩序
的考量来否定或取消人们对于祖国的自然的热爱。毋宁说，母亲爱
孩子的例子表明，我们对于"自己的东西"的爱，从来都不是无条
件的、绝对的、非政治的、仅仅与对象的"存在"相关的（像科耶
夫认为的那样）。相反，我们对于"自己的东西"的爱，始终受到
我们对于"好的东西"的爱的影响，而这一影响与其说把我们从关
注"存在"带向关注"行为"，不如说具体地提醒我们意识到"爱
国主义"与人们关切好的政治形式之间的张力——换言之，提醒我
们重新审视自身所在的共同体的目标。

有人可能会反对说，哪怕所有母亲都自然地渴望自己的孩子良

---

① Leo Strauss, "What Is Political Philosophy?" p. 35.

善而非败坏，可一旦谈到人们向往的好的政治，谈到什么是政治上的"善"，几乎必然会导致众说纷纭的结果——尤其是考虑到，生活在现代民主政制下的人们，很可能已经遗忘了政治共同体的德性目标，或用无目的的"自由"取代了"德性"。① 在这个意义上，人们对于"好的东西"的爱，是否可能不但无法对"爱国主义"构成张力，甚至会无条件地认同"当代僭政"所炮制的政治意识形态，从而强化"集体性的唯我主义"式的"爱国主义"，正如一个强盗对于强盗团伙的"热爱"？或者，在一个不那么极端的情形下，我们是否不得不扪心自问马基雅维利坦白道出的那个抉择，"我爱祖国胜过爱我的灵魂"？②

事实上，施特劳斯看到，作为"集体性的唯我主义"的"爱国主义"并不是偶然的缺陷，它不如说是"爱国主义"的一种自然性质。在《苏格拉底问题》（1958）中，施特劳斯非常清晰地指出了"爱国主义"作为政治激情所包含的"粗粝"（harshness）：

> 政治激情……不能仅仅被理解为依附关系。粗粝、排他的性格同样是爱国主义所固有的。这种粗粝对爱欲来说不是固有的，因为两个人可以相互爱恋而不必对他人粗粝。③

这种纯粹形式意义上的"敌我之分"，无疑容易让人想到施米特对于政治的概念的界定。然而，施特劳斯并没有像施米特那样试图捍卫这样一种形式主义的界定，相反，这种粗粝毋宁说揭示了"爱国主义"的问题性：因为这种自然的政治激情也许和"僭政"拥有

---

① 同前。参 Leo Strauss, *On Tyranny*, p. 71；"Progress or Return?" p. 244 – 45。

② 见 Niccolo Machiavelli, *The Chief Works and Others*, Volume II, trans. Allan Gilbert（Duke University Press, 1989），p. 1010。

③ Leo Strauss, "The Problem of Socrates," p. 166.

类似的基础。在设想由西蒙尼德向希耶罗提示的最佳意义上的僭主统治时，施特劳斯谈到"僭主"与臣民之间类似"同志"或"伙伴"的亲密关系，并且写道：臣民们

> 不会被僭主剥夺荣誉。他们不会被卸下武装；他们的尚武精神会得到鼓励。……于是，雇佣兵将使这个城邦能够精力充沛地发动战争。（页69；强调为引者所加）

众所周知，如亚里士多德所说，荣誉本身并不是一项值得追求的价值；荣誉只有在它所指向的活动本身具有德性的前提下才是值得追求的（比较《尼各马可伦理学》I.7；施特劳斯《重申色诺芬〈希耶罗〉》，页205）。然而，不用说任意妄为的僭主，哪怕是在理想的"僭政"这里，被统治者对于"荣誉"的追求也会成为目的本身，而他们的手段则是诉诸敌意和战争。如文学家鲁迅在国内政治风雨飘摇的民国时期观察到的那样，暴君治下的人民，往往比暴君更为残暴，后者的暴政有时甚至无法满足"臣民的欲望"。①

正因如此，西蒙尼德对希耶罗的关于"荣誉"的教导，实际诉诸的并非希耶罗本人（如前所述，他其实并不关心荣誉），而是"潜在的僭主"或"僭政"下的民众：

> 潜在或实际的僭主不知道每个合理地受到养育的孩子都知道的事情，因为他被激情蒙蔽了。什么激情？最仁慈的答案是，他被对于荣誉或声望的渴望蒙蔽了。（页191）

既然如此，西蒙尼德所做的就是将"荣誉"从它和粗粝、排他性、尚武精神的关联那里，带到"荣誉"与"人性之卓越"本身的

---

① 鲁迅，《热风：暴君的臣民》，《鲁迅全集》（第一卷），北京：人民文学出版社，2005，页384。

关联上来：

> 他最重视对于荣誉的渴望，因为这是对于卓越的渴望的基础，无论是统治者的卓越还是智慧之人的卓越。（页87）

我们已经说过，统治者的卓越关乎他对臣民的施恩、关乎共同体的"扶友损敌"（比较页69），而智慧之人的卓越仅仅关乎他的自我完善、对于智慧的追求。上述两种不同的倾向，在"荣誉"这里可以找到共同的"自然基础"（页90）。在这个意义上，施特劳斯意义重大地指出：就像西蒙尼德没有显示丝毫对于战争或杀戮的兴趣那样，哲人"不会对他人产生怨恨或憎恨"（页91），不会伤害任何人（页74），哲人追求并承诺和平。

无须多言，从"爱国主义"的粗糙转向哲人的和平，从对于荣誉的渴望转向对于卓越的渴望，并不意味着要求人们背离政治共同体，过上一种超然的生活。更恰当的说法是——重复一遍：哲学思考的眼光将使人们可以与对共同体的依附关系拉开一定距离，重新评判什么是"好的"而什么仅仅是"自己的"，辨析"集体性的自私"与"好的政治"的差距。在这一点上，我们得以回到之前提出的问题：如果当代的"僭政"利用古典时代无法想象的技术（或曰治理手段）和意识形态，让民众相信"好的政治"就是他们置身其中的共同体所施行或宣扬的政治，而在理念和形态上与之相异的共同体都是道德败坏的邪恶城邦，如果没有人能够在这样的共同体中"合理地受到养育"，那么上述与共同体的距离是否可能？施特劳斯提示我们：依然可能。此话怎讲？

让我们转向施特劳斯谈及母亲爱孩子时给出的一个线索，即柏拉图《王制》中的一个段落。在那里，苏格拉底针对克法洛斯（Cephalus）的财产说道：

"我向你提出这个问题的原因是，"我说，"在我看来你似乎不那么喜欢钱财。在大部分情况下，那些不自己挣钱的人会是如此。那些自己挣钱的人则比其他人加倍依附于钱财。因为就像诗人喜欢他们的诗歌而父亲喜欢他们的孩子，挣钱的人也对钱财非常严肃——钱财是他们自己的产物；而他们也出于其他人严肃对待钱财的理由——关注钱财的用途——而严肃对待钱财。所以，他们甚至很难相处，因为他们想要的只有财富。"（330c1 – 7）①

在此，对比苏格拉底关于钱财的讨论和西蒙尼德对希耶罗的建议，可以看到：西蒙尼德几乎多此一举地建议希耶罗把整个国家看作自己的财产。对于一位僭主来说，这毋宁说是再正常不过的认识，其原因正是国家不是他"合法继承"得来，而是靠暴力或计策攫取得来的东西。这里的关键在于，僭主将比其他人"加倍依附于"国家：尽管希耶罗列举了僭主生活的种种毛病，但他从未想过远走异地的可能性。施特劳斯写道：

> 当教育希耶罗如何成为好的统治者时，这位游走四方的诗人诉诸的正是他的这种公民精神，即下述事实：他不能不绝对地依附于他的城邦。（页57；强调为引者所加）

作为政治动物，一个人和其他人的依附关系，与他所处共同体的依附关系，都是自然的；哪怕是哲人，"比起陌生人来，也不能不更加依附于他的家庭和城邦"（页200）。然而，作为民众而非统治者，这种依附关系并不是"绝对的"。非常显然，没有一位被统治者可以真正像统治者那样，把城邦看作他自己的财产。

---

① Plato, *The Republic of Plato*, trans. Allan Bloom (Basic Books, 1968), p. 6.

　　统治者与非统治者之间这一无法消除的差异，与其说是民主政治的难题，不如说为民众审视并反思自己城邦的德性留出了空间（比较页98）。这一空间的成立，不需要民众成为智慧之人或践行哲人的生活方式；毋宁说，在民众的日常生活的经营中，在他跟其他人打交道的过程中，这一空间随时都有可能显现出来。（也正因如此，在现代政治理论那里，如何调和个人利益与公共利益才变成一个难题。）

　　这一点还能用另一种方式予以表达：尽管所有人都不得不依附于其他人，但统治者或政治人关心的是"大众或民众，原则上说是所有人"（页199），而这种人与人的依附关系在哲人那里则受到了"他对永恒存在的依附关系"的"削弱"（页200）。施特劳斯指出，如果"人的灵魂在不同程度上反映了永恒秩序"，那么，唯有对永恒秩序有过"一瞥"的哲人才"知道一个健康或有序的灵魂是什么样子的"（页201）——这也解释了为何哲人对他人的依附关系不指向所有人，而指向实际或潜在的哲人以及他的朋友们。有意思的是，在详细论说哲人对于永恒的追求可能让他对共同体的其他事务变得漠不关心时，施特劳斯写下了一段被论者们称作"心理学描述"的话：

　　　　不过，此类观察并不证明这样的假设：比如有序的灵魂比混乱的灵魂更类似永恒秩序，或整体的永恒原因。……如果我们不接受上述假设，那么看起来我们就要被迫从哲人弥补"主观确定性"之弊病的角度，或从他对承认的渴望的角度，或从他的人性善的角度，来解释他想要传达其想法的渴望。我们必须存而不论的是，人们是否可以由此解释——不通过诉诸临时性的假说——当哲人看到一个有序灵魂时体验到的快乐，或者当我们观察到人性高贵的迹象时体验到的快乐。（页202；强调

为引者所加）

由于哲人并不拥有智慧而只是追求智慧，他并不能向别人证明，自己对于有序的偏爱源于后者符合永恒秩序或真理，而不只是个人的主观偏好。但是，这一事实不但没有削弱哲人的生活方式的正当性，反而提示了哲人的生活方式与一般民众的生活方式之间的自然联系：只要诉诸我们的常识或日常情感，就能明白哲人之所以重视灵魂和城邦的有序和健康，并非出自某种相对主义式的"主观确定性"或意识形态，而是根植于一般人对于"好的东西"的朴素感知。我们自然地倾向于善、德性和卓越，这一事实无法在理论上得到充分证明（反而会陷入众说纷纭），是因为根本不需要这样的证明。

在科耶夫的现代视野下，哲学思考的根据变成了"对于人类事务的绝对依附"（页213）：所有人都彻底等同于自己的行为和劳作，人的存在或人性本身与他积极改造的历史相同一，不存在超越于历史或变化的内在过程的"永恒秩序"。与之相对，施特劳斯指出，古典政治哲学则预设了"哲学要求与人类事务彻底分开"（页213）。施特劳斯总结说，他与科耶夫并没有就上述两种基本预设上的差异和对峙展开充分讨论。但实际上，统治者与哲人的综合，在科耶夫笔下呈现为世俗化了的基督教世界中的资产阶级心性，其结果不仅救平了不同人的品质差异，而且将所有行为都绑定在了"对于承认的欲望"和实现"普遍均质国家"的轨道上。

为了避免这一结果，我们在这里需要考虑的恰恰不是统治者和哲人之间，或政治与哲学之间的综合，而是通过这两种截然不同的生活方式的对峙或对比而变得可见的公民生活方式。后者包含了"爱国主义"的向度，包含了追求"荣誉"的向度，也包含了向往良好秩序和良好政治、追求自我完善、向往人性之卓越的向度。也许我们无法做到像苏格拉底那样自足，无法像哲人那样将目光聚焦于永恒秩序而非人类事务，然而，哲人所思考的"最佳政制"的线索，不仅体现在公民的朴素情感中，而且在所有非僭政的政治制度中体现为公民与政治事务的必然中介：法律。

五

现在，我们终于可以转向施特劳斯（或其笔下的色诺芬和苏格拉底）对于"僭政"的界定。施特劳斯写道：有别于一般意义上的"王政"（kingship），"僭政"的特点在于"统治不情愿的臣民，并且不是遵循法律，而是遵循统治者的意志"。接着，施特劳斯马上补充道：

> 这一定义涵盖了僭政的通常形式，但不是最佳意义上的僭政。最佳意义上的僭政，根据西蒙尼德的建议得到改正的僭政，不再统治不情愿的臣民。它无疑统治的是情愿的臣民。但它仍然是"不遵循法律"的统治，即它是绝对政府。称赞最佳僭政的西蒙尼德，避免提到"法律"一词。僭政在根本上是没有法律的统治，或更准确地说，是没有法律的君主统治。（页68）

无论如何改善，"僭政"本身都无法变成合法政府，其原因在于法律的根本缺失。在此，规定"僭政"的标志性特征从僭主攫取政治权力的方式，转变为实施政治权力的方式。的确，在另一个地方，施特劳斯似乎承认，如果好的统治者的德性体现在让被统治者快乐，那么"好的统治者的目标可以通过法律实现……或者通过没有法律的统治，即通过僭政实现"。但是，施特劳斯马上做了一个关键的补充：

> 最重要的是，就通过法律实现的幸福而言，色诺芬可以举出实际例子（斯巴达），而就通过僭政实现的幸福而言，除了诗

人的承诺，他没有给出任何其他证明。（页72）

既然"我们必须假定，苏格拉底的学生认为……实际上错误的事情不可能在理论上正确"（页99），那么，通过没有法律的统治而实现幸福事实上就是不可能的。那么，为什么色诺芬要提到这种可能性？根据施特劳斯，这不是为了证成"最佳意义上的僭政"，而恰恰是为了在理论上强调仁慈的僭政，从而凸显遵循"法治"所包含的问题性：

> 法律正义是一种不完善的正义，多多少少盲目的正义，而合法政府并不必然是"好政府"，而且几乎肯定不是由智慧之人统治的政府。从最高的观点来看，即从智慧的观点来看，法律和正当性都是成问题的。（页99）

僭主和哲人在某种意义上都站在了法律的对立面：前者用自己的意志代替和无视法律，后者则凭借自身的智慧超越了法律的盲目和僵硬。如果知识或智慧是政治统治的充分条件（页74），那么"正义"就不再局限于"守法"，或者更准确地说，"正义"必然高于法律。"只有智慧之人才能在最高的意义上实现正义"（页91）。这种意义上的正义不仅超越法律，甚至超越了共同体本身的范围，超越了以"区分敌我"为前提的政治。归根结底，在施特劳斯笔下，苏格拉底式哲人那里的"正义"意味着"自足"，也就是哲学本身。① 不必多说，最高意义上的正义在政治上的反映，便是"最佳

---

① Leo Strauss, "The Problem of Socrates," p. 161. 施特劳斯继续道："如此理解的正义，其可能性与最佳城邦是否可能没有关系。如此理解的正义所具有的进一步优势是，不会产生'就其本身而言是否值得选择'的问题。"（同前页）比较《论僭政》："正义的最高形式是保留给那些人的，他们具有人类所可能的最大程度的自足性。"（页91）

政制"。

然而，考虑到智慧之人不会渴望统治，考虑到在所有社会中，智慧之人在数量上都远远少于其他人，而后者不会达成共识来让前者统治自己，考虑到社会总是想要镇压（tyrannize）思想（页27），施特劳斯在不同场合强调：在古典政治哲学看来，哲学与政治的结合完全是凭运气的产物，而且两者天然地相互远离。[1] 于是，在现实中存在的脱离法律的统治，就只能是没有智慧之人的统治。在这个意义上，僭主制和君主制尽管存在着政治正当性上的重大差异，但就两者皆是没有智慧之人的统治而言，两者只有程度上的差别：

> 僭主与非僭主的统治者的区别，最终不是一种简单对立，而是在于：在僭主那里，统治者性格的某些要素，与非僭主的统治者相比得到了更加强烈的发展，或更不容易隐藏起来。（页91）

值得注意的是，在相关的上下文中，施特劳斯讨论的是色诺芬的一个观点，即对于所有伟大的统治者来说，某种程度的残暴都是必需的原则。我们记得，在西蒙尼德给希耶罗的建议中，仁慈的统治也少不了严厉的惩罚，只是这项工作最好派其他人去做，从而避免给臣民留下僭主自身残暴的印象。这个貌似理所当然的观点，事实上在原则上否认了脱离法律的统治可以在超越法律的意义上实现"正义"的可能性。当施特劳斯提到色诺芬在"守法"之外提出了

---

[1] 见 Leo Strauss, "What Is Political Philosophy?" p. 34。不过，在哲人具备政治统治的知识这一问题上，施特劳斯和科耶夫显然达成了一致。在科耶夫那里，这构成了哲人参与政治的理由；在施特劳斯这里，这证明了哲学活动的快乐高于政治活动的快乐。根据施特劳斯，显然是西蒙尼德而非希耶罗有资格在两种生活方式之间做出选择，因此"智慧之人是统治者中的统治者"（参见《论僭政》，页86）。

另一个"更充分的关于'正义'的定义"时，他将色诺芬的定义重新表达如下：

> 正义之人不伤害任何人，而是帮助所有跟他打交道的人。换言之，正义意味着行善。如果正义在根本上超越了法律（translegal），那么脱离法律的统治也满可以是正义的：行善的绝对统治就是正义的。（页74）①

苏格拉底的事例告诉我们，只有哲人才能做到不伤害任何人，而统治者之为统治者则必须坚持"扶友损敌"的原则，必须在政治的意义上明确自己的（共同体的）敌人。哪怕在共同体内部，某种程度的残暴也是必不可少的。现实中的确存在脱离法律的统治（或许是太多了），但不可能存在由此实现的正义统治。

因此，在实际意义上最能符合正义的统治形式，便是经由法律施行的统治——在施特劳斯看来，这也正是间接的哲人统治："如果智慧之人不可能通过说服来统治没有智慧的人，并且，由于智慧之人同样不可能……依靠武力来统治没有智慧的人，我们就得满足于智慧之人的非常间接的统治。智慧之人的间接统治体现为法治，智慧之人对法律的确立有所影响。"② 法律代表共同体的权威，告诉民

---

① 比较施特劳斯《苏格拉底问题》："实证法宣布的正义，就其本身而言，仅仅在制订和习俗的意义上如此；所以，人们必须寻求内在地是正义的东西，寻求符合自然的城邦。关于这样的城邦，我们找不到任何事例。它完全是一种创新（novel）。"（p. 157；强调为引者所加）

② Leo Strauss, "The Problem of Socrates," p. 143. 施特劳斯接着说，由于法律需要有人来解释和执行，因此政治问题在实践上的最好的解决方案就是"由那些能够最好地完成法律、增补法律的根本缺陷的人来统治"，即由正直之人或"贤人"来统治。施特劳斯总结说："最佳政制是伪装为民主制的贵族制。"（同前页）另外的相关论述参见 Leo Strauss, *Natural Right and History* (Chicago and London: University of Chicago Press, 1953), p. 142。

众应该做和不应该做的事，并且"不是在一定时期内，而是永远"。①

当然，针对施特劳斯进一步展开的对于"乡贤"（landed gentry）的积极评价，我们可以结合历史的实际状况判断其利弊得失，但要恰切地理解"僭政"与"法治"的上述对比，抽象地谈论哲人和统治者的生活方式——仿佛这是两种韦伯意义上的"理想型"——或许不会有多大收获。我们千万不能忽略施特劳斯写作《论僭政》时所处的历史背景：就在这部著作出版的前两年，英国首相丘吉尔和美国总统杜鲁门相继发表演讲，这标志着以美苏为首的东西方两大阵营的"冷战"格局的形成。在标榜自由主义和民主政治的美国等西方阵营国家眼中，苏联阵营无疑是极权统治（或作为脱离法律之统治的"僭政"）的典型。

就"冷战"格局而言，施特劳斯自己偏向于哪一方阵营似乎是明白无误的。他在对科耶夫的回应中写道：

> 在我们时代，自由或宪政民主比其他所有替代性方案都更接近古人的要求。（页 194 – 195）②

从哲人的眼光来看，西方自由主义阵营无疑比苏联的社会主义阵营更适合从事哲学活动，这不仅是因为依据法律的统治更接近最高意义上的正义，而且苏格拉底的事例也告诉我们，哲人在雅典的

---

① Leo Strauss, "The Problem of Socrates," p. 143.

② 多年前，施特劳斯的思想和著作被卷入与美国小布什政府的保守主义对外政策的关联，论者们在为施特劳斯辩护的过程中，往往会引用这句话来证明施特劳斯并不反对民主政治。不过，在《论僭政》的讨论语境中，施特劳斯这句论断的用意恰恰在于表明，民主政治本身是不充分的。参见 Catherine Zuckert and Michael Zuckert, *The Truth about Leo Strauss* (Chicago and London: University of Chicago Press, 2008) 中的相关讨论。

民主可以活到七十多岁，而在斯巴达也许很早就死去了。但是，既然大多数人并不会成为哲人，我们要继续探究的便是：从公民的眼光来看，东西方阵营的意识形态对立究竟意味着什么？更进一步，对于像施特劳斯这样身处自由主义国家的公民来说，应该如何把握"冷战"格局？①

施特劳斯敏锐地注意到，西蒙尼德在给希耶罗建议时，始终避免提到"法律"和"自由"，而这意味着"法律之缺席的实际后果……是自由的缺席：没有法律，就没有自由"（页69）。不难意识到，在"冷战"的历史背景中，"缺乏自由"的确是西方阵营用来批评社会主义阵营的一种常用话语，而这或许也的确符合身处社会主义阵营的许多民众的切身感受。不过，当民众普遍地将"法治"还原为"自由"时，恰恰忽略了一个更为重要的问题：为什么"自由"是一项值得追求的善？

对此，施特劳斯借助对色诺芬的阐释表明："自由"本身也许并不是一项善。或者说，"自由"只是在民主制社会才被视作目标，而（例如）贵族制社会的目标则在于"德性"——只有当"自由"成为追求"德性"必不可少的前提的时候，"自由"本身才是可欲的

---

① 众所周知，在争论的另一方科耶夫看来，意识形态对立掩盖了冷战双方在根本上的一致性：两者都追求同样的价值和同样的生活方式。而这种认识也解释了科耶夫本人的行动：一方面，科耶夫战后积极地参与法国经济事务部工作，推动欧盟的发展；另一方面，他也被指出参与了苏联的间谍情报工作。参见 Alexandre Kojève, *Introduction à la lecture de Hegel*（Paris：Gallimard，1947）；Dominique Auffret, *Alexandre Kojève：La philosophie*，*l'État*，*la fin de l'Histoire*（Paris：Bernard Grasset，1990）。比较施特劳斯在《什么是政治哲学？》中有关"价值冲突"的一段话："人们通过把严肃的问题简单地打发为价值问题而逃避对于这些问题的严肃讨论。人们甚至形成了这样一种印象：一切重要的人类冲突都是价值冲突。但退一万步说，许多此类冲突恰恰都是出于人们在价值上的一致性。"（页23）

（页71）。"自由"是一种手段，而不是目的本身。作为手段，"自由"可以通往"德性"，也可以通往其他目的，比如"荣誉"——在谈论西蒙尼德对于"荣誉"的渴望时，施特劳斯写道：

> 他显得最看重荣誉或称赞，而对于"称赞"，他说给予称赞的人越是自由，那么称赞就越是令人愉快。因此，无论僭政多么完美，对于荣誉或称赞的需求都无法得到满足。（页70）

我们已经强调，希耶罗本人并不渴望荣誉，但一个得到改善的"僭政"确实可能培养被统治的民众产生对荣誉的渴望（不难发现民众的尚武精神与科耶夫强调的"主人"心性之间的类似性［比较页140]）。而如果"自由"是"荣誉"的必要前提，那么无法得到满足的不只是某位"僭主"，更是"僭政"下的政治共同体——这是一切"僭政"的内在困境，而非单纯外在的意识形态对立的结果。

另一方面，作为智慧之人，西蒙尼德仅仅"显得"看重荣誉或称赞，事实上则不然：

> 西蒙尼德对于荣誉的突出赞美，绝不意味着他对荣誉本身看得比其他一切都重。毕竟，他在对话中关于荣誉的陈述部分，几乎彻底隐藏了他的智慧。（页87；比较页189）

前文指出，西蒙尼德强调对于"荣誉"的渴望，是为了重新淘洗这种"僭主的激情"，将它和对于人性卓越的追求联系起来。西蒙尼德作为智慧之人并不看重"荣誉"，在此意味着他并不看重作为"荣誉"之前提的"自由"——

> 色诺芬并不认为没有自由就没有德性，这一点从他对于青年居鲁士的赞美中非常明确地表现出来：他毫不犹豫地将后者描述为一个"奴隶"。（页72）

如果实现自我完善意义上的德性不需要"自由"的前提，那么，在"僭政"下过一种有德性的生活仍然是可能的；反过来说，一种仅仅具有"自由"的生活是没有德性的。一些现代自由主义者可能会反驳说，将自由解释成达成"德性"或"荣誉"或任何其他目的的手段，恰恰意味着某种向各种可能性开放的自由是一种需要捍卫的价值；另一方面，历史上将"自由"和其他价值相联系，从而扭曲乃至破坏"自由"的含义的做法实在屡见不鲜。① 作为一部意在阐释色诺芬的文本的著作，我们也许无法要求《论僭政》系统地回应上述论辩；更重要的是，在我看来，施特劳斯强调在没有自由的僭主统治下实现德性的可能性，这具有一种教育意义：提醒置身于自由民主政制中的人们摆脱自己对于"冷战"阵营中另一方的貌似理所当然的轻蔑和优越感——不是为了强调对立阵营的政制的可欲性，而是为了让人们反思自己无意识地接受的由"冷战"格局所带来的非此即彼的逻辑。

归根结底，在施特劳斯看来，冷战双方所代表的统治，距离"好的政治"都相去甚远。不如说，两者都是"没有智慧的人"施行的统治——在对于科耶夫的回应中，施特劳斯对"冷战"格局中双方的蔑视在下面这段话中呼之欲出：

> 所有宣称具有普遍性的信念，即宣称将被普遍接受的信念，都必然带来一种具有同样宣称的对抗性信念。将智慧之人获得的真正知识在没有智慧的人中间传播也于事无补，因为经过扩散或稀释，知识不可避免地会被转变为意见、偏见或单纯的信仰。于是，在普遍性的方向上，人们最多能期待的是，没有智

---

① 见 Isiah Berlin, *On Liberty*, ed. Henry Hardy（New York：Oxford University Press，2002），p. 48ff。

慧的人绝对地统治大约一半的世界，而另一半则由其他没有智慧的人统治。将所有独立的国家消弭成两个，不见得是什么好事。但很显然，没有智慧之人的有限统治，要比他们的绝对统治来得可欲：没有智慧的人应该在法律下进行统治。（页194）

只是在相对不那么糟糕的意义上，没有智慧之人遵循法律的统治才来得比绝对的统治或僭主政治更可取，但这显然不意味着前者就其本身而言是"内在地"可欲的统治。在现实的意义上，施特劳斯所处的美国社会或西方自由民主社会，由于法律的存在而避免了"不断革命，即永恒的混乱——生命在其中不仅是贫穷而短暂的，并且是残忍的"（页194）。然而，施特劳斯借用霍布斯在《利维坦》中形容"自然状态"的语词来描述"没有智慧之人的绝对统治"，等于否认了它作为政治形式的正当性：这种政治社会无异于无政府状态。言下之意，相比于导致"不断革命"的政制，自由民主社会确实是一种恰切意义上的政制形式，但它并不因此就代表单纯意义上的"好的政制"。

在这个意义上，当人们对于政治的理解在实际上囿于"冷战"格局的二元对立框架，尤其是当身处自由民主社会的人们天然地、居高临下地将另一方阵营视作败坏、邪恶、暴政，而将自己的社会视作正义、善的时候，我们就必须引入哲人的生活方式和哲人对于"最佳政制"的思考，作为必不可少的参照系——不是为了证明哲学对于政治的根本优越性，而是为了提示人们：如果仅仅盯着现实中的僭主统治，结果就是既无法恰当地理解"僭政"，也无法恰当地理解民主政治。

因此，对于施特劳斯说西蒙尼德所展现的"僭政式"教诲在理论上凸显了法律的问题性所在，我们应当将这一警告理解为对身处自由民主社会下的一般公民的提醒，理解为这是在促使他们积极主动地思考法律和现行政治体制的德性——不是从有关"最佳政制"的知识出发，而是通过将我们的感知和观察确立在由"哲学与政治"或"哲人与僭主"的张力关系所打开的认知框架之中来做到这一点。就像当年苏格拉底促使市场上的人们意识到自己笃信不疑的信念其实问题重重：

> "僭政式"的教诲……具有一种纯粹的理论意义。它至多是强有力地表现了法律和正当性的问题。……但是，凭借这个理论性的论题本身，就必然会让它的持有者无法无条件地忠诚于雅典民主，例如，它使得人们不会相信，民主就是最好的政治秩序。（页76）

古典作品研究

亚里士多德"城邦形质论"的难题

张霄 撰

亚里士多德指出，"城邦属于那些自然存在的事物"（1253a1－2）。但什么是"自然存在"，城邦在何种意义上具有自然性，这些问题引起了国内外学界持续多年的争论。近年来，国内外多有学者试图从形质论出发，为城邦的自然性①寻求形而上学的理论基础，这种理论被称作"城邦形质论"（political hylomorphism）。② 的确，在阐释

① "城邦自然论"（Political Naturalism）是对《政治学》卷一有关城邦自然存在的解释，包括三个主要论证：城邦因来自更原初的共同体且作为后者的目的是自然的；人天生是政治动物；城邦在自然性方面先于个人。这一理论首先由 Keyt 提出（David Keyt, "Three Basic Theorems in Aristotle's *Politics*," *A Companion to Aristotle's Politics*, Blackwell, pp. 118－141）。有关解释参 Fred D. Miller, Jr., "Aristotle's Political Naturalism," *Apeiron* (Clayton), 1989, Vol. 22 (4), p. 195－218。

② 如 Barker、MorSegev、国内支持者如陈斯一、吴飞则以"形质论"解释家庭与城邦的关系。参 Ernest Barker, *The Political Thought of Plato and Aristotle*, New York: Russell & Russell Inc., 1959; Mor Segev, "Aristotle on Group Agency," *History of Philosophy Quarterly*, Vol. 34, No. 2 (April. 2017), pp. 99－113; 陈斯一，

城邦为何优先于家庭上,"城邦形质论"具有优势,但这一理论同时无法回避两处关键的挑战。因"城邦形质论"的成立至少需要两个前提条件:1)从生成论的角度看,城邦是自然物;2)从城邦与人的关系看,人作为城邦的一部分,构成了城邦的"质料"。但前者与城邦为人组建起来的说法(1253a29–31)相龃龉,后者则导致了"亚里士多德政治理论是一种极权主义"的批评。①

本文将首先阐释"城邦形质论"的内涵,并着重分析其"动态层面"在将城邦视作自然物时遭遇的困难;其次通过对"政制作为城邦之形式"相关文本的分析,指出亚里士多德此说法意在阐明公民身份与谁来统治是政治共同体的本质问题;最后借助形而上学文本分析"公民作为城邦的质料"相关段落,表明公民与城邦的关系不能视作质料与形质结合物的关系。

一"城邦形质论"的内涵及面临的挑战

在《柏拉图与亚里士多德的政治思想》一书中,巴克尔(Ernest Barker)借助亚里士多德自然学说中的形质论观点,② 阐释了

《亚里士多德论家庭与城邦》,载于《北京大学学报》,2017(3),页93–99;吴飞,《人伦的"解体":形质论传统中的家国焦虑》,北京:三联书店,2017。

① Jonathan Barnes, "Aristotle and Political Liberty," ed. Gnther Patig, *Aristoteles'* *' Politik '*: *Akten des XI. Symposium Aritotelicum*, Vandenhoeck & Ruprecht, 1990, pp. 261–263.

② 亚里士多德形质论的主要观点,包括:生成事物总是形质结合物,事物的生成过程是质料向形式的运动(《物理学》7);自然具有质料、形式与生成三种含义(《物理学》2.1–2.2);事物生成与毁灭的四种原因(《物理学》2.3;《形而上学》Z.16–17);自然物与人工造物的产生方式不同(《形而上学》Z.7–9);事物的质料与形式分别作为潜在与现实(《形而上学》H.1–3;《论灵魂》2.1)等。

亚里士多德城邦学说中的目的论思想，从而发展出了亚里士多德的"城邦形质论"学说。巴克尔从两个方面阐释了"城邦形质论"。首先他指出，亚里士多德认为质料不断流变，故而不可知，相反，形式则是永恒且可知的。因此，在亚里士多德的政治哲学中，质料对应城邦的公民（《政治学》7. 4. 1325b40 – 1326a10），① 形式对应政制。② 随后，根据《政治学》开篇对目的论观点的阐释，巴克尔又从"潜能 – 现实"的角度阐释了"城邦形质论"。他表示，"目的"在亚里士多德形而上学中与"形式"相关联，质料是实现目的所必需的原初材料，质料持续发展，直到目的实现。因此，事物由质料向形式的运动，也可以看作事物由潜能到现实的运动。在《政治学》中，原初的质料就是家庭共同体，它不断发展，直到其限度——城邦，而城邦的最终形式是政制（同上，页 220）。巴克尔对"城邦形质论"的解释包含了两组关系，即家庭 – 政制的形质关系与公民—政制的形质关系。他分别称两者为动态与静态层面的形质论："在动态层面上，城邦的质料是家庭；在静态层面上，城邦的质料是个体公民。"（同上）

　　巴克尔的"城邦形质论"看起来确实可以在《政治学》中找到文本依据。就动态层面论，家庭与城邦的形质论的依据主要见于《政治学》1. 2。在第 2 章开篇，亚里士多德如是写道："如果有人从事物自然发生（φυόμενα）的本原（ἀρχῆς）来看，他就能凭此在这些

---

　　① 本文中的亚里士多德著作为笔者参希腊原文自译。Newman, *The Politics of Aristotle*, Volume II, Clarendon Press, 1887; Newman, *The Politics of Aristotle*, Volume III, Clarendon Press, 1902; Ross, *Aristotle's Physics*, Clarendon Press, 1936; Ross, *Aristotle's Metaphysics*, Volume I & II, Clarendon Press, 1924; John Burnet, *The Ethics of Aristotle*, Methuen & CO, 1900.

　　② 《政治学》3. 3. 1276b2 – 3，《柏拉图与亚里士多德的政治思想》，前揭，页 218。

问题，正如在其他问题上那样，获得最好的看法。"紧接着，亚里士多德阐释了城邦如何逐步"产生"（γινομένη，1252b29）。受制于必然性（ἀνάγκη），且为了个体与人类种族的保存，人需要相互结合。男人与女人、主人与奴隶结合成对儿（συνδυάζεσθαι，1252a26），而这两对基本的关系就构成了家庭共同体。随着人类生活需求的增长以及家庭的规模得到扩展，村落得以产生。最终，由多个村落产生的共同体就是城邦。城邦是完全自足的共同体（1252a26 – 1252b29）。

亚里士多德对城邦做出了三点重要评论：1）城邦的产生是为了生活，而它的存在是为了生活得好；2）如果家庭这一最初的共同体因自然而存在，则城邦也因自然（φύσει）而存在；3）城邦是诸共同体的目的，是诸共同体生长并实现自身目的时的状态，因此是它们的自然。按照家庭 – 城邦形质论的主张，人类原初的共同体朝城邦的运动，就是质料向形式的目的论运动。并且，亚里士多德在此处借用了《物理学》卷二对自然与自然实体及卷三对运动的相关论述。例如：

> 存在的事物有些由于自然而存在（ἔστι φύσει），有些由于其他原因。（2.1.192b8）
> 一切由于自然而存在的事物自身都包含运动和静止的本原……自然就是由于自身而非偶性，使它所处的事物运动和静止的本源或原因。（192b14 – 23）
> 那些具有这种本原的事物就具有自然。所有这样的事物都是实体（οὐσία）。（192b32 – 33）
> 自然是运动本原在自身中的事物的形状或形式（ἡ μορφὴ καὶ τὸ εἶδος）。（193b4 – 5）
> 自然物中必然性的东西就是我们称为质料及其运动的东西。（2.9.200a32 – 33）

将《物理学》2.1 的说法用以解释城邦生成过程的逻辑似乎如

下：a）作为自然存在的事物，人的共同体（包括家庭、村落与城邦等）运动与静止的原因内在于自身，它是自然物；b）城邦作为人类共同体的运动终点，规定着人类共同体的目的，是共同体的形式；c）家庭作为"家庭－村落－城邦"这一目的论运动的始点，承担了质料的角色。由此，亚里士多德对家庭－村落－城邦产生过程的论述，可以视作人类共同体从家庭（质料）向城邦（形式）的目的论运动。① 又据《物理学》202a7－8，运动是潜能事物作为运动者的实现，那么共同体由家庭到城邦的运动，便可视作事物从潜能到实现的运动过程。

从形质论角度解读"家庭－城邦"的关系，这种观点在阐释城邦与家庭的"优先性"问题上无疑具有显著优势。πρότερος［先于］一词在亚里士多德不同语境的文本中存在多种含义。② 在《政治学》中，他认为"城邦在自然性上先于（πρότερον δὲ τῇ φύσει）家庭及我们每个人"（1253a19），同时又在《尼各马可伦理学》中指出，"出于自然，人需要伴侣的生活胜过需要政治生活，就此意义上，家庭先于城邦且比城邦更为必然（πρότερον καὶ ἀναγκαιότερον）"（8. 12. 1162a17－19）。亚里士多德承认，家庭在必要性方面要优先于城邦，且更早出现，但城邦就其完整性、自足性的方面要优先于家庭。如果从形质论的角度来看，两种有关πρότερος［先于］的看似矛盾的表述就得以化解：家庭作为质料，在必要性的方面优先于城邦；城邦作为形式，

---

① 陈斯一，《亚里士多德论家庭与城邦》，页97。

② 有关该词在亚里士多德文本中的含义，参 Fred D. Miller Jr. , *Nature, Justice and Rights in Aristotle's Politics*, Oxford：Clarendon Press, 1995, pp. 46－53。Miller 指出，城邦之于个人的优先性主要体现在完整性（completeness）与可分离而存在（separate-existence）方面。有关生成论意义上的优先论，参 Michail Peramatiz, *Priority in Aristotle's Metaphysics*, Oxford University Press, 2011, pp. 203－311。

在目的论方面优先于家庭。①

但以形质论阐释城邦与家庭的关系同时也会遭遇来自《政治学》文本的挑战。首先，在 1.2，亚里士多德并未直接使用"形式"与"质料"的术语描述城邦的生成过程，② 这使得家庭—城邦的形质关系只能作为一种推论存在。诚然，《政治学》1.2 指出"城邦属于那些自然存在的事物"（φανερὸν ὅτι τῶν φύσει ἡ πόλι ϛἐστί，1253a1 – 2），而这一表达与《物理学》192b8"凡存在的事物有些由于自然而存在，有些由于其他原因而存在"（Τῶν γὰρ ὄντων τὰ μὲν ἔστι φύσει,，τὰδὲδι' ἄλλας αἰτίας）看似具有一致性，但城邦显然并非《物理学》所列举的自然物。因亚里士多德将"自然物"视作动物、植物及其部分，以及作为无生命单一实体的水、火、土、气等，而《政治学》中从未明确将城邦作为自然物或自然实体看待。在《物理学》中，"自然"有两种主要用法。它首先是作为存在于事物内部的，作为运动与静止的本原与原因，由此，自然物与技艺造物得以区别，因技艺造物的运动、静止与变化取决于外部的技艺人（2.3.195a20 – 25）。其次，"自然"也被视作不同于事物属性的、标志着事物本质之物，在亚里士多德看来，形式而非质料就是事物的自然（193a30 – 35）。

但"自然"一词的含义在亚里士多德政治与伦理学中的含义与用法则有所不同，尽管它并非与形而上学意义上的"自然"毫无关联。③

---

① 陈斯一，《亚里士多德论家庭与城邦》，前揭，页 97。

② Trevor J. Saunders, *Aristotle Politics Book I and II*, Oxford: Clarendon Press, 1995, p. 63.

③ Bradley 和 Miller 为代表的理路试图区分"自然"在亚里士多德形而上学与伦理、政治学中的不同含义，以此表明，城邦的自然存在与形而上学中"自然物"的概念具有本质差异。具体而言，Bradley 认为，"城邦自然存在和人的思想与努力不矛盾"（Andrew Cecil Bradley, "Aristotle's Conception of the State," David Keyt and Fred D. Miller Jr. ed. , *A Companion to Aristotle's Politics*, Blackwell,

探究城邦的生成是从探究其"自然发生的起源"（φυόμενα ἀϱχῆς）开始的。亚里士多德将男女结合与统治者/被统治者的结合视作人类最初的共同体，这两对共同体出于必然性（ἀνάγκη）产生。特别是在论及男女为繁衍而结合时，亚里士多德说，这并非出于深思熟虑的选择（πϱοαιϱέσεως），而是像其他动植物那样，出于自然动力而要留下与自身相像的后代。Πϱοαίϱεσις［选择］在《尼各马可伦理学》中被视作人类实践活动的始因，它既是欲求的努斯，也是理智的欲求，是人区别于动物的重要标志（1139b1－5）。人类出于自然动力而非出于选择而结合，这表明，人类最初的共同体之所以"自然"，是由于它满足了人生存的必需，是出于必然性而非偶然产生，也并非强加于其成员之上。

从最初共同体之中产生了家庭，而诸多家庭的联合又产生了村落。村落能为人提供的，已经远远超过了日常生活的必需。进而，从村落中产生了城邦，它为了人的生活而产生，且为了生活得好而存在。城邦完善了其他共同体所缺乏的更高级的目的，因而作为完满的、最具包容性的、最自足的共同体存在。那么，亚里士多德说城邦自然存在，是否因为最初共同体作为未完成形态，朝向城邦这一最终目的运动是自然的，就像小孩长大成人那样呢？得出这一结论实际上非常困难。因家庭并非像自然物那样，在成长为完成形态后

1991，p. 26）；Miller 认为，"凭借自然"（by nature）一语在形而上学与政治学、伦理学中含义不同，因此城邦的自然存在需要借助人自然地就是政治动物来解释（Miller, pp. 40－45）；Salkever 也认为，亚里士多德政治学理论得以自洽，无需借助形而上学的解释（Stephen G. Salkever, *Finding the Mean：Theory and Practice in Aristotelian Political Philosophy*, Princeton University Press, 1990, p. 39, 47）。本文认同 Bradley 与 Miller 的观点，即不能将城邦自然存在视作城邦是自然物的表达，但同时认为，如果凭此便完全拒斥形而上学与政治学的关联，拒绝考虑形而上学就城邦问题方面的理论奠基作用，则稍显武断。

消失。况且，亚里士多德在《政治学》（1.1）中明确反对将城邦直接等同于家庭的延伸与扩大：

> 那些认为政治人与君主、与家主、与奴隶主相同的人，他们说得不好。因他们认为，这些人彼此的差别在于所统治的人数量上的多少，而非彼此在形式上（εἴδει）有差别。例如，[统治] 少数人的是主人，[统治] 较多人的是家主，[统治] 更多人的是"政治人"或君主，也就是说，大的家庭与小的城邦之间没有差别。（《政治学》1252a7 – 14）

通常认为，这是亚里士多德对柏拉图《治邦者》中爱利亚异乡人、色诺芬笔下的苏格拉底（《回忆苏格拉底》3.4，3.6）的反驳。[①] 如果家庭与城邦在形式上就不同，那么城邦就不应被视作家庭的完成。而家庭有其自身目的，也不应视作城邦的质料。在亚里士多德看来，城邦与家庭的最本质区别就是目的论的差别。城邦生成论在一定程度上解释了两者的差异，因城邦不是对出于必要性而产生的最初共同体的继承与扩展。[②] 如果仅仅关注生存，城邦仍旧不能视作自足的共同体；作为最具权威且最包容的共同体，城邦对家庭的超越在于目的论的转变。[③]

---

① Newman, note 1252a7. 在此，我们暂且不考虑亚里士多德对苏格拉底以及爱利亚异乡人的反驳是否切中要点。

② Wolfgang Kullmann, "Man as Political Animal in Aristotle," *A Companion to Aristotle's Politics*, p. 96. Kullmann 认为，城邦生成论是对《王制》卷二中将城邦视作出于人生存之必需而产生之观点的驳斥。

③ 这一结论仅对《政治学》1.2 而言成立。事实上，成长为城邦并非家庭的目的，家庭的目的也并非仅满足人的基本生理需求。家庭的自然目的不仅包括繁衍、维持生存，而且包括对家庭成员（女人、小孩、奴隶）的教育，同时家庭也是"友爱"的来源。

如果城邦的自然性并非凭借家庭的自然生长得以解释，那么应该如何理解城邦凭借自然而存在？或许，人的自然就是亚里士多德给出的答案。因人是唯一具有 logos 的动物，人的自然能力，决定了人不会仅仅满足于口腹之欲。理性能力使人得以思考什么是好，并使人对更高层次的好生活充满向往。实现好生活要求人在城邦之内生活，因城邦又使人的理性能力在实践生活中得到锻炼，使人得以获得明智的理智德性，而明智是好生活的必要条件。作为人之自然的 logos 规定着人的目的。在此意义上，"自然"一如在形而上学著作中，意指事物的本质；人之自然的实现，标志着人的目的最终完成。城邦凭借自然而存在可以借助人之自然得以解释，这不仅意味着城邦因满足人之生存必需而产生，而且意味着只有城邦才使人的好生活成为可能。因此，城邦凭借自然而存在并不等于应将城邦视作自然物。既然否定了城邦生成方面的形质关系，接下来，我们将继续探讨静态方面的形质关系是否得以成立。

二　政制与城邦的 εἶδος

库尔曼提醒读者注意，亚里士多德并没有谈及城邦的 εἶδος 与 οὐσία。① 这当然不是说，库尔曼忽略了通常被视作明确指出城邦之形式的文本，他想表达的是，《政治学》并未在与《形而上学》或《物理学》相似的语境中使用这些术语，因此也不应对此作出形而上学式的解释。如果说库尔曼的说法基本符合《政治学》的多数文本，那么，将他的观点放在卷三考察便可能遭遇挑战。因事实上，从卷三伊始，亚里士多德确实使用了形而上学的相关术语来阐释城邦的相关问题：

---

①　Wolfgang Kullmann, "Man as Political Animal in Aristotle," p. 111.

> 既然城邦属于复合物（τῶν συγκειμένων），正如其他属于"整全"（τι τῶν ὅλων）且由许多部分构成的事物那样，显然［，研究城邦］首先研究的就是公民，因城邦就是某个群体的公民。（1274b38 – 41）

此处有关部分与整体关系的论述就借助了《形而上学》的文本。依《形而上学》1041b11 – 33，存在由多种要素构成的事物（τὸ ἔκ τινος σύνθετον οὕτως），这种事物类似于一个完整的音节，而非单个字母的堆砌。而有关何为"整全"的事物，亚里士多德也在《形而上学》5. 26. 1024a1 – 10 给出了解释。亚里士多德将各种数量①（ποσός，英译 quantity）分为两种类型：（1）内部各部分的位置（θέσις）没有差异的，称之为"总共"（πᾶν，英译：all），如蜡；（2）内部各部分存在差异，称之为"整全"（ὅλον，英译 whole）。后者可再分为两种类型：其一（2a），各部分位置改变后，事物形状改变但本质不变，如斗篷；另一种（2b），各部分位置改变后，事物形状与本质都改变（有关 2b 类型的事物，亚里士多德没有给出例子，但基尔万［Christopher Kirwan］认为，2b 类型的事物是那些日常事物，如鞋或房子）。② 亚里士多德将城邦称为复合物，且将之划入"整全"的事物中，意在强调城邦是由异质的要素构成的整体，它并非由单一要素构成的、内部整齐划一的事物（参《政治学》2.2 对柏拉图笔下的苏格拉底的批评）。可以说，3.1 为《政治学》开头所言——城邦是"包含其他一切共同体"的共同体（1252a5），提供了形而上学的理论基础。

---

① 译法参吴寿彭，《政治学》，北京：商务印书馆，1959。

② 1024a1 – 10 的解读参 Christopher Kirwan, *Aristotle Metaphysics*, Books Γ, Δ and E, Translated with Notes by Christopher Kirwan, Oxford：Clarendon Press, 1993, p. 176。

那么，亚里士多德使用形而上学术语意图说明什么？在《政治学》3.3 中，我们看到如下表述：

> 如果城邦的确是一种共同体，即如果它是公民同属一种政制的共同体，那么当政制的形式改变时（γινομένης ἑτέρας τῷ εἴδει καὶ διαφερούσης τῆς πολιτείας），就应该认为城邦不再是同一个。（1276b1 –4）

形式规定着事物的本质，因而政制的变化标志着城邦的改变。为了进一步说明政制决定城邦之所是的理由，亚里士多德接着举出了两个例子：

> 正如我们说，此时［表演］喜剧彼时［表演］肃剧的歌队不同，即便歌队中的人总是同一批，就像任何其他的共同体或复合物不同（ἄλλην κοινωνίαν καὶ σύνθεσιν ἑτέραν），如果复合物的形式（εἶδος ἕτερον ᾖ τῆς συνθέσεως）不同。正如我们说，由音符构成的调式（ἁρμονίαν τῶν αὐτῶν φθόγγων）不同，它有时是多里亚调，有时是弗里吉亚调。如果的确如此，那么显然，我们必须说政制［相同］决定了城邦还是同一个城邦。（3.3.1276b4 –11）

亚里士多德用歌队的例子表明，歌队的变化并不取决于内部成员的更替，正如城邦不因所统治的地理空间的改变，也不因治下种族的改变而变更。但是，"音符构成的调式"又在何种意义上可以类比政制与城邦的关系呢？因调式由音符构成，但城邦，一如 3.1 所言，由公民构成，那么调式的例子是如何证明政制决定城邦的呢？如果我们注意到，"调式"的例子亦出现在《形而上学》中，那么我们或许就能提供一种对当前问题的解释：

> 因调式由不相似的部分构成，它拥有位置，但不能成为可

以剪裁的。(《形而上学》5.27.1024a20)

此段落出现在卷五第 27 章,紧接着上文有关"总共"与"整全"的分类的第 26 章。在本章,亚里士多德试图阐释何种事物 κολοβὸν[可以剪裁]。按照罗斯(Ross)的解释,调式可能属于亚里士多德 2b 类型的"整全"的事物,[①] 即事物内部要素改变则事物本质就发生改变的类型。调式无法剪裁,因其由内部不同的音符构成,而音符位置的变化将改变调式的类型。如果回到《政治学》3.6,我们就会注意到此处亚里士多德对政制的定义:

> 因统治团体(πολίτευμα)[②] 在城邦各处都作为主导,而统治团体即政制。我是说,在民主制中,统治权力在于民众,而在寡头制中,统治权在于少数人。(1278b10 – 13)

这意味着,政制的核心在于统治权及权威的归属问题。谁是公民、谁来统治以及如何统治的不同,构成了政制的差异。随后,亚里士多德继续探讨了三种不同的统治类型——主人统治奴隶、家长统治其他家庭成员以及政治统治,即平等公民间的统治,[③] 以此进一步论述权力所有者的构成及权力施行的方式,区分了统治的类型,以及由此产生的正当政体及其变形。这就回答了卷三开头所提及的,政制的本质问题。[④] 由此,我们就得以理解了亚里士多德如何以调

---

① Ross, *Aristotle's Metaphysics*, Volume I, Oxford: Clarendon Press, 1924, note 1024a1 – 6.

② Reeve 与 Lord 译本均作 governing body。

③ 卷三对统治类型的划分与卷一不同,在卷一主要探讨的是主人统治奴隶、丈夫统治妻子与父亲统治孩子三类,参 1.12.1259a37 – 1259b17。卷三似乎不再区分丈夫统治妻子与父亲统治孩子的差异。

④ Newman, 1902, note 6.

式为例，阐明了城邦变更之关键在于政制：由于"整全"的事物因各部分位置的变化而不同，故而正如音符"位置"改变则由之构成的调式随之改变那样，城邦对公民身份的分配发生改变、权威阶层与统治方式发生改变，则意味着政制发生改变，进而城邦也不再是同一个。①

亚里士多德将政制视作城邦之形式，实则是将公民身份的分配与公民德性视作城邦自然与否的根本。在对公民德性问题的探讨中，亚里士多德提出，公民应具备符合其所属的政体的德性，由此，公民作为政治生活的参与者，能够依据其在城邦的具体职分发挥相应的职能，从而致力于城邦的共同利益（3.4.1276b16 – 37）。一旦公民的德性遭到败坏，公民从致力于城邦的共同利益堕落为致力于私利，那么他们便不再是公民：

> 因这些［变形］政体中的人，或在这些［变形］政体中分得利益的人不应被称作公民。(3.7.1279a31 – 32)

如果正当政体中的公民失去了其公民身份，就像音符构成的调式发生了改变，那么城邦的政制也将堕落为变形的政制。城邦或许从君主制堕落为僭主制，或从贵族制堕落为寡头制，或从共和制堕落为民主制，进而城邦也发生了改变。公民德性的问题，始终居于亚里士多德政治哲学理论的核心，因此《政治学》卷七、卷八中有大量篇幅关涉公民教育问题。公民德性直接决定了城邦的优劣，而城邦的优劣也反过来影响了城邦对公民的教育，亚里士多德借助形而上学概念，将公民身份及德性等同于城邦的形式，由此阐释了他

---

① E. Schütrumpf, *Politk*, teil IV, Akademie Verlag, 2005, pp. 406 – 407. E. Schütrumpf 还给出了另外一种可能的解释，即并非任何一种部落都能形成城邦，城邦的形成需要一些构成城邦这一特殊组合物的结构性条件。

对城邦与公民关系的理解。

三　作为"质料"抑或"原料"的 ὕλη

邦民是否被亚里士多德视作城邦的"质料",是判断城邦形质论"静态层面"成立与否的另一要点。认为邦民是城邦之质料的学者,基本以《政治学》7.4 的文本为依据:

> 正如其他一切手工艺者,例如织工和造船匠,需要具备适宜他们工作的质料(ὕλην),因这[质料]准备得越好,他们技艺的产物就越好,所以,政治家与立法者也需要适宜其要求的质料(ὕλην)。适宜城邦的资源(χορηγίας)首先是人口数量(πλῆθος τῶν ἀνθρώπων)……领土(τὴνχώραν)也是如此……(1325b40－1326a8)

有学者质疑,此处的 ὕλη 不应作与形而上学相关的理解,因这里并非在探讨与城邦相关的问题,而是在论述政治行动的前提。① 这一解释极具洞见,虽然难以据此否定 ὕλη 在语境中完全不具备形而上学含义,但因文本并未直接谈及城邦与公民的关系,所以我们有理由怀疑将邦民视作城邦之质料的结论。因将邦民 ὕλη 解释为城邦的质料,会在亚里士多德有关形质统一体的阐释上遭遇困难:

> 据以上考虑,质料就是实体(οὐσίαν)。但这是不可能的,因可分离性(τὸ χωριστὸν)与"此是"(τὸ τόδε τι)似乎最属实体。因此,形式与[形质]结合物似乎比质料更是实体。(《形

---

① E. Schütrumpf, „Kritische überlegungen zur Ontologie und Terminologie der Aristotelischen", *Allgemeine Zeitschrift für Philosophie* (1980), pp. 28ff.

而上学》1029a26 – 30）

亚里士多德从可分离性与"此是"两方面，判断质料不是实体，也就是说，质料并不具备这两种特征。具体而言，"可分离性"或指在言辞中的，或者指事物存在中的可分离性，如定义人时不能与动物的概念分离，属性不可与其所描述的主体分离。具有"此是"性的事物是确定且具体的，因此一切第一实体都具有"此是"性，如一个人或一匹马（《范畴篇》3b10 – 17）。质料不能具备这两种特征的理由在于，如具有自身的确定性且可分离，质料将会对形质结合物的同一性产生威胁：在《形而上学》1039a5 – 14，亚里士多德指出，作为"一"的实体不能由其他实体构成。① 而形质结合物作为"一"时，质料就作为其组成部分，失去其自身的本质：

> 因为从某些事物结合起来的，其整体既然是一，就应像一个完整的音节，而不是像一堆字母——音节有异于字母，βα不同于字母β和α，肌肉也不是火与土（因为当它们分开时，整体如肌肉与音节就不复存在，而字母却存在，火与土也存在）。（1041b15 – 20）

只有在脱离了形质结合物后，之前作为质料的事物才能重新成为"一"。此时，它不再是质料，它或许自身成为一个形质结合物（如青铜），或许一个单一的实体（如火与土）。而当事物作为其他事物的"质料"时，它就失去其本质，依附于由它所构成的形质结合物。正如铜作为雕塑的质料，需要满足构成雕塑的条件，因而需要舍弃自身具有的形式与作为形质结合物的属性。作为质料的铜不

---

① Christian Pfeiffer, "What is Matter in Aristotle's Hylomorphism?" *Ancient Philosophy Today*：Dialogoi 3.2 (2021), p. 149.

可与形式及形质结合物分离；就算质料具有 "此是"，也是在潜在的含义上，即作为雕塑的 "此是"，而非其作为独立个体的 "此是"。①

因此，我们有理由怀疑，质料与形质结合物的关系能否用来准确地描述人与城邦的关系。显然，将城邦视作 "一"，而将人视作不可分离且失去本质的质料，使人看起来依附于城邦，变成了城邦的一部分。如此一来，城邦作为形质统一体自身拥有目的（即形式），且统摄着作为城邦之一部分的人；人作为质料融入城邦，失去了其作为实体的身份。这种解释方式无可避免地使亚里士多德的城邦论具备了极权主义色彩。② 但这并非亚里士多德的理解，因为将城邦视作 "一" 正是《政治学》卷二对《王制》的批评：③

> 城邦的自然就是多的集合，如果它成为一（μία），城邦便会变为家庭，进而从家庭变为个人。因我们说，家庭比城邦更是一，人比家庭更是一。因此，即便可以达到，也不应这样做，因它会毁掉城邦。(2.2.1261a18－22)
>
> ……城邦的自然不是一些人所言的是一（μίαν）……家庭比一个个人更自足，城邦比家庭［自足］。只有 "多" 构成的共同体是自足的，城邦才能形成。如果更高程度的自足就更值得选择，那么更不像 "一" 的就比更像 "一" 的更值得选择 (2.2.1261b5－15)

另一方面，从1041b处推论，人获得其本质，重新恢复为形质

①　Mary Louise Gill, *Aristotle on Substance*：*The Paradox of Unity*, Princeton University Press, 1989, p. 39.

②　Jonathan Barnes, "Aristotle and Political Liberty," p. 261; Robert Mayhew, "Part and Whole in Aristotle's Political Philosophy," *The Journal of Ethics*, 1997, Vol. 1. No. 4, p. 328.

③　Robert Mayhew, "Part and Whole in Aristotle's Political Philosophy," p. 329.

结合物，恰恰需要与城邦分离，而这当然不是亚里士多德意图表达的。亚里士多德的城邦，是为了构成人之自然而存在："它［城邦］产生是为了生活，而它存在是为了生活得好。"（1252b29 – 30）这种关系显然并不能以质料与形质结合物的关系阐释。

或许有学者会指出，亚里士多德确实将人与城邦的关系比作手脚之于身体（1253a19 – 29），这就证明了人就是从属于城邦的部分。① 但该段落提到，"每种事物都以功能（τῷ ἔργῳ）与潜能（τῇ δυνάμει）定义，如果它们不再是同样的状态，它就不该以同样的方式被提及，除非是同名不同义。"（1253a22 – 25）"同名不同义"意味着，事物的独特活动标志着事物的本质。就《尼各马可伦理学》1.7 而言，人的独特活动在于实践理性的运用。因此，此处意在表明，城邦使人实践理性的运用得以可能。然而，人与城邦的关系，并非身体各器官构成身体这一完整自然实体的关系。就有机体而言：1）各部分与机体实际相连，不能分离；2）各部分仅为所构成的有机体而存在，且以其为有机体发挥的功能来定义；3）各部分以潜能形式存在。② 而人实践理性的运用，最终以人的幸福为目的，而非致力于一个处于人之目的之外的城邦的目的。③

那么，我们该如何理解《政治学》7.4 将邦民称作ὕλη的说法？在卷七，亚里士多德提出了对理想政体的构想，并探讨了实现理想政体所需的客观条件——"因为缺乏相应的资源，最好的政制就无从产生"（1325b37 – 38）。依据 4 – 13 章所探讨的，构建理想政制所

---

① David Keyt, "Three Basic Theorems in Aristotle's *Politics*," p. 139; David. J. Depew, "Does Aristotle's Political Theory Rest on a Contradiction?", *The Society for Ancient Greek Philosophy Newsletter*, 1989（3）, p. 9.

② Robert Mayhew, "Part and Whole in Aristotle's Political Philosophy," p. 330.

③ Bernard Yack, *Problems of a Political Animal*, University of California Press, 1993, p. 97.

需的 *χορηγία* [资源]① 包括人口规模、疆域大小、地理位置、民族性情、社会结构甚至城市规划等等问题，而其中，邦民与领土得到了优先探讨，这表明，理想城邦实现的首要条件是具有理想的邦民与适宜的地理环境（7.4.1326a5 - 8）。但随后，亚里士多德指出，由于现实中的邦民的德性迥然相异，理想城邦并非唾手可得。政治家需根据所统治的邦民的德性，创立最适宜他们的生活方式与政制，根据现实条件建立不同的城邦，从而尽可能使得德性迥异的邦民都能最大限度地获得幸福（7.8.1328a35 - b1）。

因此，亚里士多德称邦民作为政治家技艺的 *ΰλη*，意在表明政治行动需要以邦民的德性、性情、数量等客观条件为出发点，而不能任意地构建一个无视客观条件的理想城邦。一如工匠需要充分地认识制造产品所需要的原料那样，立法者的政治行动以认识治下邦民的具体特点为前提，只有这样，他才能制造出正当且自然的城邦，并且最大限度地培养出有德性的邦民。

结　语

将城邦视作形质结合物，从而论证城邦自然存在，这一理路会在阐释城邦与人的关系时遭遇难题。城邦不是形质结合的自然物，但人是。或许，我们可以提出一种由人之形质论推出城邦自然存在的论证思路：人由自然德性到真正的德性的转变过程，可视作形式（理性灵魂）在质料（人之身体）上的实现过程。就城邦与公民的关系而言，真正的德性能否在公民身上实现，将决定政制的优劣，

---

① *χορηγία* 意为提供的东西：（物质）资源、富源；供应；丰富充足（参罗念生《古希腊汉语词典》；亦参 Henry George Liddell and Robert Scott ed. , *Greek-English Lexicon*, 1996）。

以及城邦的好坏。因此，公民规定着城邦的本质，在这一意义上，政制是城邦的形式，且城邦由人建造。而城邦的自然存在，最终经由人之自然得以证实：城邦不仅满足了人作为政治动物的自然本性，而且为人运用实践理性提供了环境，城邦的习俗、教育使得公民的德性生活成为可能；城邦以"生活得好"（1252b30）为目的，它符合正确的 logos，因此是自然的。

（作者单位：中山大学博雅学院）

本文受浙江省哲学社科规划领军人才培育专项课题（22QNYC02ZD）资助

《阅微草堂笔记》的道德教育及相关问题

陈文洁

　　纪昀著《阅微草堂笔记》（以下称《笔记》）自言旨在"表章风教"、①"有益于劝惩"，②借谈神鬼狐怪、因果轮回进行道德劝诫，以冀有补于世道人心。《笔记》所劝导宣扬的道德，不出三纲五常、忠孝节义等儒家传统伦理的范围。宋、明以降，文人著书多不免于道德说教，谈狐说怪也是魏晋以来笔记小说的传统，《笔记》不算别出心裁。正因为如此，《笔记》的劝诫方式及其所揭示的深层原因便具有了某种普遍的文化意义，考察《笔记》对于思考美德是否需要报偿这一涉及人类生活的根本性问题，想来不无裨益。

---

　　① 《阅微草堂笔记·槐西杂志（四）》，杭州：浙江古籍出版社，2010。下文引注该书，除特别注明外，皆同此版本。
　　② 《阅微草堂笔记·滦阳消夏录（一）》。

一 神道设教：作为政教的道德教育

神道设教古已有之。《春秋》记天变，教人君以修德之道，① 是
"三代以来记载之古法"。② 汉人重天象，推阴阳五行，多附会政事
以警人君。③ 董仲舒等儒生更畅言天人感应，"以君随天"（《春秋繁
露·玉杯》），谓灾异乃是天所以爱君如子而儆其过失，"以此见天
心之仁"。④ 其时人心尚朴，为政者"视天犹有影响相应之理"（同
上），对"天"尚有敬畏，神道设教多以劝政。除肉食者谋于上以
佐政外，汉世的神道设教在民间也有劝善之用。西汉隐士严君平卜
筮于成都，"有邪恶非正之问，则依蓍龟为言利害。与人子言依于
孝，与人弟言依于顺，与人臣言依于忠，各因势导之以善"，用其言
者过半。⑤ 可见，借神道展开道德劝诫，确有其渊源。

《笔记》亦承此神道助善的传统，因人为教。纪昀虽居于庙堂，
但《笔记》既然关注世道人心，旨在教诲当世，就不能不为占人群
大多数的所谓"愚夫愚妇"说法。毕竟，所谓世道人心，主要系挂
在这些不谙天理性命的人身上，他们是《笔记》的主要劝诫对象。
为"愚夫愚妇"说法，显然不同于为士大夫说。这从《笔记》论韩
愈辟佛可知。

① 见《左传》昭公七年："国无政，不用善，则自取谪于日月之灾。"
《春秋左传正义》（李学勤主编《十三经注疏》标点本），北京：北京大学出版
社，1999，页1241。
② 赵翼著，王树民校证，《廿二史劄记校证》卷二《汉儒言灾异》，北
京：中华书局，1984。
③ 如司马迁《史记·天官书》、班固《汉书·天文志》《五行志》等。
④ 赵翼著，《廿二史劄记》卷二《汉儒言灾异》，前揭。
⑤ 见班固，《汉书·王贡两龚鲍传序》。

抑尝闻五台僧明玉之言曰：辟佛之说，宋儒深而昌黎浅，宋儒精而昌黎粗。然而披缁之徒，畏昌黎不畏宋儒，衔昌黎不衔宋儒也。盖昌黎所辟，檀施供养之佛也，为愚夫愚妇言之也。宋儒所辟，明心见性之佛也，为士大夫言之也。天下士大夫少而愚夫妇多；僧徒之所取给，亦资于士大夫者少，资于愚夫妇者多。使昌黎之说胜，则香积无烟，祇园无地，虽有大善知识，能率恒河沙众，枵腹露宿而说法哉？……故畏昌黎甚，衔昌黎亦甚。……使宋儒之说胜，不过尔儒理如是，儒法如是，尔不必从我；我佛理如是，佛法如是，我亦不必从尔。各尊所闻，各行所知，两相枝拄，未有害也。故不畏宋儒，亦不甚衔宋儒。（《姑妄听之（四）》）

韩愈辟佛，尝谓僧尼逃避赋役，[①] 不事劳作而受农工商供养，[②] 此类粗浅之论最切近一般人的实际利益，最能入"愚夫妇"之耳。佛教的理论固然是其立教根据，佛教的传播却有赖于占人口大多数的"愚夫妇"对寺僧的供养。《笔记》所关注的世道人心同样如此，其说教也采取了类似韩愈辟佛的立场，因人为教，从"愚夫妇"最关心的祸福问题入手。趋福避祸是一般人的天性，《笔记》持祸福以

---

① 参韩愈，《送灵师》："佛法入中国，尔来六百年。齐民逃赋役，高士著幽禅。官吏不之制，纷纷听其然。耕桑日失隶，朝署时遗贤。"严昌校点，《韩愈集》，长沙：岳麓书社，2000，页23。陈寅恪《论韩愈》云："盖唐代人民担负国家直接税及劳役者为课丁，其得享有免除此种赋役之特权者为不课丁。不课丁乃当日统治阶级及僧尼道士女冠等宗教徒，而宗教徒之中，佛教徒最占多数。其有害国家财政社会经济之处，在诸宗教中尤为特著，退之排斥之亦最力，要非无因也。"载《历史研究》，1954年第2期。

② 参韩愈，《原道》："古之为民者四，今之为民者六；古之教者处其一，今之教者处其三。农之家一，而食粟之家六；工之家一，而用器之家六；贾之家一，而资焉之家六：奈之何民不穷且盗也！"严昌校点，《韩愈集》，同上，页146。

立教，通过小说叙事显示，在鬼神狐怪、因果轮回等构成的神道的干涉下，人物的行为与其命运有着必然的因果联系：忠孝节义的德行必然获得报偿，不德之人必然受到惩罚。所谓"幽明一理，人所不及治者，鬼神或亦代治之"，①　人间正义终究会藉由神道得以伸张。在纪昀笔下感受神道维持的福善祸淫的，大多是普通的小人物。他以他们所喜闻乐道的比拟形象地说明了神道正义蕴含的朴素逻辑："天之祸福，不犹君之赏罚乎！鬼神之鉴察，不犹官吏之详议乎！"②《笔记》中善善恶恶的故事，最能激发这些性理之教无法惠及的"愚夫愚妇"的道德想象，最能使他们警惕动心。

问题在于，《笔记》一再申明的善恶有报是否可信？虽然仙狐鬼神之说作为（道教）传统民间信仰由来已久，因果轮回之报也随佛教的传播而有相当的民间基础，但《笔记》所叙神道主持下的因果报应之事过于神奇，故纪昀一再申明自己不过是"追录见闻"，除其亲历者外，多是转述其亲友故旧的见闻，《笔记》也全用转录口吻叙述，并详载转述人的姓名、籍贯、身份等，言之凿凿，力避虚构之嫌。这一用意，从纪昀评同时期志怪小说《聊斋志异》可略见。

> 先生（纪昀）尝曰："《聊斋志异》盛行一时，然才子之笔，非著书者之笔也。……小说既述见闻，即属叙事，不比场戏关目，随意装点。……今燕昵之词、媟狎之态，细微曲折，摹绘如生。使出自言，似无此理；使出作者代言，则何从而闻见之？又所未解也。"（《阅微草堂笔记·盛跋》）

纪昀著《笔记》，虽自谦是稗官小技，但从其评《聊斋》"才子

---

① 《阅微草堂笔记·滦阳消夏录（二）》。又，《滦阳消夏录（四）》："人所不能制者，鬼亦忌而共制之。"

② 《阅微草堂笔记·滦阳消夏录（一）》。

之笔，非著书者之笔"来看，显然是以"著书者之笔"自居的。"夫著书必取熔经义，而后宗旨正；必参酌史裁，而后条理明；必博涉诸子百家，而后变化尽。"（同上）概言之，著书务要循经立旨，而不能如才子书一样放任性情、天马行空。描摹太细，反而不能取信于人。纪昀疑《聊斋》为凭空虚构，是以《笔记》为可信之言。不过，聊斋先生是落魄才子，既比拟屈原，以《聊斋》为"孤愤之书"；① 又致慕史迁，仿效《史记》署"太史公曰"，以《聊斋》谈狐说鬼、异于常闻而于篇末自题"异史氏曰"，抒发个人失意和知己之感，类似于太史公偶于《游侠列传》诸篇寄寓身世之慨。② 其志趣立意与纪昀显然不同。纪昀科场顺遂，身居贵要，自然心平气和，对感遇孤愤一类的"名士习气"颇不以为然，③ 而多从因果上解说士人的失意窘困，谓"世徒见才士通儒，或贫或夭，动言天道之难明，乌知自误生平"，④ 劝学子士人安贫乐道。据此，纪昀视《聊斋》为"才子之笔"，更突出了《笔记》借神道申明礼义、挽救时俗的立场。

但是，《笔记》所录福善祸淫的见闻即便可信，也难以抵消现实中往往善恶无报的直接经验。对这一问题，《笔记》是以三生因果来解说的：

---

① 蒲松龄，《聊斋志异·自序》，北京：中华书局，2009。
② 如《聊斋》卷三《连城》、卷四《青梅》、卷九《乔女》等篇。另卷九《邵临淄》也直言"以补（《史记》之）《循吏传》之所不及者"。
③ 参《阅微草堂笔记·如是我闻（一）》载竹吟与朱青雷游长椿寺遇丐者评书画事。又，世情之感，人或难免，纪昀自己也偶出愤世之言。如《阅微草堂笔记·姑妄听之（四）》以"未谙世故"之狐的义气反照人世故太深而坐视不救，谓"虽狐也，为之执鞭，所欣慕焉"。又如《姑妄听之（一）》赞罗大经《鹤林玉露》载咏朱亥诗。
④ 《阅微草堂笔记·如是我闻（三）》。

问："命皆前定，然乎？"曰："然。"……问："定数可移乎？"曰："可。大善则移，大恶则移。"问："孰定之？孰移之？"曰："其人自定自移，鬼神无权也。"问："果报何有验有不验？"曰："人世善恶论一生，祸福亦论一生。冥司则善恶兼前生，祸福兼后生，故若或爽也。"问："果报何以不同？"曰："此皆各因其本命。以人事譬之，同一迁官，尚书迁一级则宰相，典史迁一级，不过主簿耳。……故事同而报或异也。"问："何不使人先知？"曰："势不可也。先知之，则人事息，诸葛武侯为多事，唐六臣为知命矣。"问："何以又使人偶知？"曰："不偶示之，则恃无鬼神而人心肆，暧昧难知之处，将无不为矣。"（《滦阳消夏录（二）》）

三生因果以轮回为前提。《笔记》举诸多事例证明，"轮回之说，凿然有之"（《滦阳续录（三）》）。神道正义是综合轮回之中前世、今生、来世的善恶福祸而兑现的："其间功过互偿，或以无报为报；罪福未尽，或有报而不即报，毫厘比较，益微乎微矣。"[1] 从三生因果来看，神道不诬，现实中的善恶无报不过是片面和暂时的：若今生善而无报，不必怨尤，当检讨前生之恶，而寄望于来生的福报；若今生恶而无报，不必侥幸，当庆幸前生之善，而恐惧来生的恶报。总之，"神理分明，毫厘不爽，乘除进退，恒合数世而计之，勿以偶然不验，遂谓天道无知也"。[2]

通过引入三生因果论，纪昀解释了现实中善恶无报的情形，并载录了不少在其人死后或来生善善恶恶得以应验的故事以为实证。另一方面，既然"善恶兼前生，祸福兼后生"，则"祸福有命，死

---

[1] 《阅微草堂笔记·如是我闻（二）》。
[2] 《阅微草堂笔记·姑妄听之（一）》。

生有数"。① 命数是纪昀讲三生因果时无法回避的问题。这一问题在其大恶大善可移定数的解说下其实是有助于神道设教的。② 且命数幽昧难识，惟"司命者因一人一事，偶示端倪，彰神道之教"，③ 正可使人专注人事，尽力求善。当然，纪昀以三生论因果，目的主要在"惕以未来"（同上），教人知畏为善，修来生之福。

《笔记》藉神道彰教化，本质上是政教的一部分。神道笼罩下的芸芸众生趋吉避凶，而非追求德行本身。如尼采所见，"惩罚驯服了人，而不是改进了人"，④《笔记》的大部分说教所造就的并不是真正的有德君子，而只是为善善恶恶的神道所驯服的人群。纪昀自己也说，"神道设教，以驯天下之强梗"，使"愚夫愚妇"有所顾忌。⑤他当然明白，神道所劝之善与儒家君子之德有本质区别。

> 偶及因果之事，林生曰："圣贤之为善，皆无所为而为者也。有所为而为，其事虽合天理，其心已纯乎人欲矣。故佛氏福田之说，君子弗道也。"客曰："先生之言，粹然儒者之言也。然用以律己则可，用以律人则不可；用以律君子犹可，用以律天下之人则断不可。圣人之立教，欲人为善而已。其不能为者，则诱掖以成之；不肯为者，则驱策以迫之，于是乎刑赏生焉。

---

① 《阅微草堂笔记·滦阳消夏录（四）》。

② 按：纪昀既言大善大恶可移定数，又谓"虽圣贤不能与造物争"（《阅微草堂笔记·滦阳消夏录（四）》），或有矛盾，毕竟，非大善似不足以称圣贤。当然，《笔记》历时十年而成，凡二十四卷，各篇来源不同，相对独立，于自洽不必苛求。且《笔记》目的在说教，不在理论建构，应机为言，说辞容有不同。

③ 《阅微草堂笔记·如是我闻（三）》。

④ 尼采，《论道德的谱系》，周弘译，北京：生活·读书·新知三联书店，1992，页62。

⑤ 《阅微草堂笔记·姑妄听之（四）》。

能因慕赏而为善，圣人但与其善，必不责其为求赏而然也；能因畏刑而为善，圣人亦与其善，必不责其为避刑而然也。……盖天下上智少而凡民多，故圣人之刑赏，为中人以下设教；佛氏之因果，亦为中人以下说法。……先生执董子谋利计功之说，以驳佛氏之因果，将并圣人之刑赏而驳之乎？"（《阅微草堂笔记·滦阳消夏录（二）》）

"君子喻于义，小人喻于利。"（《论语·里仁》）圣贤唯义是从，"无所为而为"，"与命与仁"（《论语·子罕》），其为善是无所待的；小人为利所诱，循利趋义，并不具有真正的美德。从君子修身自律的道义层面讲，固然如此。但从治政的层面说，圣人立教"欲人为善而已"。毕竟，"中人以下，不可以语上也"（《论语·雍也》），"与命与仁"的境界是"中人以下"难以企及的；"天下上智少而凡民多"，若概以君子的道德自觉要求普通人，必诈伪百出。因此，置刑赏"为中人以下设教"，使他们具有一种表面的善，是圣人的务实的政治智慧。在治政的层面，秩序是由行为构成的，能为善即许之以善，不必究及人格和动机。《笔记》神道设教，也体现了类似的理解：

帝王以刑赏劝人善，圣人以褒贬劝人善。刑赏有所不及，褒贬有所弗恤，则佛以因果劝人善。其事殊，其意同也。（《如是我闻（三）》）

《笔记》指出，"常人胶胶扰扰，何念不生"（《槐西杂志（一）》）？水至清则无鱼，必执着善念，求全责备，则天下无善人，而教化不行。故"《大车》之诗所谓'畏子不奔，畏子不敢'者，在上犹为有刑政，则在下犹为守礼法"。[1] 百姓所以畏惧而不敢越

---

[1] 《阅微草堂笔记·姑妄听之（三）》。

礼，从治政的层面看是立刑政之功，从百姓的角度讲则是守礼有德。
循此理，纪昀为常人设教，亦谓"但有所畏而不敢为，抑亦贤
矣"。① 本质上，《笔记》援神道而劝人善，犹国家立刑赏而伸教化，
不过欲使人知畏而趋善避恶，"亦警世之苦心"。② 这在纪昀作为说
教者而言如其自许是"与人为善"③，在其作为士大夫而言则是赞治
助化，续政教之不足，显示"天地之生才，朝廷之设官，所以补救
气数也"。④

《笔记》以神道助政教，很大程度上将儒家道德要求等同于政治
秩序规定，可谓其源有自。儒家伦理道德发端于礼，而礼始于先民
的祭祀活动："夫礼之初，始诸饮食，其燔黍捭豚，污尊而抔饮，蒉
桴而土鼓，犹若可以致敬于鬼神。"（《礼记·礼运》）周公作礼，依
旧俗以安民心，⑤"监于二代"（《论语·八佾》），"集古圣之成"，⑥
使粗朴的旧俗最终成为一套纲纪天下、经纬人伦的"郁郁乎文"的
制度。所谓"安上治民，莫善于礼"（《汉书·礼乐志》），就周有天
下、周公在位（摄政）制君臣父子之礼而论，礼首先是一套明上下
贵贱之序的政治制度。⑦ 这套制度并非凿空而出的强制性规定；它

---

① 《阅微草堂笔记·槐西杂志（一）》。

② 《阅微草堂笔记·滦阳消夏录（六）》。

③ 《阅微草堂笔记·姑妄听之（三）》《槐西杂志（二）》《滦阳续录
（一）》，等等。

④ 《阅微草堂笔记·滦阳消夏录（一）》。

⑤ 见《周礼》卷十《大司徒》："以本俗六安万民。"《周礼注疏》（李学
勤主编，《十三经注疏》标点本），北京：北京大学出版社，1999，页 262 -
263。《周礼》卷二述大宰之职，亦有礼俗"以驭其民"之说。

⑥ 章学诚著，叶瑛校注，《文史通义校注》卷二《原道》，北京：中华书
局，1985，页 121。

⑦ 参《荀子·王制》："先王恶其乱也，故制礼义以分之，使有贫富贵贱
之等，足以相兼临者，是养天下之本也。"

"以顺人心为本"（《荀子·大略》），缘"人情"、"人性"而作
（《史记·礼书序》），整齐人群，及于人伦关系和日常生活的各方
面，以一种务实的方式解决了"应当如何生活"的问题，因而具有
某种道德的意义，使政治秩序不徒以政治权力维系，更凭借人伦道
德编织整合而成。故王国维既谓周公"立制之本意，乃出于万世治
安之大计"，又称"其旨则在纳上下于道德，而合天子、诸侯、卿、
大夫、士、庶民以成一道德之团体";① 在周公制礼的语境下，政治
与道德并无本质区别，政治团体也是"道德之团体"。

但是，由于"应当如何生活"是由政治权威统一回答，且通过
立司徒之官、施礼乐政教而保证付诸实践,② 礼作为道德要求实际
上就与政治秩序是二而一之事，非但不同于哲学意义上对"善"的
抽象规定，与后世儒家道德也有所分别。礼既是政治秩序，又是道
德要求，集治、道于一体，非"圣人在天子之位"不能作之。③ 周
公虽无天子之名，然"继文王之业，持天子之政，以股肱周室，辅
翼成王"（《淮南子·要略训》），实则在天子之位；其制礼以纲纪天
下，是一人而兼君师，表明"天佑下民，作之君，作之师",④ 体现

---

① 王国维，《殷周制度论》，《观堂集林（外二种）》（上），石家庄：河
北教育出版社，2001，页 288 – 289。

② 见《周礼》卷九《地官司徒第二》。另，卷十《大司徒》所列礼乐等
十二项政教即地官司徒所掌邦教。《周礼注疏》，前揭，页 246。又，《尚书·舜
典》云："帝曰：契，百姓不亲，五品不逊，汝作司徒，敬敷五教，在宽。"
《尚书正义》（李学勤主编，《十三经济疏》标点本），北京：北京大学出版社，
1999，页 75。设司徒之官教民，上古已有，只不过舜时仅五教，周则有十二教，
范围更广。

③ 见《礼记》："虽有其位，苟无其德，不敢作礼乐焉。虽有其德，苟无
其位，亦不敢作礼乐焉。"《礼记正义》，前揭，页 1457。

④ 《尚书·泰誓》。孔颖达疏曰："治民之谓'君'，教民之谓'师'，君
既治之，师又教之，故言'作之君，作之师'，'师'谓君与民为师，非谓别置
师也。"《尚书正义》，前揭，页 273。

的正是施教于"敷政出治"之中的治教合一的传统。①

周衰之后,礼崩乐坏,治教分离,孔子"述而不作,信而好古"(《论语·述而》),"志欲行周公之道",② 乃至有"如用我,其为东周乎"之叹。③ 但孔子以布衣继圣,遍干不遇,唯有退而编修六艺,聚弟子教诗书礼乐,传周公之道,"明立教之极",是以"隋唐以前,学校并祀周公、孔子,以周公为先圣,孔子为先师"。④ 此亦孔子之所以为儒家宗师。《汉书·艺文志》云:"儒家者流,盖出于司徒之官,助人君顺阴阳明教化者也";儒家"守其六籍(即六经),以谓是特载道之书耳"(同上,页132),故"儒犹道矣,儒之名于古通为术士,于今专为师氏之守",⑤ 师氏在《周礼》为地官司徒之属。可见,儒家得教化之名,后世儒者以"为生民立命,为万世开太平"自命,皆在于孔子于治教分离之时率先以私人教育存周官教民助化之业。

相比周公身兼君师、寓教于政,孔子有德无位,仅凭借个人信念而承师之一端,并无政教之权,又当传统制度失去普遍合法性之际,其说教势必只能诉诸个人的内在认同。故孔子援"仁"入礼,曰"人而不仁,如礼何?人而不仁,如乐何?"(《论语·八佾》),将"仁"视为礼乐的精神内核。以三年之丧论,按《史记·鲁周公世家》,礼从故俗,三年并非定数;孔子则以"心安"说三年之丧,

① 参章学诚著,叶瑛校注,《文史通义校注》卷二《原道》,前揭,页131。

② 见朱熹释《论语·述而》:"甚矣吾衰也!久矣吾不复梦见周公。"朱熹集注,陈戍国标点,《四书集注》,长沙:岳麓书社,1987,页134。

③ 见《史记·孔子世家》"公山不狃以费畔季氏,使人召孔子"一事。

④ 章学诚著,叶瑛校注,《文史通义校注》卷二《原道》,前揭,页122。

⑤ 章太炎,《原儒》,载于傅杰编校,《章太炎学术史论集》,北京:中国社会科学出版社,1997,页194。

谓"子生三年，然后免于父母之怀。夫三年之丧，天下之通丧也"
（《论语·阳货》）；三年之丧"称情而立文"（《礼记·三年问》），
是"仁"的要求。通过树立儒家道德意识，"克己复礼"便超越原
来治教合一所维持的不论动机的"表面的善"，成为塑造德性的内在
之"仁"（参《论语·颜渊》）。

儒家道德于是确立。孟子继孔子，讲"四端（四心）"（参《孟
子·公孙丑上》），道"性善"（《孟子·滕文公上》），谓理、义乃
"心之所同然者"（《孟子·告子上》），教人"尽心知性而知天"
（参《孟子·尽心上》），扩充了孔子从传统制度中阐发的"仁"
德①并视之为人心（性）、天理之当然，进一步赋予儒家道德绝对的
正当性意义——后世尊亚圣，亦所宜也。但如《笔记》所见，唯有
圣贤才能出于道德自觉而为善，孔孟之道不足以规范那些只能为刑
赏和神道所摄伏的"愚夫愚妇"。形式上，神道主持的因果祸福，与
帝王的刑赏相似；《笔记》借神道劝善，相当于将治教之权统归于神
道，以一种超自然的方式实现治教合一，从而使儒家道德还原为政
治秩序，在某种意义上可算是返本溯源。

二　实用的路径：三教无异与儒家之"放失"

《笔记》虽然旨在推行儒家忠孝节义的伦理要求，其神道设教的
工具却不能得到儒家内部的明确支援。孔子"不语怪、力、乱、神"
（《论语·述而》），告诫弟子"敬鬼神而远之"（《论语·雍也》），
"未能事人，焉能事鬼"（《论语·先进》），对鬼神问题抱持存而不

---

① 程子曰："仲尼只说一个'仁'字，孟子开口便说'仁义'。仲尼只说
一个'志'，孟子便说许多'养气'出来。只此二字，其功甚多。"朱熹集注，
陈戊国标点，《四书集注·孟子序说》，前揭，页289。

论的态度。后世儒家在理论上也基本继承了这种对待超自然事物的理性清明的立场。至于佛教，自其入华之后，儒家学者便有辟佛卫道之论；宋明时期，儒士"排佛范围之广、程度之深，为历代所未有"，① 此后辟佛已成风尚，更毋论报应轮回一类非常可怪之说。

　　《笔记》既以神道设教，就不能不正视儒家对神道的淡漠乃至排斥的态度，力辩神道不诬。神道作为超自然事物，只能诉诸信念，而难以成为普遍经验。纪昀认为，"天下之理无穷，天下之事亦无穷，未可据其所见，执一端论之"；② 宋儒讲格物，于事事物物上求"理"，"每于理所无者，即断其必无。不知无所不有，即理也"。③ 既"无所不有"，则鬼神、轮回之类当有之。"轮回之说，儒者所辟，而实则往往有之，前因后果，理自不诬。"④ 《笔记》载录的不少故事显示，轮回之说，可从具体事件的因果关系中得到解说，故而有"理"。从《笔记》设教的角度看，此"理"也可理解为有益于风教的实用之"理"。

　　　　儒者见诪渎之求福，妖妄之滋惑，遂断断持无鬼之论，失
　　　先王神道设教之深心，徒使愚夫愚妇，悍然一无所顾忌。(《阅
　　　微草堂笔记·滦阳消夏录（四）》)

　　《笔记·槐西杂志（四）》载录的一则故事更形象地说明了无鬼之论的后果。尝有人见一儒生死后痛悔为其师所误：

　　　　吾师日讲学，凡鬼神报应之说，皆斥为佛氏之妄语。吾信
　　　其言，窃以为机械能深，弥缝能巧，则种种惟所欲为，可以终

① 　奚刘琴，《宋明儒士排佛思想探微》，载《宗教学研究》，2010 年第 3 期。
② 　《阅微草堂笔记·滦阳续录（三）》。
③ 　《阅微草堂笔记·滦阳消夏录（六）》。
④ 　《阅微草堂笔记·滦阳消夏录（四）》。

身不败露；百年之后气反太虚，冥冥漠漠，并毁誉不闻，何惮而不恣吾意乎！不虞地狱非诬，冥王果有。

无鬼之论误人一至于此，令人机巧日深而无所顾忌，以为"人不及知之处，即可为所欲为耳"。[1]

儒家固然讲慎独，但慎独即便在好学笃行者也是艰难功夫，对下愚之人来说，反不如纪昀"鬼神忌隐恶"[2]"巧者，造物之所忌。机械万端，反而自及，天道也"[3] 一类的告诫来得真切可畏。故"《六经》具在，不谓无鬼神"。[4] 从神道设教的角度看，轮回、鬼神当有因而必有。故纪昀在《笔记》中一再攻讦朱子后学的无鬼之论。[5] 他当然知道，朱子未尝言无鬼，[6] 所谓朱子无鬼说不过是未能好学深思的儒家学者的误读，[7] 但由于他要借鬼神以示劝惩，就必须明言鬼神确有，故不满于宋儒在鬼神问题上的模糊态度。[8]

虽然神道不诬，但因果轮回、鬼神仙狐毕竟是释、道二教的信仰资源，而儒、释、道三教，尤其儒、佛二教互诋已久，故纪昀有必要进一步申说三教无异。

---

① 《阅微草堂笔记·如是我闻（四）》。
② 《阅微草堂笔记·滦阳消夏录（一）》。
③ 《阅微草堂笔记·滦阳消夏录（二）》。
④ 《阅微草堂笔记·槐西杂志（四）》。
⑤ 例如，《阅微草堂笔记·滦阳消夏录（一）》记文士死后为鬼，与二老儒戏谈无鬼论并程朱学说；《滦阳消夏录（四）》记冥吏讽死后老儒曰："先生平日持无鬼论，不知先生今日果是何物？"
⑥ 《阅微草堂笔记·槐西杂志（四）》。
⑦ 据方旭东研究，二程、朱子等宋儒在鬼神问题上继承孔子存而不论的态度，并不明确否认鬼神存在。参方旭东，《道学的无鬼神论：以朱熹为中心的研究》，载《哲学研究》，2006 年第 8 期。
⑧ 《阅微草堂笔记·槐西杂志（四）》引朱子"谓人秉天地之所生，死则散还于天地"，质疑其与儒家祭祀之典相悖，于是有"儒家之鬼，临时凑合耳"之讥。

儒以修己为体，以治人为用；道以静为体，以柔为用；佛以定为体，以慈为用。……至教人为善，则无异，于物有济，亦无异，其归宿略同，天固不能不并存也。然儒为生民立命，而操其本于身；释道皆自为之学，而以余力及于物。故以明人道者为主，明神道者辅之，……盖儒如五谷，一日不食则饿，数日则必死。释道如药饵，死生得失之关，喜怒哀乐之感，用以解释冤愆、消除怫郁，较儒家为最捷；其祸福因果之说，用以悚动下愚，亦较儒家为易入。（《阅微草堂笔记·滦阳消夏录（四）》）

三教无异的基础是"教人为善""于物有济"，这正是纪昀著书的宗旨。《笔记》对释、道二教的解说，也是从这一角度入手："佛氏所谓善恶，与儒无异；所谓善恶之报，亦与儒无异也"（《滦阳消夏录（二）》）；"增修善业，非烧香拜佛之谓也，孝亲敬嫡，和睦家庭，乃真善业耳"（《槐西杂志（二）》）；"夫福以德基，非可祈也；祸以恶积，非可禳也。苟能为善，虽不祭，神亦助之；败理乱常，而渎祀以冀神佑，神受赇乎?"（《槐西杂志（三）》）所谓三教无异，其实是在人道统神道的前提下，承认三教各有所长，折中三教，以儒为主，释、道辅之，通过将儒家的善恶标准立为三教的共同标准，借助释、道二教的因果轮回、鬼神仙狐等信仰来"解释冤愆、消除怫郁""悚动下愚"，从而达成儒家的"治人"之用。

可是，既然三教无异，"幽明一理，何分儒与佛乎"![1] 三教，尤其儒佛二教，何以相争不息呢?《笔记》的回答是"盖三教之放失久矣"：

儒之本旨，明体达用而已。文章记诵，非也；谈天说性，亦非也。佛之本旨，无生无灭而已。布施供养，非也；机锋语

---

① 《阅微草堂笔记·槐西杂志（一）》。

录，亦非也。道之本旨，清净冲虚而已。章咒符录，非也；炉火服饵，亦非也。（《姑妄听之（三）》）

据此，"三教之放失"，相当程度上是三教功利化的结果。如道教（家），本旨在清净无为，修道者须寡欲累德、"内绝世缘，外积阴骘"，而后可以长生不死、列名仙籍。① 但修道者良莠不齐，未必都能守其本旨，于是有以"炉火服饵"求长生飞升，以"章咒符录"而"炫术鬻财"（同上）。一旦修道有利可图，则非其人而修道者日众，道士遂成为一种谋利的职业，离"道之本旨"就更远了。至于佛家，如纪昀在《笔记》中所论，"失其初旨，不以善恶为罪福，而以施舍不施舍为罪福"（《槐西杂志（四）》），与道家（教）功利化的情形相似。② 儒家同样如此。《笔记·滦阳消夏录（三）》中读书之狐谓"惟唐以前，但有儒者。北宋后，每闻某甲是圣贤，为小异耳"。这当然是寓言，不免过激。但为何必以唐、宋言？这从寓言之后的议论可略知：

> （何励庵）先生尝曰：以讲经求科第，支离敷衍，其词愈美而经愈荒；以讲经立门户，纷纭辩驳，其说愈详而经亦愈荒。语意若合符节。

科举取士始于隋，成于唐，开启了儒家的职业化和规模性的功利化。宋以后，讲学之风日盛，"宋、明讲学，得师道之益"，③ 但"人人皆可以空谈"，④ 流而为俗，学者赖之以成名，赖之以为生，

① 《阅微草堂笔记·姑妄听之（三）》。

② 纪昀的这一见解，在明清之际的世情小说如《金瓶梅》《红楼梦》等中都有反映，应该也是当时的一般认识。

③ 赵尔巽等，《清史稿·儒林传·叙》，北京：中华书局，1977，页13099。

④ 《阅微草堂笔记·滦阳消夏录（一）》。

于是有荒疏之弊、门户名利之患。因此，所谓"惟唐以前，但有儒者"，其实是就科举、讲学两途所标识的儒家的功利化而发。儒家之"放失"，正在于此：以"文章记诵"求科举，以"谈天说性"为讲学。三教既已"放失"异化而成名利场域，就不免于利益之争。纪昀指出，佛、儒"本可以无争，徒以缁徒不胜其利心，妄冀儒绌佛伸，归佛者檀施当益富；讲学者不胜其名心，著作中苟无辟佛数条，则不足见卫道之功"，"然两家相争，千百年后，并存如故；两家不争，千百年后，亦并存如故也"。① 儒与佛争，不过如耕耘者"舍其耒耜，荒其阡陌，而皇皇持梃荷戈，日寻侵越攘窃者与之格斗，即格斗全胜，不知己之稼穑如何也"（同上），终究是失其本旨、荒其本业。

如果说《笔记》论三教无异是在儒家外部为神道设教寻求支持，其驳议儒家之"放失"则是试图在儒家内部清扫其说教的障碍。纪昀尝言"盖明自万历以后，儒者早年攻八比，晚年讲心学，即尽一生之能事，故征实之学全荒也"，② 即是检讨以科举、讲学为代表的儒家之"放失"。他不仅借爱堂先生寓言讥诋学究所读八股文章面目可憎，"字字化为黑烟"，"实未见光芒"，③ 更着力嘲讽攻击"讲学家"。如叶适所论："朝廷开学校，建儒官，公教育于上，士子辟家塾，隆师友，私淑艾于下，自古而然矣。"④ 是讲学得师道之传，培养人才，以补国家公共教育之不足，本无可诋。《笔记》所批评的，主要是好空谈性理之学以求讲学之名的俗儒，⑤ 至于"笃信洛闽而

---

① 《阅微草堂笔记·槐西杂志（四）》。

② 《阅微草堂笔记·槐西杂志（二）》。

③ 《阅微草堂笔记·滦阳消夏录（一）》。

④ 叶适，《辩兵部郎官朱元晦状》，《叶适集·水心文集》卷二《状表》，北京：中华书局，1961，页 17–18。

⑤ 如《阅微草堂笔记·姑妄听之（三）》中批注官方理学典籍《性理大全》的"讲学者"。

不骛讲学名""内行醇至"的"粹然古君子",则不在此列。① "儒之本旨",在"明体达用"、修己治人。纪昀认为"讲学家"在体、用两方面皆不足取。从修己为体的一面讲,"果为儒者,方反躬克己之不暇,安得讲学?"② 不务修身而虚谈性理,或不免为假道学。

从治人为用的一面看,《笔记》神道设教,正是彰儒家"治人"之用,故尤其关注"讲学家"在这一方面的表现。纪昀指出,"读书以明理,明理以致用",③ 而"讲学家"溺于谈天说性,高论"民胞物与"而坐视百姓饥疫不救,④ 不务实用,轻视事功,以致认为"学求闻道而已。所谓道者,曰天曰性曰心而已。忠孝节义,犹为末务;礼乐刑政,更末之末矣"。⑤ 此放失之论未免夸张,纪昀故意录之以为戒。"讲学家"不仅迂泥而不知世务,且"崖岸太甚,动以不情之论责人"。⑥ 程朱理学视儒家道德为天理性命,谓"私欲净尽,天理流行,便是仁",⑦ 其道德标准当然是很高的,但修己为体,性理之学首先是为己之学。"讲学家"一方面疏于修身,另一方面却"责人无已时",⑧ 甚至"动以一死责人"。⑨

这在《笔记》劝善的角度看来,殊失"与人为善"的治人之道。《笔记》曰:"圣人通幽明之礼,故能以人情知鬼神之情"(《如是我闻(四)》),其神道设教,亦切近人情,"愚夫愚妇"但能知畏

① 《阅微草堂笔记·槐西杂志(四)》。
② 《阅微草堂笔记·滦阳消夏录(六)》。
③ 《阅微草堂笔记·姑妄听之(四)》。
④ 见《阅微草堂笔记·滦阳消夏录(四)》载武邑某公遇狐叱一事。
⑤ 《阅微草堂笔记·姑妄听之(三)》。
⑥ 《阅微草堂笔记·槐西杂志(四)》。
⑦ 朱熹、吕祖谦撰,《朱子近思录》附录《朱子论性理》,上海:上海古籍出版社,2000,页256。
⑧ 《阅微草堂笔记·槐西杂志(二)》。
⑨ 《阅微草堂笔记·槐西杂志(三)》。

为善，即许之以善，而不苛以深文大义。① 纪昀意识到，"讲学家持论务严"，② 不只是在智识上无法理解"物各有所制，药各有所畏"的神道设教之深意，③ 在人格上无法实践"君子与人为善，固应不没其寸长"的"教人补过之道"，④ 其一味高标，更是出于一种道德上的自我陷溺，"使人甘于自暴弃，皆自沽己名，视世道人心如膜外耳"，⑤ 甚有碍于道德教化。

故纪昀载录多则"讲学家"责人过严而酿成悲剧的故事，⑥ 尤恶讲学家严某借古礼力阻青梅竹马的三宝四宝结中表婚姻而致二人离散病卒一事，斥之为"恶业"，谓"神理昭昭，当无善报"——慷他人之慨，以成己名，亦鬼神之所忌。⑦

"讲学家"作为儒学职业化、功利化的产物，一如徐干所论的"惑世盗名之徒"，自托于孔门，其言行则似是而非，"犹内关之疾也，非有痛痒苛于身，情志慧然，不觉疾之已深也。然而期日既至，则血气暴竭"，⑧ 毁人于不觉之中，对儒家事业最为有害。《笔记》极力抨击，并不奇怪。但"讲学家"动辄讲道学，引程朱，《笔记》为"警世之讲学者"，区别其所讲道学"与圣贤各一事也"（《姑妄听之（二）》），不免伤及前贤。

---

① 参《阅微草堂笔记·槐西杂志（二）》："必执《春秋》大义，责不读书之儿女，岂与人为善之道哉！"
② 《阅微草堂笔记·滦阳续录（一）》。
③ 《阅微草堂笔记·姑妄听之（四）》。
④ 《阅微草堂笔记·滦阳续录（一）》。
⑤ 《阅微草堂笔记·槐西杂志（二）》。
⑥ 如《阅微草堂笔记·滦阳续录（五）》载某讲学家尝指小婢配小奴，后恶其往来越礼而稽其婚期、隔绝二人，致二人郁悒而死。
⑦ 《阅微草堂笔记·姑妄听之（一）》。
⑧ 徐干，《中论》卷下《考伪第十一》。王符、荀悦、徐干等撰，龚祖培等校点，《潜夫论 申鉴 中论 中说 颜氏家训》，沈阳：辽宁教育出版社，2001。

从《笔记》看，纪昀对宋儒的态度比较复杂。清代思潮是"对于宋明理学之一大反动"。① 虽然康熙帝升格朱子配祀孔庙十哲之次，表彰程朱理学，但并未确立其官方意识形态地位，② 民间提倡实学、反对宋学的声势日盛，并"标出'汉学'名目与之抵抗。到乾隆朝，汉学派殆占全胜"，标志之一就是开四库馆。③ 纪昀主持四库，自然被归为汉学派之列。④ 他也尝言"汉儒之学务实，宋儒则近名，不出新义，则不能耸听"。⑤ 这倒不必视为门户之论。"其实清儒最恶立门户，不喜以师弟相标榜，凡诸大师皆交相师友"，⑥ 诸儒遵孔子"君子不党"（《论语·卫灵公》）之教，"好古敏求，各造其域，不立门户，不相党伐"。⑦ 纪昀本人亦不爱"标榜门户"⑧ ——故《笔记》力诋结党躁竞之习，谓之"小人之交"（《滦阳消夏录（四）》）。对宋明儒门户朋党之祸，亦多有批评，惜其"骛虚名而受实祸"。⑨

---

① 梁启超，《清代学术概论》，上海：上海古籍出版社，2005，页3。

② 参赵刚，《权宜之计：康熙五十一年朱熹升配孔庙十哲之次的政治史发覆——兼论钱穆、葛兆光先生有关康熙时代思想专制的诠释》，载《华东师范大学学报（哲学社会科学版）》，2015年第1期。赵文还指出，"康熙的所谓尊朱不过是一出有名无实的礼仪宣示，他本人并不认为理学义理是无可改变的权威"。

③ 梁启超，《清代学术变迁与政治的影响》（中），氏著，《中国近三百年学术史》，上海：上海古籍出版社，2014，页21。

④ 梁启超，《清代学术概论》，前揭，页4。

⑤ 《阅微草堂笔记·槐西杂志（二）》。

⑥ 梁启超，《清代学术概论》，前揭，页4。

⑦ 赵尔巽等，《清史稿·儒林传·叙》，前揭，页13100。

⑧ 见盛时彦，《〈阅微草堂笔记〉原序》，国学迷网，http：//www. guoxuemi. com/a/1193r/29138b. html。

⑨ 见《如是我闻（四）》相关论载。又，《槐西杂志（二）》载鬼争朱、陆异同，谓："门户之祸，乃下彻黄泉乎？"

　　与《笔记》神道设教的实用立场相应，纪昀"不喜以心性空谈"，[①] 更亲近清代兴起的经世致用之学，[②] 对理学"谈天说性"比较隔阂，《笔记》亦谓"圣贤言语，本不艰深，口相授受，疏通训诂，即可知其义旨"（《滦阳消夏录（三）》），对洛、闽诸儒发明义理似不大以为然，甚至有"撑眉努目"之讥。[③] 诸如此类，多是出于"与人为善"的说教立场有激而言，如《笔记》评东林党祸，不过是"责备于贤者"（《如是我闻（四）》）。

　　事实上，纪昀对汉、宋儒学术基本上持公允之论，谓二者"计其得失，亦复相当"。[④] 他的说教所体现出的道德敏感，也显示其对理学有相当认同。这从他对当时反理学最力的戴震学说的态度可略见。据章太炎所述，纪昀见戴震《原善》《孟子字义疏证》，"攘臂扔之，以非清净洁身之士，而长流污之行"。[⑤] 纪昀晚年始著《笔记》，其时距《孟子字义疏证》完成已十余年。[⑥] 他与戴震素有交往，《笔记》载录的几则戴震的见闻议论，却都是有关鬼神狐怪的，绝不涉及戴震的学说。他虽然不满于"宋儒事事言理"，[⑦] 并倡言"饮食男女，人生之大欲存焉"，[⑧] 以常情常理平衡、中和理

　　① 见盛时彦，《〈阅微草堂笔记〉原序》，前揭。
　　② 这不仅从《笔记》的取向可知，从纪昀赞永嘉学者"有体有用"亦可见。纪昀总纂，《四库全书总目提要·浪语集》，石家庄：河北人民出版社，2000，页4126。
　　③ 《如是我闻（四）》。讥宋儒，或为"讲学家"言。
　　④ 《阅微草堂笔记·滦阳消夏录（一）》。
　　⑤ 章太炎，《释戴》，傅杰编校，《章太炎学术史论集》，前揭，页357。
　　⑥ 《孟子字义疏证》于1777年完成。见戴震著，何光文整理，《孟子字义疏证·点校说明》，北京：中华书局，1982。《孟子字义疏证》成书时纪昀已53岁，处于思想成熟期。按《阅微草堂笔记》之《出版说明》，《笔记》于1789至1798年陆续写成。
　　⑦ 《阅微草堂笔记·滦阳消夏录（二）》。
　　⑧ 《阅微草堂笔记·滦阳续录（五）》。按：此语出自《礼记·礼运》。

学严格的道德要求，但从《笔记》看，他绝不可能同情戴震的"理存乎欲"之说，① 更毋论其"以理杀人"的惊人之谈（戴震《与某书》，同上）。即便章太炎评程朱理学"本以饬身"而戴震专以言政的持平之论（戴震《与某书》，同上），纪昀也未必赞同，故章氏有"纪昀以来，负戴震之法度"一说（同上，页 357）。事实上，忠孝节义之中，《笔记》特重节、孝，直言"程子谓饿死事小，失节事大，是诚千古之正理"（《滦阳续录（一）》），对于理学倡导的妇女贞节颇为留意，着墨甚力，士人气节之例反不赘述。②

综言之，纪昀本倾向务实之论，《笔记》也是基于为"愚夫愚妇"设教的实用立场，故对理学尤其是其后学之"放失"有微词。如《笔记》自题诗"传语闽洛门子弟，稗官原不入儒家"所言，此稗官小说"与人为善"而"责备贤者"，本只是为不能读书明理者而作，并不打算入于儒家君子修身之门。

---

① 戴震，《孟子字义疏证》卷上《理》。见戴震著，何光文整理，《孟子字义疏证》，前揭。

② 这与当时社会风尚或不无关系。按：周公制礼纲纪天下，二礼（《周礼》《仪礼》）主要规范参与社会政治活动的士人男子。孔子只讲君臣父子夫妇；孟子"五伦"不过说夫妇有别。曾子言"士不可以不弘毅"（《论语·泰伯》），孟子教人"养浩然之气"（《孟子·公孙丑上》），讲"富贵不能淫，贫贱不能移，威武不能屈"（《孟子·滕文公下》），倡导的都是士君子的气节。孔孟之道的宣讲对象，主要是参与社会政治活动的男子，只有他们的行为，才能真正影响社会政治秩序。三纲五常之说，至董仲舒、马融始有；后程子（伊川）讲"饿死事极小，失节事极大"（《二程遗书》卷二十二），经儒家学者附和发挥，加以复杂的社会政治因素，儒家道德大任遂由不能参与社会政治活动的女人分担，道德标准不可谓不高，然而宋、明亡于异族，清末遭列强之辱，莫非气节之任所托非人？

余 论

"天道无亲，常与善人",① 中国自古便有善善恶恶的"天道"观念。古人云，"天视自我民视，天听自我民听"（《尚书·泰誓》），相信"天因民以视听"②，民之好恶，"天"必应之，"天"之所以奖善罚恶，乃在于人心无不愿善恶有报。所谓"天道"，根本上是人的正义观念的反映。故孔子至圣，尝言"人不知而不愠，不亦君子乎"（《论语·学而》），但也不甘幽于闾巷，"疾没世而名不称焉"（《论语·卫灵公》），教弟子"君子去仁，恶乎成名"（《论语·里仁》）。孔子之教，虽然修身为本，但不悖常情，不禁名欲。善而无报，实至而名不归，即圣人也不乐见，只不过圣人"求仁得仁"而不怨悔。③

太史公则不能无怨。《史记·伯夷叔齐列传》谓伯夷、叔齐饿死，颜回贫困早夭，盗跖却以寿终，此类"积仁洁行"而遭遇灾祸、"操行不轨"而"终身逸乐"之事，不可胜数。虽然太史公以为"举世混浊，清士乃见"，人各从其志，不当以祸福避趋，但不能不质疑"天道"，也不能没有怨愤④——乃对善恶无报有所不甘。

正是这种不甘背后对善恶本应有报的期待，使明儒徐光启转向具有神道设教色彩的基督教。徐光启认为，"如果一个人不相信其善

---

① 见《老子》第七十九章、司马迁《史记·伯夷列传》、刘向《说苑·敬慎》。又，《说苑·谈丛》："为善者天报以德，为不善者天报以祸。"

② 见孔安国注"天视自我民视，天听自我民听"。《尚书正义》（李学勤主编，《十三经注疏》标点本），前揭，页277。

③ 参《论语·述而》孔子论伯夷、叔齐。

④ 参金圣叹评："余甚惑焉，傥所谓天道，是邪？非邪？"金圣叹选批，唐文吉注释，《金圣叹评点才子古文》，北京：线装书局，2007，页121。

行在来生会得到报偿，那么（如颜回、盗跖无报一类的）不公将会令其绝望"。① 基督教的末日论承诺善恶终将有报，是徐光启皈依基督教的一个重要原因："人在尘世的行为将会影响其终极命运。"（同上）正是在此意义上，他主张以基督教"补充儒教"（同上，页50），凸显了儒家道德教育中传统"天道"正义报偿缺位的问题。

纪昀著《笔记》，以神道设教，显示"忠孝节义，殁必为神。天道昭昭，历有证验"（《滦阳消夏录（五）》），试图将"天道"正义报偿植入儒家道德教化，正是对这一问题的回应。只是他并不信任舶来的基督教，② 而是寄托于更有民间信仰基础的道教和为徐光启所否定的佛教。③ 宋明之际，儒学在排佛的同时也援佛入儒，成就了独特的心性义理之学。④ 纪昀则缺乏理论兴趣，不喜谈心性，对佛、道二教的借鉴，主要在于其祸福因果之说有助于在儒家道德与"天道"正义之间建立直接联系。他以一种务实的方式折中儒、释、道三教，使佛、道二教的神道工具为儒家道德教化所用，以神道证实"天道"，从而以神道正义赋予儒家道德善善恶恶的承诺。《笔记》的三教无异之说较之宋明儒学，与异教的融合实际上更为表面，因而也更容易剥离。这与《笔记》设教的实用立场显然不无关系。

---

① Jong D. Young, *Confucianism and Christianity：the First Encounter*，香港：香港大学出版社，1983，页49。

② 参《阅微草堂笔记·槐西杂志（三）》："案欧罗巴书不取释氏轮回之说，而取其天堂地狱，亦谓善恶不相抵，然谓善恶不相抵，是绝恶人为善之路也。"

③ 徐光启当然"意识到佛教也承诺来生的报偿和惩罚，但是佛教也告诉其信徒要否弃此世"。同时，他认为，"佛教在中国已发展了超过一千五百年，却无助于提升人的道德"。Jong D. Young, *Confucianism and Christianity：the First Encounter*，前揭，页49、50。

④ 参奚刘琴，《宋明儒士排佛思想探微》，前揭。

纪昀意识到，"神道可以助教，而不可专以为教"。①《笔记》以
"药饵"喻释、道，谓"特中病则止，不可专服常服，致偏胜为患
耳"（《滦阳消夏录（四）》），即是基于神道之论可能陷人于"诡
谩"的认识。② 故《笔记》讲三教无异，申明以儒为主，释、道辅
之。通过以人道统神道，以儒家道德主导下的人事替代二教的斋醮
祈禳、烧香拜佛等涉于迷信的神事，公开神道据以赏罚的标准，使
神意不再神秘玄虚而可放心测度，《笔记》欲使其道德说教得神道之
利而规避其害，力图在一定程度上保持儒家的清明务实。但是，《笔
记》既以鬼神仙狐、因果轮回等悚动下愚之人，就在他们心中播下
了对于这些超自然事物的想象和恐惧，以及对于超自然的报偿和回
应的臆揣。③

诸如此类，不仅为儒家专注的现世生活罩上了死后和来世的阴
影，更有可能成为迷信的根源。④ 当然，《笔记》以福祸利害劝人，
本就难免于迷信的危险，因为"迷信的主要受害者正是那些热衷现
世利益的人"（同上，页4）。况且，慑服于神道的人，也更容易亲
近佛、道二教，《笔记》的说教，不过是坐收二教传播之利而已。

如纪昀所言，《笔记》的说教对象，只是那些无力在一个善恶不
必有报的世界遵循儒家道德规范的人。至于"与命与仁"的君子，

————————

① 见孔颖达疏《左传》昭公七年："国无政，不用善，则自取谪于日月
之灾。"《春秋左传正义》（李学勤主编《十三经注疏》标点本），前揭，页
1242。

② 《姑妄听之（四）》："大抵无鬼之说，圣人未有，诸大儒恐人诡谩，故
强造斯言。"

③ 从《笔记》看，纪昀自己对神道也有相当信仰。如《滦阳消夏录
（一）》载其在乌鲁木齐为鬼魂发官牒事、在福建试院见木魅事，等等。

④ 关于此问题，斯宾诺莎曾有讨论。参 Benedict de Spinoza, *A Theological-
political Treatise and a Political Treatise*, translated with an introduction by R. H. M.
Elwes, New York：Dover Publication, Inc., 1951, pp. 3–5。

自然可以自行其是，持守儒家一贯清明理性的修身之道。但《笔记》"责备贤者"，指儒家之"放失"，就对儒家君子提出了一个如何"治人"的问题。儒学本于师氏之守，推己及人，修己、治人兼而论之，并非自为之学。且儒家讲"五伦"，其道德要求有群体性，个体的优异性是在人伦关系中表现的。在此意义上，《笔记》似不只限于对所谓的下愚者言。

（作者单位：广州市社会科学院）

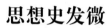

思想史发微

廊下派如何缔造"世界主义"?

徐健 撰

在人类历史上,世界主义称得上是一股强劲的思潮。它源远流长,据说早在荷马史诗中就已露端倪。[①] 但严格说来,其真正的源头应当追溯至古希腊晚期至罗马时代。在希腊古典时期,无论是在希波战争中崛起的雅典,还是伯罗奔半岛战争后相继坐大的斯巴达和忒拜,终究无力结束泛希腊城邦破碎的政治状态。直到同属于泛希腊世界的马其顿王国借势崛起,希腊各城邦才先后在腓力二世和亚历山大三世的强大武力干涉下逐渐走向统一,并将战火引向希腊的东方宿敌波斯帝国,最终,亚历山大大王开创了西方历史上第一个帝国。这个帝国横跨欧亚非,覆盖诸多不同的种族和文化,可谓"普世"帝国。与此同时,一股世界主义思潮开始真正地凝聚成形、

[①] H. C. Baldry, *The Unity of Mankind in Greek Thought*, New York: Cambridge University Press, 1965; A. A. Long, "The Concept of the Cosmopolitan in Greek & Roman Thought", *Daedalus*, 2008 (3), pp. 50 – 58.

拔地而出，并逐渐席卷"天下"。尽管亚历山大或许有意缔造一个"大一统"的政治单位，但毕竟在他突然早逝之后，希腊帝国由于尚未形成中央集权建制而旋即一分为三，重新回到"三国志"式的混战局面。① 当最后一个希腊化国家托勒密王国被奥古斯都剪灭后，寓居泛希腊世界之外的罗马在希腊语作家的"天下想象"的推动下，② 接续亚历山大的未竟事业，再次统一希腊，并打造了一个制度设计较完备从而历时久远的天下帝国。帝国更替为世界主义的传播和推进提供了极为有利的政治条件，因为此时，兼容并蓄的罗马帝国似乎在某种意义上就是世界主义理想的现实版本。

不论亚历山大创造帝国时心中是否怀有一种自觉的世界主义观念，③ 他所仰慕并拜访过的犬儒第欧根尼（Diogenes the Cynic）确实是最早持有这种观念的人。也正是由于与犬儒派的师承关系，廊下派才能够系统地构建出一种世界主义理论。截至目前，学界研究廊下派的世界主义主要有两种进路。第一，关于宇宙城邦（cosmos-city）的主题，主要针对罗马廊下派的相关思想。根据这类研究，整个宇宙或世界是一个真正的城邦或国家，其中所有公民彼此平等，不论其出身、性别和文化有何差异。④ 廊下派的这种世界主义有时

---

① 刘小枫，《亚历山大与西方古代的"大一统"》，《海南大学学报（人文社会科学版）》，2017（2），页1–10。

② 刘小枫，《亚历山大与西方古代的"大一统"》，前揭，页10–14。

③ 相关学术争论见 M. H. Fisch，"Alexander and Stoics"，*The American Journal of Philology*，1937（2），pp. 129–151；W. W. Tarn，"Alexander, Cynics and Stoics"，*The American Journal of Philology*，1939（1），pp. 41–70；H. C. Baldry，*The Unity of Mankind in Greek Thought*，ibid.，pp. 113–166。

④ 尤参 K. M. Vogt，*Law, Reason, and the Cosmic City: Political Philosophy in the Early Stoa*，New York：Oxford University Press，2008；G. R. Stanton，"The Cosmopolitan Ideas of Epictetus and Marcus Aurelius"，*Phronesis*，1968（2），pp. 183–195。

被视为对普遍的人道或义务的肯定，能够促使人去追求"全人类的善"。① 第二，有关圣贤城邦（city of sages）的研究，指向廊下派创始人——基提翁的芝诺的《政制》（Zeno of Citium，Πολιτεία）。通常的解释表明，芝诺就像柏拉图那样，以斯巴达政制为模版，构想了一个由圣贤共同组成的理想国，其中无需设立那些传统的政治机构、教育制度、文化制度等。② 两种研究路径容易使读者误认为廊下派持有两种不同的世界主义立场，但本文将要论证，早期的圣贤城邦与后期的宇宙城邦尽管有所区别，但在城邦治理以及圣贤在治理过程中的关键作用上，却共享同一套原则，并且都是对世界所作的不可实现的"真实"描述。为此，本文将首先讨论作为廊下派世界主义之共同源泉的犬儒世界主义。

一　超越犬儒派的世界主义：从"消极型"到"积极型"

约公元前 312 年，亚历山大驾崩后的第十一年，二十岁出头的芝诺为贩售紫袍，从小亚细亚的腓尼基，渡海前往当时的西洋文明中心——雅典的比雷埃夫斯港。尽管这票生意最终因货船意外失事而告吹，但芝诺并未因此抱怨无常的命运。他在抵达雅典后于一家

---

① 最著名的研究如 M. C. Nussbaum，"Kant and Stoic Cosmopolitanism"，*The Journal of Political Philosophy*，1997（1），pp. 1 – 25；努斯鲍姆，《欲望的治疗：希腊化时期的伦理理论与实践》，徐向东、陈玮译，北京：北京大学出版社，2018，页 349 – 352。

② 有三种代表性解读，其中反律法主义解读见 M. I. Finley，"Utopianism Ancient and Modern"，*The Use and Abuse of History*，London：Hogarth，1975，p. 188；修正主义解读参见 A. Erskine，*The Hellenistic Stoa：Political Thought and Action*，London：Cornell University Press，1990，pp. 18 – 27；共产主义解读参见维尔德特，《芝诺〈政制〉与自然法起源》，徐健译，见程志敏、徐健选编，《廊下派的苏格拉底》，北京：华夏出版社，2020，页 1 – 54。

书店中歇息。大概是因为自幼痴迷圣贤苏格拉底，他捧起色诺芬的《回忆苏格拉底》来读，读到第二卷时，他迫不及待地要去寻觅书中所描述的那种人。此时克拉特斯（Crates）刚好路过，经书商指引，芝诺欣然舍弃家业，跟从这位大犬儒开始学哲学。① 考虑到克拉特斯的非正式业师乃第欧根尼，而第欧根尼又师从苏格拉底的犬儒门生安提司忒涅斯（Antisthenes），② 我们可以建立一个重要的师承谱系：苏格拉底—安提司忒涅斯—第欧根尼—克拉特斯—芝诺。那么，芝诺到底从犬儒那里学到了什么本领呢？

据拉尔修《名哲言行录》记载，

> 有人问他［第欧根尼］从哪里来，他说："我是世界公民（κοσμοπολίτης）。"③

κοσμοπολίτης由两个术语复合而成：κόσμος［宇宙、乾坤、世界］、πολίτης［邦民、公民］。由此或可推测，"世界公民"（citizen of the cosmos/world）或"世界主义者"（cosmopolitan）的概念源于第欧根尼。拉尔修还说，第欧根尼以肃剧的形式这样描述自己："无国则无城（ἄπολις）、无家，日复一日似一个乞丐、一个流浪汉那样过

---

① 芝诺的求学轶事可参 Diogenes Laertius, *Lives of Eminent Philosophers*, edited with Introduction by T. Dorandi, Cambridge：Cambridge University Press, 2013, 7.2 – 3, 7.31；中译本参第欧根尼·拉尔修，《名哲言行录》，徐开来、溥林译，桂林：广西师范大学出版社，2010。比较 Themistius, *Orations*, XXIII 295, 见 H. von Arnim, *Stoicorum Veterum Fragmenta*, Leipzig：K. G. Saur Verlag, 1903 – 1924, 1.9。亦参 F. H. Sandbach, *The Stoics*, 2nd Edition, London：Bristol Classical Press, 1989, pp. 20 – 27.

② Diogenes Laertius, *Lives of Eminent Philosophers*, ibid., 6.2, 6.21, 6.85, 6.93.

③ Diogenes Laertius, *Lives of Eminent Philosophers*, ibid., 6.63.

活。"① 将两段文本结合起来看就不难发现，ἄπολις 并非像少数学者所认为的那样与 κοσμοπολίτης 相对，从而反映出第欧根尼所谓的"世界公民"具有积极内涵;② 相反，他的世界主义是"否定性的"，也就是"反律法主义的"（antinomian）。据说，第欧根尼也撰写过一部以"政制"为名的著作，并且可能在其中最为集中地嘲讽了城邦（πόλις）的政治生活:

> 万物都属于诸神;诸神是智者的朋友;朋友之间有物共享。所以，万物都属于智者。关于法律，他主张:没有法律，也就没有城邦生活;没有城邦，也就没有文雅（ἀστείου）的用处;城邦是文雅的，并且没有城邦就没有法律的用处;所以，法律是文雅的。他会嘲笑高贵的出身、声望（δόξας）等所有这类东西，说它们是用来掩饰邪恶的东西。他说，唯一真正的政制（πολιτείαν）是宇宙中的那个。他还主张女人应当共有，认为婚姻只是那进行说服的男人和被说服的女人共同生活，因此儿子也应当是共有的。

> 在他看来，从神庙里偷东西或吃任何动物的肉都不是荒诞不经的事，甚至尝尝人肉也不是不圣洁的事，这从一些外邦的习俗中显示得很清楚……他轻视诸如音乐、几何学、天象学之类的东西，因为这些东西既无用处，也无必要。③

---

① Diogenes Laertius, *Lives of Eminent Philosophers*, ibid. , 6. 38.

② 比如 M. L. Moles, "Cynic Cosmopolitanism", *The Cynics*: *The Cynic Movement in Antiquity and Its Legacy*, edited by R. B. Branham & Marie-Odile Goulet-Cazé, Berkeley, Los Angeles, London: University of California Press, pp. 105 – 120; J. Sellars, "Stoic Cosmopolitanism and Zeno's *Republic*", *History of Political Thought*, 2007（1）, pp. 4 – 5。

③ Diogenes Laertius, *Lives of Eminent Philosophers*, ibid. , 6. 72 – 73, 亦参 6. 103。

然而，其中关于法律和政制的观点，似乎不符合我们对第欧根尼世界主义所作的判断。按文本中的说法，第欧根尼像是非常关心法治和（最佳）政制的问题。不过，正如我们将会看到的，拉尔修的这篇文字，与他对芝诺《政制》所作的记述之间高度相合。因此，并非没有可能的是，这篇文字在某些方面具有廊下派的痕迹。据考证，在关于法律的三段论中，第欧根尼原本是为了驳斥某些思想对手，他们只反感城邦及其礼仪，而主张法治不可或缺；而关于政制的说辞，无非是对 κοσμοπολίτης［世界公民］的廊下派式转化，第欧根尼的意思只可能是，他真正属于的地方只有宇宙本身。换句话说，他仅仅利用了"公民"含义中的"属于"要素，而去除了政治共同体或政制的要素。① 总之，第欧根尼的世界主义依旧具有反律法主义的本质，其书名"政制"本就是对作为传统政治术语的"政制"的戏谑式改用。也正是在这个意义上，克拉特斯宣称自己是"第欧根尼的公民同胞"——亚历山大曾问克拉特斯是否想重建他那被亚历山大所毁的国，克拉特斯说没有必要，因为"屈辱（ἀδοξίαν）与贫穷是他的不为命运女神践踏的国，他是抵挡复仇女神之阴谋的第欧根尼的公民同胞（πολίτης）"。② 克拉特斯的这种世界主义集中地反映在某部肃剧中，他这样写道：

> 我的国非一塔楼、一屋舍，
> 整个大地就是壁垒和广厦，
> 预备给我等度过一生。（同上，6.98）

---

① 详参斯科菲尔德，《廊下派的城邦观》，徐健、刘敏译，北京：华夏出版社，2016，页182–183、192–195。

② Diogenes Laertius, *Lives of Eminent Philosophers*, ibid., 6.93.

世界主义规定着犬儒的生活方式。这种生活方式显得极为乖张怪诞，背离礼法习俗。据说，第欧根尼曾因"伪造货币"（παραχαράσσω τὸ νόμισμα）而流亡。νόμισμα指习惯所承认的东西，货币只是其中一种，因此，"伪造货币"就暗指"改变城邦的习俗"，从而极端地反衬出自然对律法的优越性，或者说个人自足和自由的重要性。① 亦如克拉特斯在一首描绘理想城邦"佩拉"（Πήρη）的打油诗中所示，理想公民或犬儒们的"口袋"（πήρη）里"有的只是百里香、大蒜以及无花果和面包。人们不会为了这些东西相互争斗，也不会为了金钱和声望而准备长矛铠甲"（同上，6. 85）。也正是凭靠自己夸张的"自然"，克拉特斯赢得了希帕基娅（Hipparchia）的芳心，并将其教育成了"佩拉"的女性公民。②

这一切就是芝诺从克拉特斯那里学到的贬低城邦生活的本领，他的那本集中阐发世界主义思想的论著——《政制》，被人戏称"写在了狗尾巴上"（同上，7. 4）。但很快，芝诺因为不满悝不知耻且缺少理论建树的犬儒生活状态而离开了克拉特斯，转而聆听麦加拉学派的斯提尔朋（Stilpo）和狄俄多若斯（Diodorus）以及老学园派的克塞诺克拉特斯（Xenocrates）和珀勒蒙（Polemon）的课，直到公元前300年左右创建了廊下派。③ 有学者考证，芝诺的《政制》很可能写于他成为珀勒蒙的学生期间或之后。④ 倘若如此，那么芝诺就是要赋予世界主义本身以明确的理论基础和思想内涵，从而构

---

① Diogenes Laertius, *Lives of Eminent Philosophers*, ibid., 6. 20 – 21, 6. 71.

② Diogenes Laertius, *Lives of Eminent Philosophers*, ibid., 6. 93, 6. 96 – 97, 亦参 6. 12。

③ Diogenes Laertius, *Lives of Eminent Philosophers*, ibid., 7. 2 – 5, 7. 16, 7. 25.

④ 详参 A. Erskine, *The Hellenistic Stoa: Political Thought and Action*, 前揭, pp. 9 – 15。

建一种"积极的"世界主义，最终超越犬儒派单纯否定性的世界
主义。

二　圣贤城邦：芝诺《政制》释义

如同第欧根尼的《政制》，芝诺的同名作品也只有辑语传世，因
此该书的详细内容已不可考。但普鲁塔克在《论亚历山大大帝的机
运或德性》中说，芝诺《政制》的"要点"在于：

> 我们不应该居住在各个城邦或民族中，它们被各自的正
> 义原则所界分，相反，我们应该把所有人（πάντας ἀνθρώπους）
> 都视为民众同胞和公民同胞，而且应该只有一种生活方式和
> 秩序（κόσμος），就像牧群一块儿吃草（συννόμου），受共同的
> 法（νομῷ κοινῷ，共同的牧场）养育。芝诺写到这儿，像是在
> 勾画哲人的一个有序政制的梦想或图景（ὄναρ ἢ εἴδωλον），但亚
> 历山大让这个理论成了现实。①

这样看来，芝诺似乎旨在构建一个由"所有人"组成的世界城
邦。但据拉尔修所述，芝诺在《政制》中说"，唯有好人才是公
民"，而其他人因为不具智慧从而是"敌人"（πολεμίους）。② 这种观
点也出现在希腊学述作家司托拜俄斯（约公元5世纪）的《读本》
中，那里有两段文字很可能是对芝诺思想所作的汇编，该文字或
许源于安提司忒涅斯，此人认为"同勇敢而正直的人结盟……同
少数好人一起去反对所有坏人，要好过与许多坏人一起去反对少

---

① Plutarch, *On the Fortune or the Virtue of Alexander*, Moralia IV, translated
by F. C. Babbitt, Cambridge, MA: Harvard University Press, 1936, 329A – B.

② Diogenes Laertius, *Lives of Eminent Philosophers*, ibid., 7. 32.

数好人"。① 那么，公敌岂能作为世界城邦的（全权）成员？不妨推
测，惯用修辞笔法的普鲁塔克，为了方便自己将芝诺的思想与亚历山
大的伟大行动勾连起来，故意以"所有人"取代了"所有智者"或其
他类似的表述。而且，即使芝诺果真使用了"所有人"这样的措辞，
他也很可能像第欧根尼那样，认为只有智者才是真正的人——第欧根
尼"曾在大白天举着灯笼到处转悠，说'我在找人'"。②

可见，只有圣贤才配称世界公民，也只有他们才能真正遵守
"共同法"，从而形成共同的生活方式和秩序。既然智慧或德性是公
民身份的唯一标准，那么，我们就能理解，芝诺在《政制》或其他
相关论著中设计理想国的具体制度时，为何会明确宣称普通教育毫
无益处，主张应取消神庙、法庭、体育场，废除货币，宣扬两性的
道德能力平等，甚至主张共产共妻乃至特殊情势下的乱伦。廊下派
思想的集大成者克律希珀斯（Chrysippus）不仅赞成老师的这些观
点，还明确鼓吹武器无用及特殊情势下的食人。根据前述可知，以
上措施基本源于犬儒派，尤其是第欧根尼。然而，我们也不难发现
它们与柏拉图《王制》《法义》之间的关联——难怪普鲁塔克略显
夸张地说，芝诺撰写《政制》是"为回应柏拉图的［同名著作］
《王制》"。③ 无论如何，芝诺与柏拉图最根本的差异在于，他反对封

① Stobaeus, *Anthologium*, 2. 93. 19 – 94. 6, 2. 108. 15 – 18; Diogenes Laertius, *Lives of Eminent Philosophers*, 6. 12；参斯科菲尔德，《廊下派的城邦观》，前揭，页 23 – 25、70 – 73。

② Diogenes Laertius, *Lives of Eminent Philosophers*, ibid. , 6. 41；参 J. Sellars, "Stoic Cosmopolitanism and Zeno's *Republic*", ibid. , p. 15。

③ Plutarch, *On Stoic Self-contradictions*, Moralia XIII: 2, translated by H. Cherniss, Cambridge, MA: Harvard University Press, 1976, 1034F. 芝诺的理想制度设计：Diogenes Laertius, *Lives of Eminent Philosophers*, 7. 32 – 33, 7. 131; Plutarch, *On Stoic Self-contradictions*, 1034B; H. von Arnim, *Stoicorum Veterum Fragmenta*, 1. 266, 1. 264, 1. 146；塞克斯都·恩披里柯，《皮浪学说概要》，崔

闭的城邦及其阶级体系，而强调所有智者是真正的公民。

根据希腊语作家阿忒奈俄斯（大约活跃于公元 200 年）在《欢宴上的智者》中的转述：

> 芝诺认为爱若斯（Ἔρωτα）是友爱（φιλίας）和自由（ἐλευθερίας）之神，也是带来和谐（ὁμονοίας）的神，此外别无其他。因此，芝诺在《政制》中说爱若斯是促进城邦安全（σωτηρίαν）的神。①

芝诺为何选择爱若斯作为圣贤城邦的守护神？或者说，爱欲如何能够生成友爱、自由、和谐以及安全？芝诺在《政制》中说过，"智者爱那样一些年轻人，他们从外表上就显示出朝向德性的禀赋"。② 从芝诺的《清谈录》（Διατριβαί）中可以看出，如同智者中既有男人也有女人，为智者所爱的"年轻人"亦不排除女性。③ 芝诺

延强译注，北京：商务印书馆，2019，3.243 - 249；塞克斯都·恩披里克，《反对理论家》，孙仲等译，北京：中国社会科学出版社，2016，页 364（11.188 - 196）。克律希珀斯的设计：Diogenes Laertius, *Lives of Eminent Philosophers*, 7.131, 7.187 - 188; Philodemus, *De stoics*, 15.31 - 16.4;《皮浪学说概要》，3.243 - 249，《反对理论家》，页 364（11.188 - 196）；Plutarch, *On Stoic Self-contradictions*, 1044F - 1045A; Cicero, *Tusculan disputations*, 1.180。关于这些设计及其与犬儒和柏拉图的具体关系，详参徐健，《芝诺〈政制〉中的"悖论"》，见《古典学研究 1：古典哲学与礼法》，上海：华东师范大学出版社，2018，页 31 - 48。

① Athenaeus, *Deipnosophistae*, 561C，见 A. A. Long & D. N. Sedley, *The Hellenistic Philosophers*, Cambridge：Cambridge University Press, 1987, 67D.

② Diogenes Laertius, *Lives of Eminent Philosophers*, ibid., 7.129.

③ 塞克斯都·恩披里柯，《皮浪学说概要》，前揭，3.245；塞克斯都·恩披里克，《反对理论家》，前揭，页 364（11.190）。K. M. Vogt, *Law, Reason, and the Cosmic City：Political Philosophy in the Early Stoa*, ibid., p.35.

就像柏拉图笔下的护卫者那样，革新了古希腊尤其是斯巴达以教化
为宗旨的男同性恋实践：无论是同性（男或女）之间，还是异性之
间，都能够拥有某种高尚的爱欲。① 年长的智者在爱上年幼者由
"相"而现的美好的"心"之后，② 便教诲对方以灵魂的上升之道。
芝诺《政制》有云，"唯有好人才是公民、朋友、亲戚和自由人"。③
因此，一旦被爱欲者有幸在一定年龄习得德性，④ 这种爱欲关系就
将终止，并萌生出一种真正平等的"自由"和"友爱"。在圣贤城
邦中，所有公民都具有道德意义上的自由，相互间没有任何的"从
属"关系，正如廊下派所说，"自由是一种独立行事的权力"。⑤ 同
时，依据廊下派的观点，这些自由人又在道德上"彼此相似"从而
彼此互爱，"即便他们没有在一起乃至没有碰巧相识"——"如果
随便一个什么地方的某位圣贤明智地动动手指，这整个被居住的世
界的所有圣贤都要受益"。⑥ 所有智者之间通过德性及其行动而彼此
同等互惠，因此他们能够和睦相处，因为在廊下派看来，"和谐是关
于共同善的知识"。⑦ 并且，也正是因为充分的友爱，巨型的智者城

---

① 柏拉图，《王制》，468b – c；斯科菲尔德，《廊下派的城邦观》，前揭，
页 65 – 69。

② 芝诺曾绘制过年轻人"真正可爱的"相，比如"耳朵要竖起以便聆听逻
各斯"，"表情要纯洁"，"举止和动作容不得半点放纵"。参 Clement of Alexandria,
Paidagogos, 3. 2. 74, 见 H. von Arnim, *Stoicorum Veterum Fragmenta*, ibid., 1. 246。

③ Diogenes Laertius, *Lives of Eminent Philosophers*, ibid., 7. 32.

④ 据阿忒奈俄斯记载，廊下派规定的是"二十八岁"；在同一个语境中，
他提到了芝诺的爱欲行为，因此，这项年龄限制可能源于芝诺。Athenaeus,
Deipnosophistae, 563E；参斯科菲尔德：《廊下派的城邦观》，前揭，页 52 – 54。

⑤ Diogenes Laertius, *Lives of Eminent Philosophers*, ibid., 7. 121 – 122.

⑥ 同上，7. 124；Plutarch, *Against the Stoics on Common Conceptions*, Moralia
XIII：2，translated by H. Cherniss, ibid., 1068F – 1069A.

⑦ Stobaeus, *Anthologium*, 2. 93. 19 – 94. 6；参马尔科姆·斯科菲尔德，
《廊下派的城邦观》，前揭，页 70 – 73、175 – 177。

邦完全实现了一种免于内乱的安全。

总之，芝诺构建了一个由天下全体圣贤组成的城邦，其治理靠的是友爱和共同法。但据现有文献记载，克律希珀斯在芝诺城邦观的基础上，利用赫拉克利特的学说，对世界重新作出构思，明确打造了一种宇宙城邦。

三　宇宙城邦：克律希珀斯及其之后

克律希珀斯在《论自然》（*Περὶ φύσεως*）中写下了一些东西，与赫拉克利特以及荷马等诗人的学说相类似。比如在第三卷中，他说：

> 由智慧者组成的宇宙是一，其公民权由神们与人们共同享有，而争战与宙斯是同样的东西，正如赫拉克利特也这么说。①

克律希珀斯的世界主义思想与赫拉克利特的"争战"学说有何关系？据赫拉克利特辑语53，"争战既是万物之父，亦是万物之王，这既证明了神们，亦证明了人们；既造就了奴隶，亦造就了自由人"。② 争战不仅区分了神们和人们，还是他们共同的父和王，此乃荷马笔下作为人神之父的宙斯的真实意涵。正是这种辩证原则启发

① Philodemus, *De pietate*, 7.12 – 8.13, 赫库兰尼姆莎草纸文献第 1428 号，古希腊语原文和英译见 D. Obbink, "The Stoic Sage in the Cosmic City", *Topics in Stoic Philosophy*, edited by K. Ierodiakonou, New York: Oxford University Press, 1999, pp. 184 – 185；中译版参奥宾克，《宇宙城邦中的廊下派圣贤》，时宵译，见程志敏、徐健选编，《廊下派的苏格拉底》，前揭，页 97 – 119。

② 译文采自刘小枫，《浑在自然之神——赫拉克利特残篇札记》，《古典研究》，2010（夏季卷），页 8。

了克律希珀斯对神－人共同体的思索。① 赫拉克利特还说，"宇宙
（*κόσμον τόνδε*，或乾坤秩序），亦即对万物万物来说同样的东西"（辑
语30）；"尽管逻各斯乃是共同的，但许多人却似以自己的智虑
（*φρόνησις*）生活着"（辑语2）。② 唯有具备真正智虑的人，才会遵守
宇宙的逻格斯或秩序这个共同的东西。由此我们可以理解，为何克
律希珀斯会说宇宙是"一"，但其成员"神们与人们"必须受到
"智慧"的限定。不过，他也对赫拉克利特的思想做出了关键推进。
诸神和圣贤具有平等的公民身份，正如《论自然》第三卷中还指出，
"好人在任何方面都无法被宙斯超越"。或者像他在别处所言的，这
两者"因其是智慧的而彼此同等互益，当其中一个受到另一个的行
动的影响时"。③ 由此，克律希珀斯表明宇宙本身可以作为一个城邦
来理解。

可见，克律希珀斯提出了一种宇宙城邦，其公民不只有智者，
还有诸神。不仅如此，他还深入阐发了作为完美城邦所需的两个支
柱之一的共同法。他说，"共同法就是那渗透万物并被等同于宙斯的
正当理性（*ὀρθὸς λόγος*）"。④ 既然共同法等于正当理性，那就意味
着，共同法的权威源于其理性的本质。另据克律希珀斯在《论法律》
（*Περὶ νόμου*）的开篇所言：

> 法律是所有神事与人事的王。它必须掌管荣耀之事与卑贱
> 之事，既作为统治者也作为引导者。因此，它还必须是正义与

---

① 斯科菲尔德，《廊下派的城邦观》，前揭，页 107 – 109。

② 译文分别采自刘小枫，《浑在自然之神——赫拉克利特残篇札记》，前
揭，页14；苗力田主编，《古希腊哲学》，北京：中国人民大学出版社，1990，
页38。

③ Plutarch, *On Stoic Self-contradictions*, ibid. , 1038CD; Plutarch, *Against
the Stoics on Common Conceptions*, ibid. , 1076A.

④ Diogenes Laertius, *Lives of Eminent Philosophers*, ibid. , 7. 88.

不义之标准，为本性是政治的动物规定他们应该做的，而禁止他们不应该做的。①

可见，作为万物之"王"或"标准"的共同法或宙斯的理性实质，最终体现于共同法或宙斯凭着"规定"与"禁止"，"统治"并"引导"政治动物过一种共同的生活。但事实上，人类中只有圣贤才是真正的守法者，亦如第二任廊下派掌事克勒昂忒斯在《宙斯颂》（Cleanthes，*Hymn to Zeus*）这篇诗作中所说，"坏人、不幸的人……曾想拥有各种善，然却不看也不听神的共同法"。②

根据传世的典籍，或许直到巴比伦的第欧根尼（Diogenes of Babylon），早期廊下派哲人始终认可克律希珀斯的宇宙城邦观。第欧根尼说，"愚人中间是不会有城邦或法律的，只有在诸神与圣贤所组成的组织结构之中才会有城邦或法律"。③ 而至稍后的西塞罗或中期廊下派时代，在罗马凭政制法律和重装步兵横扫天下的历史背景下，克律希珀斯的宇宙城邦得以改造，变得更加温和，能够覆盖诸神和全人类。西塞罗，这位深受中期廊下派的帕奈提俄斯（Panaetius）和珀赛多尼俄斯（Poseidonius）影响的政治哲人，在《论神性》中阐述廊下派神学时讲道：

> 宇宙本身是为了神们与人们而创造的，其中的事物是为了人们的享用而设计安排的。宇宙如同（quasi）是神们与人们共同的家，或者说一个属于二者的城邦。因为只有他们凭借理性

---

① Marcianus, *Institutiones*, 1, 见 A. A. Long & D. N. Sedley, *The Hellenistic Philosophers*, ibid. , 67R。

② Stobaeus, *Anthologium*, 1. 1. 12, 见 A. A. Long & D. N. Sedley, *The Hellenistic Philosophers*, ibid. , 54I.

③ Philodemus, *De rhetorica*, 3, 赫库兰尼姆莎草纸文献第 1506 号第八卷, 见 H. von Arnim, *Stoicorum Veterum Fragmenta*, ibid. , 3. 117.

而合乎正义、合乎法律地生活。①

西塞罗的这段话明显能够呼应好战者狄都谟斯（Arius Didymus，公元前 1 世纪晚期亚历山大里亚的学述作家）所述的廊下派对作为城邦的宇宙的两项界定：“一是指居住地（οἰκτήριον），二是指由其居民（ἐνοικούντων）和公民所组成的组织结构（σύστημα）。”其中，第二种意义具体指的是，

> 宇宙如同（οἱονεί）是一个由神们与人们组成的城邦，其中神们行使领导权，而人们服从之。他们结成共同体，因为他们有理性，这种理性即自然法；而且，所有其他事物都是为他们产生的。②

与西塞罗不同，狄都谟斯不仅没有在宇宙城邦中的神－人隶属关系问题上保持沉默，反而说所有人都要受诸神的领导。但既然廊下派笔下的圣贤具备完美的德性，那么我们就不妨与克律希珀斯一样认为，宇宙中的诸神和圣贤共享公民权。因此，他们共同支配着常人。如果说狄都谟斯文本确实严格区分了“公民”与“居民”，那么我们可以推测，在宇宙城邦中，圣贤和诸神是作为统治者的公民，而作为被统治者的常人则是居民或潜在的公民。③ 前引巴比伦人第欧根尼的那段文本继续讲道，圣贤“会真正地被视为将军、海

---

① Cicero, *On the Nature of the Gods*, translated by H. Rackham, Cambridge, MA：Harvard University Press, 1933, 2. 154；中译本参西塞罗，《论神性》，石敏敏译，上海：上海三联书店，2007。

② Eusebius, *Evangelical preparation*, 15. 15, 见 A. A. Long & D. N. Sedley, *The Hellenistic Philosophers*, ibid., 67L。

③ K. M. Vogt, *Law, Reason, and the Cosmic City：Political Philosophy in the Early Stoa*, ibid., pp. 91 – 93.

军司令、司库和托收代理人，同时还可以被视为其他职务的掌有者，因为，政治家必然要拥有所有这些事务的知识"。①

也正是在罗马共和国晚期，西塞罗或中期廊下派将早期廊下派的"共同法"视为"自然法"（ $\nu\acuteο\mu\omicron\varsigma$ $\varphi\acute{\upsilon}\sigma\epsilon\omega\varsigma$ ，lex naturalis），② 并将早期廊下派的"友爱"转化成了"博爱"（ $\varphi\iota\lambda\alpha\nu\vartheta\rho\omega\pi\acuteι\alpha$ ）或"人道"（humanitas）。自公元前 2 世纪以降，"博爱"和"人道"这两个术语经常出现在有关廊下派的原典中。③ $\varphi\iota\lambda$-$\alpha\nu\vartheta\rho\omega\pi\acute\iota\alpha$ 由 $\varphi\acuteι\lambda\omicron\varsigma$ ［友爱的］和 $\acute{\alpha}\nu\vartheta\rho\omega\pi\omicron\varsigma$ ［人］复合而成，字面义是"爱（护）人类"。从埃斯库罗斯的肃剧《被缚的普罗米修斯》（约公元前 465 年上演）中，我们或许可以发现这个词的最初用法。据述，普罗米修斯由于"爱护人类"，盗偷天火给凡间，以致犯下不敬宙斯的大罪。④ 然而在廊下派那里，"博爱"或"人道"非但与僭越或肆心无关，反倒是一种值得推崇的大爱，因为无边无际的宇宙城邦在不同程度上覆盖每一个人。

从此，在廊下派的观念中，所有的人和神都共同生活在一个受普遍的法律和爱欲支配的宇宙城邦之中。不过，晚期廊下派的"哲人王"奥勒留并不完全认可这种世界主义。他在《沉思录》中说，人类因为共同的理性进而还有共同的法律而共享同一个社会，所以

---

① 亦参 Diogenes Laertius, *Lives of Eminent Philosophers*, ibid., 7. 122。

② 在西塞罗《论共和国》3. 33 中，廊下派发言人莱利乌斯（Laelius）对自然法作出了经典的定义。详参徐健，《廊下派自然法思想探义》，《贵州社会科学》，2017（8），页 18 – 19。

③ M. L. Clark, *The Roman Mind: Studies in the History of Thought from Cicero to Marcus Aurelius*, New York, London: W. W. Norton & Company, 1968, pp. 135 – 139.

④ 埃斯库罗斯，《普罗米修斯》，见《罗念生全集》（第二卷），罗念生译，上海：上海人民出版社，2007，行 12。

宇宙城邦"如同"（*ὡσανεί*）是"由整个人类参与的共同的政治体"。① 西塞罗在《论法律》1.23中也有与此相近的论证，但他所谓的理性为神和人所共有。由此明显可见，对奥勒留而言，诸神不属于宇宙城邦。看起来，奥勒留拒绝了克律希珀斯的人神亲缘论，正如《沉思录》中随处可见的谦卑立场所示。

四　世界主义是一种乌托邦主义？

公元前1世纪，一场大论战围绕芝诺《政制》中的犬儒"遗毒"问题展开。据当时的伊壁鸠鲁派哲人斐洛德谟斯在《论廊下派》中的记述，有些廊下派哲人为了替芝诺辩护，甚至妄称他并不在意自己设计的政制是否可以实现。正如我们所见，稍后的普鲁塔克认为芝诺就像是在描绘一个"梦想或图景"。看来，圣贤城邦在古代就已被当作"乌托邦"。② 但斐洛德谟斯批评道，假如芝诺的立法是一些"不可能的假说"，那么他所针对的就是"那些并不存在的人——忽视了那些实际存在的人"；相反，这些辩护者"忽视了芝诺在作品开头就清楚地表示，他认为它是一种适用于他所出现的地域以及他所生活时代的东西"。③ 那么，芝诺的政制为何在此时此地便能实践？

---

① Marcus Aurelius, *The Communings with Himself*, translated by C. R. Haines, Cambridge, MA：Harvard University Press, 1916, 4.3 – 4；中译本参马克库斯·奥勒利乌斯，《沉思录》，王焕生译，上海：上海三联书店，2010。

② 在现代，力主芝诺《政制》具有乌托邦性质的研究尤推 D. Dawson, *Cities of the Gods：Communist Utopias in Greek Thought*, New York：Oxford University Press, 1992, pp. 13 – 52；作者认为《政制》比柏拉图的《王制》还要乌托邦。

③ Philodemus, *De stoics*, 12.1 – 20；斯科菲尔德，《廊下派的城邦观》，前揭，页 12 – 36、198 – 199，详尽分析了公元前1世纪论战的具体情况。

据前文所述，在圣贤城邦中，具体的制度或机构都无关紧要，真正重要的唯有成熟的德性。显然，该城邦能否实现端赖于人能否获取德性。廊下派深信，"德性是可教的，从恶人变好这件事也可以看出来"。① 犬儒派也这般认为，但"犬儒主义是通往德性的捷径"（同上，6.104），而学习廊下派的德性则需要更高的理论素养。在芝诺笔下，通过同性或异性爱欲的训练，人方可臻于这种德性。简言之，正是通过反对"德性不可教"这一古典教诲，芝诺将圣贤城邦塑造成一座"实在"的城邦。那么，作为圣贤城邦之延伸类型的宇宙城邦又如何呢？拉尔修讲道：

> 廊下派说动物所拥有的最初驱动（πρώτην ὁρμήν）指向自我保存（τὸ τηρεῖν ἑαυτό），因为自然本性从一开始就亲近（οἰκειούσης）它，克律希珀斯在《论目的》（Περὶ τελῶν）第一卷中就是这么说的。他说，对于每个动物而言，最初亲己的（οἰκεῖον）事物是它自身的构造以及对此的意识，因为自然不可能使动物疏远它自己，也不可能在制造它之后，既没有使它疏远自己，也没有使它亲近自己。如此就只能说，自然在构造动物时使它亲近它自己。因此，动物拒绝那些有害的事物，接受那些亲己的事物。（同上，7.85）

在克律希珀斯或廊下派看来，与其它动物一样，人类的"最初驱动"是"自我保存"，也就是说，任何人首先都会"亲近"自身的构造以及维系构造所需的事物，而"疏远"相反的事物。因此，廊下派反对享乐主义者，认为快乐"如果"确实出现，那也并非动物的最初驱动，而只是实现自我保存后才"附带出现的东西"（ἐπιγέννημα）。但是，与一般的动物不同，人还禀有理性。当理性渐

① Diogenes Laertius, *Lives of Eminent Philosophers*, ibid., 7.91.

趋成熟，它就成了驱动的"匠师"。① 在西塞罗的《论至善与极恶》
中，廊下派的卡图（Cato）告诉我们：

> 一个人一旦获得智虑，确切地说是廊下派以 ἔννοια 来称呼的
> 概念（notiones），从而看到行为的规律性即协调性，他就开始
> 对之作出比对自己最先关爱的对象更高的评价。他合理地总结
> 道，这构成了因其本身而值得称赞且可欲的属人的至善。……
> 这种善是万物的标准，是正当行为（κατόρθωμα；honesta actio）
> 和正直本身，且被看作唯一的善。尽管它是后生的，却是唯一
> 因其内在的自然本性和价值而可欲的事物，而自然本性最初的
> 对象都不因其本身而可欲。…… 所有合宜功能（καθῆκον；
> officium）的目的都在于获取自然本性原初需要的事物，但这不
> 是最终的善。②

亲近自我保存及其所需的事物被视为"合宜功能"，或西塞罗转
译的具有罗马意涵的"义务"，这种行为无关善恶，因为它所针对的
自然事物是介乎善恶之间的更有"价值"的"中性物"（ἀδιάφορον）。③
而在理性或"智虑"的作用下，合宜功能可以变得"完美"，从而
化为"正当行为"或"正直行为"，因为卡图还说，两类行为之间
的区别只在于是否具有道德的意图。④ 如此，内在的德性即"唯一
的善"才是更"可欲"的事物。但随着个人所扮演的角色增多，理

---

① 同上，7. 85 – 86.

② Cicero, *De finibus bonorum et malorum*, 3. 20 – 22, 见 A. A. Long &
D. N. Sedley, *The Hellenistic Philosophers*, ibid., 59D；中译版参西塞罗，《论至
善和至恶》，石敏敏译，北京：中国社会科学出版社，2005/2017。

③ A. A. Long & D. N. Sedley, *The Hellenistic Philosophers*, ibid., 58.

④ Cicero, *De finibus bonorum et malorum*, 3. 58 – 59, 见 A. A. Long &
D. N. Sedley, *The Hellenistic Philosophers*, ibid., 59F.

性化的驱动就不仅仅指向自爱，还指向爱他。卡图讲道：

> 廊下派认为，明白自然产生父母对儿女的爱这一点很重要。
> 这是我们力图实现的人类的普遍共同体的起点。①

文本接下来说，"生育是一项自然所具有的原则"。既如此，人类就像其它动物一样，不该疏远自己的子嗣——正如克律希珀斯在《论正义》（*Περὶ δικαιοσύνης*）第一卷中所说。② 不仅如此，人要比蜜蜂等动物更加自然地去爱自己的同类，就像身体的某些部分如手脚是为了服务于其他部分而创造的。因此，"我们在天性上就适合组成联盟、社会和国家"，或组成"如同"城邦的宇宙。晚期廊下派的希耶罗克勒斯（Hierocles）在《论合宜功能》中，利用同心圆比喻，详细勾勒了驱动的延展过程：

> 我们每一个人如同被许多圆所包围着，有些圆小，有些圆大，有些圆围住另一些圆，有些圆被围住，因为它们相对彼此的位置是不同的和不均等的。第一个也是最近一个圆被一个人画得好像是围绕着一个中心，即他的心灵。这个圆围住身体以及为身体而取的一切。因为它实际是最小的圆，几乎触及中心本身。接着，第二个圆更远离中心，但围住了第一个圆，它包含父母、兄弟姊妹、妻子和儿女。之后的第三个圆中有叔伯舅和姑姨、（外）祖父和（外）祖母、兄弟姊妹的儿女，以及堂（表）兄弟姊妹。下一个圆包括其他亲属，其后是乡亲组成的圆，然后是部落同胞组成的圆，接着是公民同胞组成的圆，类

---

① Cicero, *De finibus bonorum et malorum*, 3. 62 – 68, 见 A. A. Long & D. N. Sedley, *The Hellenistic Philosophers*, ibid., 57F.

② Plutarch, *On Stoic Self-contradictions*, ibid., 1038B.

似地，再就是邻镇人组成的圆和国民同胞组成的圆。最外围和最大的圆围住其他所有圆，它由全人类组成。①

这可以充分揭示廊下派所说人是自然的政治动物的最终含义。人在天性上不仅是封闭的城邦的动物，更是开放的世界的参与者。不过真实说来，只有具备"完美"理性的人方能心怀德性和博爱，但具有理性能力的常人亦可效法之，争做有道德的宇宙公民。希耶罗克勒斯接着规定道：

> 性情纯良之人所要做的，是将圆以某种方式向中心拉拢，并一直热切地将那些把其他圆围住的圆中的项，移至被围住的圆中。

基于血缘伦理之上的有差别的爱，它即使自然，也不符合理性，我们要像尊重自己一样平等地尊重其他所有人。恰如希耶罗克勒斯所言："尽管血缘越远，关爱就越少，但我们仍必须尽力使他们变得相似。"

事实上，廊下派不仅从驱动论，还从神学宇宙论，来证明宇宙城邦的自然性或非乌托邦性。廊下派似乎通常认为，宇宙"如同"城邦，并且，前引西塞罗《论神性》中的文段紧接着以雅典和斯巴达这两个城邦为例来佐证自己对宇宙城邦所作的界定。这是否意味着，宇宙虽然在根本特征上与雅典和斯巴达无异，但只是在比喻的意义上构成一个城邦？据考证，这两个文本很可能都受到克律希珀斯某部作品的启发，因为它们高度相似，而且狄都谟斯也将作为城邦的宇宙的定义归在克律希珀斯名下。② 若是如此，我们就能利用

---

① A. A. Long & D. N. Sedley，*The Hellenistic Philosophers*，ibid.，57G.

② Stobaeus，*Anthologium*，1. 184. 8 – 11；详参斯科菲尔德，《廊下派的城邦观》，前揭，页 96 – 97。

前文未完整援引的赫拉克利特辑语 30 来回应上述问题，既然这条辑语对克律希珀斯的思想形成有过重要影响。在该辑语中，赫拉克利特接着认为"宇宙"（κόσμον τόνδε）

> 既不是某个神（τις θεῶν），也不是某个人造出来的，它过去一直是、现在是、将来也是一团永活的火，按尺寸燃起、按尺寸熄灭。

θεῶν指诸神，所以，赫拉克利特的意思是，宇宙并非源于"诸神中的某个神"，当然亦非出自属人的技艺。正如κόσμον τόνδε这一表述所示，宇宙原就"在此"，是"这个"且独一的宇宙，所有人和神均身属其中。[①] 它是"永活的火"，恒常地处于燃烧和熄灭的规律更变之中。类似地，廊下派一般认为，神或宙斯贯穿整个宇宙，是一种"有技艺的火"（πῦρ τεχνικόν），能够通过元素间的转化，有条不紊地推进世界的创生，但宇宙在被周期性的大火（ἐκπύρωσις）燃尽后，就复归于火，如此实现永恒的轮回。[②] 可见，如同城邦的宇宙是自然的、实在的，它也始终受变化与不变之间的对立统一的原则支配。因此，我们或可揣测，"如同"一词只是意味着宇宙城邦并不像一般的城邦那样由人所立，而只能为圣贤所发现。[③]

---

① 刘小枫，《浑在自然之神——赫拉克利特残篇札记》，前揭，页15。

② A. A. Long & D. N. Sedley, *The Hellenistic Philosophers*, ibid. , 46, 52, 55；详参萨勒斯编，《廊下派的神和宇宙》，徐健、朱雯玲等译，北京：华夏出版社，2018。

③ 斯科菲尔德，《廊下派的城邦观》，前揭，页105；沃格林，《政治观念史稿·卷一：希腊化、罗马和早期基督教》，段保良译，上海：华东师范大学出版社，2019，页120。

五 余论："政治实在之本体须来自别的地方"

尽管圣贤城邦和宇宙城邦都不属于乌托邦，但它们也是不可能实现的。毕竟廊下派认为，圣贤"就像凤凰，每逢五百年才出现一个"。① 即便罗马也不是真正的世界国家，因为它终究属于秩序已然溃散的尘世：

> 廊下派说，宇宙在确切的意义上是一个城邦，地上的那些城邦则不是——它们被称作城邦，但并不是城邦。因为，城邦或民族是道德上良善的，也是人们组成的组织结构或群体，受文雅的法律［即共同法或自然法］管辖。②

亚历山大开启了世界的视野，而廊下派则通过深入人的灵魂，尝试为新世界奠定普世的内在秩序。这一艰难的立法尝试本身已堪称伟大，其中涉及的诸多思想观念延续了智术师时代以来与城邦疏离的智识精神，对后世尤其是对18世纪之后的人类共同体构建这一启蒙理想始终发挥着重大影响。但它究竟能在多大程度上安抚充满血与泪的苍茫大地，开创出一个"文质彬彬"的博爱世界呢？纵观整个廊下派，它自始至终都抱持着通过个人主义的灵魂改造而成就世界主义秩序的理想。但在面对罗马这个世界头号强国时，它又不

---

① Seneca, *Epistles*, translated by R. M. Gummere, Cambridge, MA：Harvard University Press, 1953, 42.1；亦参 Alexander of Aphrodisias, *On Fate*, 199.14 – 22，见 A. A. Long & D. N. Sedley, *The Hellenistic Philosophers*, ibid. , 61N。

② Clement of Alexandria, *Stromateis*, 4.26，见 H. von Arnim, *Stoicorum Veterum Fragmenta*, ibid. , 3.327。廊下派的"双城论"亦参塞涅卡，《论闲暇》，见《哲学的治疗——塞涅卡伦理文选之二》，吴欲波译，包利民校，北京：中国社会科学出版社，2007/2017，页70。

得不做出相应的调适，在急迫地认可罗马那充斥着斗争和阴谋的"大一统"秩序的前提下，转而关注罗马施政者的具体政治行为。①世界主义和个人主义是一体的两面。对此，20世纪著名的政治思想史家沃格林深刻地总结道：

> 在亚历山大之后几百年里，廊下派思想对政治共同体的召唤并没有发生直接的影响。就当时的政治而言，它能够做的，顶多是规劝为政者尤其是国王们加强个人的品行修养，使之成为智慧者并拥有世界公民的品行。政治实在之本体须来自别的地方。②

（作者单位：贵州大学公共管理学院；天津师范大学政治与行政学院）

基金项目：教育部人文社会科学研究青年基金项目（17YJC720030）；贵州省哲学社会科学规划课题青年项目（19GZQN08）；贵州省哲学社会科学规划课题一般项目（20GZYB35）；中国博士后科学基金面上资助项目（2018M641662）

---

① 详参毛丹、徐健，《从激进主义走向保守主义——廊下派的政制问题》，《学习与探索》，2015（4），页45–49。

② 沃格林，《政治观念史稿·卷一：希腊化、罗马和早期基督教》，前揭，页120–123。

科学和"上帝的影子"

真蒂利（Carlo Gentili） 撰

何庆元 译 刘亮 校

尼采在《朝霞》中第一次提到，心理过程是关于上帝的想法（des Gottesgedankens）的形成基础，随着上帝想法的产生，一种主观见解就这样具备了绝对的普遍价值。"一个人如何能够把他对事物的某种看法看作神之启示？"① 这一问题出现在第 62 节"关于宗教的起源"，其回答是：将对自身局限性的认知从突然产生的伟大想法中剥离。这种"新想法"，这种解释世界与存在的"伟大……假设"，"如此强烈"地进入人的意识，

> 以至于他不敢认为他自己是这种福乐的作者，而只能把这种新想法的原因，以及这种新想法的原因的原因，归于他的神，看作神对他的启示。（页 97）

---

① ［译按］中译文参尼采，《朝霞》，田立年译，上海：华东师范大学出版社，2007，页 97；以下《朝霞》引文均出自该译文，仅注汉译页码，不再一一说明。

　　"当我们把我们的创造之物抬高到我们自己之上时",我们必然感受到它是游离于我们之外的东西,是更高层面的启示,因而我们被迫不考虑"自身的价值"(页98),换句话说,创造具有局限性的观点改变了。在这个转换中见解得到捍卫,"避免了一切批评,甚至也避免了一切怀疑,使它变得神圣不可侵犯"(页97)。得益于"上帝的想法",我们摆脱了我们内在的局限性。

　　在其中起作用的还有权力的感觉,它是尼采后期思考的重点。尼采在1888年春的遗稿(14[124])中将这一创造性过程描述为"心理学的逻辑"。① 心理学的逻辑构成先验主观性的基础,尼采认为它支撑起了现代科学的大厦。逻辑赋予其对象的"事实",无非就是主体审视逻辑的结果,这是尼采在《漫游者和他的影子》(*Der Wanderer und sein Schatten*)中就已得出的结论,具体在第11节:"意志的自由和事实的孤立"。"一个事实",他解释道,"是一组现象",它们被视为"一",但这只是"我们习惯的不精确的观察"的结果,臆想的"事实"被观察孤立,像是被"空地"隔开。② 产生这一错误的前提,是"对意志自由的信仰",其出发点为"每一个行为都是孤立和不可分割的"(页603)。因为意志自由是主体主权(Souveränität)和一致性的重要特征,主体把臆想的主权和一致性转移到相关客体上。主体所认为的在一系列现象中具有的共性被称为

――――――

　　① 尼采解释:"心理学的逻辑是这样的:权力感,当它突然令人倾倒地把人笼罩时,[……]人对自己产生怀疑:他不敢认为自己是这种惊人的感觉的原因――因此他设定了一个更强大的人,一个神,来解释它。"(尼采1888年遗稿,*KSA*,13,14[124])

　　② [译按]中译文参尼采,《人性的,太人性的:一本献给自由精神的书:(下卷)》,李晶浩、高田忻译,上海:华东师范大学出版社,2008,页602;以下《人性的,太人性的:一本献给自由精神的书:(下卷)》引文均出自该译文,仅注汉译页码,不再一一说明。

"事实"——作为等同的结果——实际上它只是主体一致性的反映：
"我们谈论相同的性格、相同的事实，但这两者其实都不存在"（页
603）。应这样理解，观察的主体和"源于我们行为和认知的事实"，
都是"持续的流动"（同上）。聚焦于事实一方面，或者聚焦于主体
一方面——由此镜像似地把客观的特性归于前者，把先验的特性归
于后者——都使得这种持续流动被错误地忽视了。

　　格林（Michael S. Green）认为尼采的观点和康德的先验论有相
似之处，即运用范畴从知觉的混乱中构建一个世界——这些范畴包
括"绝对的时间和空间，自我同一性的实质和因果性"，虽然这一构
建有不能忽视的限制，即"这些范畴的运用发生于生成之中而非通
过一个先验自我"。① 格林与格哈特（Volker Gerhardt）所见略同，
后者看到，康德认识的"先验条件"预示了尼采的观点。② 然而，
先验论的应用范围从主体转移到变异产生了重要的结果，可以认定
这些结果恰恰对尼采很重要。格哈特认为这里包含了上帝问题（die
Gottesfrage）："因此，上帝的话也失去了意义"，"没有'真理'"
"没有'存在'""没有'现实'"——"没有我们能够不依赖于自
身存在条件所认识的东西"。尼采的那句名言——上帝死了！——在
"［……］意识到人类认识的局限性"中得到了解释"（同上）。

　　再次回到《朝霞》第62节，尼采提出了把看法转变为神的启示
的另一个前提，即"这样一个人已经相信启示"（页97）。虽然现代
科学让我们成功地摆脱了这个前提，但我们并没有摆脱作为其基础
的心理学的逻辑。通过赋予科学所客观呈现的规定以真值，这种逻
辑仍然成立，尽管实际上它们仍然是主观意见。疯子的寓言（《快乐

---

① M. S. Green, *Nietzsche and the Transcendental Tradition*, Urbana /Chicago 2002, p. 98.

② V. Gerhardt, *Friedrich Nietzsche*, 4. Aufl., München 2006, S. 142.

的科学》著名的第 125 节）指向的就是那些坚持己见，寻求客观真理的人。面对疯子不停地叫喊"'我找上帝！我找上帝！'"，市场上的人报以哄堂大笑——"那里恰巧聚集着一群不信上帝的人"。① 这些人尽管不再相信神的启示，但也没注意到，由于这种摆脱，整个科学真理的大厦土崩瓦解了。疯子向他们提出的各种问题——"还存在一个上界和下界吗？我们是否会像穿过无穷的虚幻那样迷路呢？那个空虚的空间是否会向我们哈气呢？"（《快乐的科学》，125 节，页 209）等等——以上帝死了或者被杀这样极端的后果，与无神论相碰撞，后者无法看到这些后果，因为它仍然遵循产生上帝假设的心理学逻辑。

科学把我们从上帝的当下解放出来，但上帝的影子仍然笼罩着我们。上帝的影子在科学的运作方式中还起作用，必须在这一背景下来看待尼采关于上帝之死的命题。这解决了众多尼采批评者提出的问题，② 即尼采对他的对手之一基督教的愤怒也许太过，特别是因为在他的时代，在实证主义的批判下，基督教的地位可能比现在更加不堪。尼采并没有（或不仅）大批特批基督教，更多的是批判基督教的影子继续潜藏于对科学的信仰主义之中。贯穿于 125 节的恐惧氛围并非来自痛苦地怀念那被击溃的基督教——信徒的迷失感，失去了信仰但仍然渴望信仰给予的安全感——而是来自意识到完全排除信仰会是多么困难。

再次明确这一点对于从哲学角度分析 125 节具有重要意义，因

---

① ［译按］中译文参尼采，《快乐的科学》，黄明嘉译，上海：华东师范大学出版社，2007，页 208；以下《快乐的科学》引文均出自该译文，仅注页码，不再一一说明。

② 相关观点参见 R. Müller-Buck, "Nichilismo e melanconia in Nietzsche," in C. Gentili, V. Gerhardtu. A. Venturelli （Hg.）, *Nietzsche. Illuminismo. Modernità*, Firenze 2003, S. 209 – 223。

为上帝之死这一主题在《快乐的科学》中处于诸多专题性段落所形成的语境中，但当前许多评论把这个主题从语境剥离，把它作为一个独立的研究对象来处理。

在一些分析中，这一节的意义仅限于哲学维度，例如海德格尔著名分析就是这样。他复述了整个 125 节以及《快乐的科学》其他节的部分内容，但并未多加评论，只是详细阐述了尼采的"上帝死了"这一宣告的哲学含义。对于海德格尔来说，宣告上帝死了等同于颠覆柏拉图主义，因为尼采使用"上帝"和"基督教的上帝"指称"超感性（übersinnlichen）世界"，如此"上帝"也就指向"理念和理想之领域"，它们自柏拉图以来被视为"真实的现实世界"，与感性世界相对立。海德格尔认为，尼采终结形而上学只能基于尼采本人的看法，即形而上学就是"被视为柏拉图主义的西方哲学"。①

另一方面，面对海德格尔的分析，评论者如洛维特（Karl Löwith）试图重新理清"疯子"这个寓言可能的原初意义及这节的真正含义。他不是在西方哲学的命运之旅中，而更多是在反基督教的决然态度中进行这一探寻的。洛维特担心，这种态度的意义可能消失于海德格尔的哲学解释之中。为了理解尼采所宣告的上帝之死在多大程度上成为"'近代无神论历史'的转折点"，必须将这段历史理解为"单个的教育剧本"。在海德格尔看来，基督教无非就是一直支配西方理性的虚无主义的结果——人们只有回归这些起源才能理解尼采的立场——但对于洛维特而言，上帝之死首先直接指向基督教。他甚至提出明显过于激进的观点，即对于尼采来说，"虚无主义是我们杀死基督教上帝的结果"。由此，宗教事件（即使从无神论意义上看）再次被置于哲学推测之上。洛维特认为，第 125 节提供

---

① M. Heidegger, "Nietzsches Wort 'Gott ist tot'", in: ders., *Holzwege*, 6. Aufl., Frankfurt a. M. 1980, S. 212.

了探讨这一主题的背景,在《扎拉图斯特拉如是说》(*Also sprach Zarathustra*)中探讨达到高潮,① 该书"从头到尾都是反基督教的福音",书中的超人展现出了"耶稣基督的相反形象"。②

这个假设似乎合理,但是,我们不能就此不去探究上帝之死说法出现的最初语境,即《快乐的科学》第108节("新的战斗")和第109节("我们可要当心!")。第108节——"上帝死了"首次出现于发表的作品中③——讲了一则传说(Legende),说佛陀死后,他的影子仍然在一个洞穴中展现,因此上帝死后,同样的事情也会发生。"依照人的本性,人们也会构筑许多洞穴来展示上帝的阴影,说不定要延绵数千年呢"(第191页)。仅仅提到洞穴——暗指柏拉图《王制》第七卷的洞穴喻——就将这节箴言置于认知的主题语境中。④ 指向这种关联的,还有本节最后一句所包含的未明言的意义:"而我们,我们必须战胜上帝的阴影。"(《快乐的科学》第108节,页191)在明确阐述这种含义的第109节中,尼采转向对自然的科学解释。由于我们不能准确定义什么是"有机物",因而也不能将世界描述为"一个活的实体",因此,我们不要(我们可要当心!)"相

---

① 众所周知,在最初版本的125节,疯子的名字就叫扎拉图斯特拉,这有力地证明了这一观点。

② K. Löwith, "Die Auslegung des Ungesagten in Nietzsches Wort 'Gott ist tot'," in: ders., *Sämtliche Schriften*, Bd. 8, Heidegger -Denker in dürftiger Zeit, Stuttgart 1984, S. 213 – 215.

③ 这个表述第一次出现在1881年秋的遗稿12［77］中,它先于125节涉及这一命题:"上帝死了——谁杀了他?杀死了最神圣、最万能者的感觉也必然攫住每个人的心——现在还太早了!太弱了!最大的谋杀!我们就是凶手!这样的人何以自解?他何以洗净自身?他不必成为最万能、最神圣者本身吗?"(*KSA*,9,590)

④ 尼采这里提到的柏拉图的洞穴隐喻,参见 H. Blumenberg, *Höhlenausgänge*, Frankfurt a. M. 1989, S. 632 ff. 。

信宇宙是部机器，它并非为某个目的而建的，我们使用'机器'这个字眼，对它似有溢美之嫌"（页192）。由于没有目的，"世界总的特点"只能是"永远混乱"，

> 这并不是说没有必然性，而是缺乏秩序、划分、形式、美、智慧以及一切称之为美的人性。（同上）

我们顺便还能看出，这种解释将康德所论述的一个主题极端化了，即《判断力批判》（*Kritik der Urteilskraft*）中美学判断力和目的论判断力的结合。尼采将目的论解释进行人格化阐述，超越了康德的目的论，尽管实际上他只是从中得出了极端的结果。同样，我们不能（我们可要当心！）

> 非难抑或称颂宇宙。别指着宇宙的脊梁说，它无情、无理性，也不要说它矛盾。它既不完美，又不漂亮不高贵。它不想变成任何东西，根本不致力于模仿人类！（页193）

宇宙也不知道任何规律："我们可要当心，别说自然界存在规律。"（同上）。这里所涉及的结论，康德在《判断力批判》中无论如何本不应有多少反对意见，即另一方面我们也不能假设，如果没有规律，宇宙就是由偶然性决定的，"因为只有在存在目的性的世界上，'偶然'这个词才有意义"（同上）。这种康德式极端化处理康德的意义在于，它坚决否认了解释性假设的可能性。甚至目的缺失也等同于一种目的，如果这种缺失服务于解释的目的，那么否定自然的目的性就意味着，人认为自然摆脱了最高原则，而最高原则是所有目的的基础，人在其中将自己的主观性神圣化了。这意味着人将上帝赶出最后的洞穴，转向新的战斗。尼采在第109节末尾问道："我们什么时候才能不再受到所有上帝阴影的遮蔽？（页194）"换句

话说，这一最高原则和所有通过它才得以实现的解释——超验论和先验论——何时才得以消除？

> 我们何时方能去掉大自然的神性呢？我们何时方能具备重新被找到、重新被解救的纯洁本性而使人变得符合自然呢？（同上）

这将会发生——隐含的答案大概如此——如果我们学会了脱离人类以及基于上帝的科学真理原则来看待自然，如果我们最终在真理中看到的无非就是我们的视野。

尼采在《快乐的科学》第5卷再次提及科学真理与信仰的关系问题，主要在第344节（"我们虔诚到何种程度"）。本节开宗明义地指出，在科学领域，"信念"是没有存在权力（Daseinsberechtigung）的，如果有，那就是以下列两种方式：要么把自己"贬抑为某种谦逊的假设"（一种信念因而不再是信念，即不再是人们确信无疑的东西），要么众多信念变为唯一的信念，

> 而且是一种专横强制、绝对的信念，以便其他信念沦为它的牺牲品。（页32）

这是科学行为的前提条件，但是某种信念若战胜了所有其他信念，那就必须称其为"信仰"。"我们看到，甚至科学也以信仰为基础，根本不存在'没有假设'的科学。"这个科学发展的基本假设、先决条件是重要的真理验证标准。对"真理是否必要"这个问题必须先做出肯定的回答，务必使一切原则、信仰和信念无一例外地表达如下意思："没有什么比真理更必要了，与真理相比，其余一切事物只有次等价值。"（同上）

尼采自问：这种"追求真理的意志"，是"不受人骗的意志"还是"不骗人的意志"？这与古希腊智术师高尔吉亚（Gorgias）的

格言有异曲同工之处。跟后者一样，尼采进一步思考："可是为什么不骗人？为什么不受骗？"（同上）相比而言，骗人和受骗是否更有利于生存，这个问题的答案不是先验可知的，因而尼采认为，不骗人的意志和不受人骗的意志本质上意味着"'我不愿骗人，也不愿骗自己'——于是我们有了道德的基石"（页 326）。这表明科学与道德息息相关，其共同点是都从另一个被认为是真实的世界出发，牺牲我们的世界，即"生活、自然和历史的世界"，在我们的世界无法先验地得知真或不真、欺或不欺哪个更为有用。这个世界的存在是"形而上学的信仰"的对象，而"我们对科学的信仰"还是基于一种形而上学信仰，

> 我们，当今的求知者、无神论者和反形而上学者，也是从那个古老信仰，亦即从基督徒的和柏拉图的信仰所点燃的千年火堆中取自己之火的，认为上帝即真理，真理是神圣的……（《快乐的科学》第 344 节，页 327）

因此，尼采认为欧洲不存在可以不称为"'基督教科学'"的科学。①

对于柏拉图和基督教的真理概念，尼采揭示出其共同的出发点是科学与信仰紧密相关，他并没有在此之外提出纯粹的理论问题，他反基督教的历程也不能局限于此一篇章。尼采更多地试图在科学领域，主要是德国学界，顺应当时的时代，原则上，他对德国学界的批判无非就是他后来在《敌基督》（*Antichrist*）中对德国哲学的批判："不过是一种狡猾的神学"（《敌基督》，第 10 节）。

就在这样的背景下，尼采阅读了梅耶（Julius R. von Mayer）的著作《热力》（*Die Mechanik der Wärme*）。应克泽里茨（Köselitz）的

---

① 原稿如此，参见 *KSA* 14，S. 272.

推荐，尼采1882年春读了（也许只读了部分）该书1867年首版后的第二版。① 克泽里茨本人把书寄给尼采，随书附寄了梅耶1876年发表的论文《论触发》（*Über Auslösung*），极有可能也是克泽里茨使得尼采对梅耶的科学理论产生了兴趣。克泽里茨向尼采推荐此书，尼采随后回信表示他感到高兴："书可能今天到我手上，我有点迫不及待想看了。"鉴于书作者所讲主题尼采很感兴趣（就像尼采所猜测的），尼采甚至称赞这是好"现象，在很多好的事物方面，我们都是一致的，而且超出语言所能表达的"（《考订版尼采书信集》第6卷，页82）。几天后的4月16日，尼采对一本很有可能还未打开的书赞不绝口：②"在这些精彩、简单而充满快乐的书里，就像在梅耶的书里那样，可以领略不同领域的和谐之美——那是只为科学人准备的音乐。"（《考订版尼采书信集》第6卷，第84页）

然而，这种热情过后是几乎一整年的沉默。直到1882年3月20日，尼采才从热那亚写信给克泽里茨说，"我读了梅耶"，但尼采给人的印象是毫无热情："朋友，这就是一位了不起的专家，仅此而已。"梅耶所想的铁·般的逻辑被贬为简单的固执："他只是固执己见，总认为自己奇迹般地富有逻辑。"（同上，页183）与《快乐的科学》的观点一脉相承——比如第110节（"知识的起源"）对思维逻辑错误的批判，即"错误的信条"假设"存在恒久不变的事物、

---

① Cf. C. P. Janz, *Friedrich Nietzsche. Biographie*, Bd. 2: *Die zehn Jahre desfreien Philosophen*, Frankfurt a. M. / Wien 1994, S. 73 – 74; und G. Abel, *Nietzsche. Die Dynamik der Willen zur Macht und die ewige Wiederkehr*, Berlin / New York 1998, S. 43 – 49.

② 尼采曾阅读梅耶的著作以及其中的几处引文，这一点可在春秋之交（4月16日的信后）的遗稿中得到印证，参见遗稿11 [24]、11 [25]、11 [68] e 11 [136]（*KSA*, 9, S. 451, S. 452, S. 467, S. 492）。在上述最后一件遗稿里，尼采还承认，梅耶尽管没有"非同寻常的力"，还是取得了"非同寻常的结果"。

相同的事物，存在物体、实体、肉体"（《快乐的科学》第 110 节，页 194）——尼采批判梅耶总是保有那种对"'物质'的偏见"，这种偏见，博斯科维奇（Boscovich）[1] 已经抛弃，而哥白尼抛弃得还要早。我们不可以把重力称为"物质的特性"，"因为没有物质"，存在的只是力。[2] 从物质——长久的物质——的存在出发，对于尼采来说显然就是错误的信条，简而言之就是神学偏见。因此他写道："最终梅耶身后也有另一个力，原动力，上帝——除了运动本身。梅耶也真需要他！"（《考订版尼采书信集》第 6 卷，第页 183）

很可能是克泽里茨本人令尼采产生了这种看法（即便完全是无心之举，就像他后来抱怨尼采并不赞同梅耶的观点那样），[3] 他在 1881 年 2 月 10 日写信给尼采介绍梅耶的著作时如此描述这位作者："一个非常具象、沉默寡言、思想丰富的人，拒绝一切非科学的东西（只有上帝除外）。"（《尼采书信全集》III/2，页 138）但可以肯定地说，梅耶的一些主张与《快乐的科学》的观点颇有冲突，比如他试图结合物质的变化解释有机物（书中第二篇论文的主题），[4] 又比如他在前言中明确提出一个问题（同上，前言页 5）："从物质主义的原则和结果得出形而上的结论"是否有意义？梅耶的方法论是：

---

[1] 尼采只是隐晦地略微提到梅耶和博斯科维奇的不同观点，参 Abel，*Nietzsche*，S. 85 f. 。

[2] 这里要特别指出 Abel（*Nietzsche*，页 48）的看法，他认为尼采的这一思想源自叔本华："叔本华认为只有一种意志，对于他来说物质和力是统一的，两者都存在，不依赖于它们形态和状态的变化。"

[3] M. Brusotti, *Leidenschaft der Erkenntnis. Philosophie und ästhetische Lebensgestaltung bei Nietzsche von Morgenröthe bis Also sprach Zarathustra*, Berlin / New York 1997, S. 361.

[4] J. R. von Mayer, *Die Mechanik der Wärme*, in：ders., Gesammelte Schriften, Stuttgart 1867; cap. II："Die organische Bewegung in ihrem Zusammenhange mit dem Stoffwechsel."

"如果在各方面事实都众所周知，那么它就得到了解释，科学的任务就结束了"（同上，页239），这一方法论以被定义的"事实"的自我显现为基础，还以由存在与解释的一致作为前提的目的论为基础，这肯定不为尼采所认同。尼采设想了一个世界，它不受制于上帝秩序这一原则，因而接受了混沌的形式——这个设想很可能是尼采阅读梅耶的著作时产生的①——尽管如此，尼采还是认为梅耶理论中的一致性里隐藏着对"亲爱的上帝"的绝对需求，他在写给克泽里茨的信中曾加以批判。追问这位"亲爱的上帝"是否"无处不在"是"有失规矩"的——正如《快乐的科学》第二版前言所述②——上帝在科学中也不许有一席之地。正是对绝对需求的拒绝，成了"快乐的科学"的意义所在，随之而来的结果就是对认知产生深深的怀疑，同时也必然对理解知识产生深深的疑问。

（译者单位：北京第二外国语学院欧洲学院德语系）

---

① Abel 在《尼采》第 40 页指出，这一思想直接来源于阅读《论触发》。Abel 认为，透过梅耶的思想，"显而易见，如果必须把触发因果关系而非维系因果关系视为事物运行的原则，那会产生多么深远的影响。随着维系因果关系解释功能的弱化，世界合乎上帝理性秩序的可能性变小。尼采后来接受了触发理论，认定世界总的特征是'混乱'。秩序的思想走向了终结，同时新的视野开启了"。

② "'亲爱的上帝无处不在，这是真的吗？'一个小女孩问妈妈。'我认为这么问有失规矩。'"（《快乐的科学》，前言，第四节）。

旧文新刊

《莊子·齊物論》解

汪挹南 撰

潘林 校注

[校注者按] 本文原載《中日文化》月刊第三卷第五、六、七期 [合訂]，一九四三年七月。其中脚注部分係校注者所加。

一　釋題

《莊子》内篇，取義命題，題旨既明，文義乃達，記"釋題第一"。

《齊物論》題，解衆矣，唐以前學者，皆主"齊物"連讀，取萬物齊一之義。

如阮嗣宗《達莊論》云："今莊周乃齊禍福，而一死生，以天地爲一物，以萬類一指；無乃激惑以失真，而以爲誠是耶？"

劉琨《答盧諶①書》曰："昔在少壯，未嘗檢括，遠慕老、莊之齊物，近嘉阮生之放曠。"

---

① 盧諶，原作"盧湛"，據《昭明文選》改。

夏侯湛《莊周贊》云：“遯時放言，齊物絶尤。”

左太冲《魏都賦》曰：“八極可圍於寸眸，萬物可齊於一朝。”

嵇康《卜疑集》云：“將如莊周之齊物，變化洞達，而放逸乎？”

《世説新語》：“羊孚雅善名理，乃與殷仲堪道《齊物》。”

劉彦和《文心雕龍·論説》篇云：“莊周《齊物》，以論爲名。”

北齊顔之推《家訓》云：“莊子《齊物》，未免乎較量。”

《北齊書·杜弼傳》云：“遂得真元同齊物。”

隋王績《東皋子集》卷三《答程道士①書》云：“莊周所以齊大小於自適，是謂神而化之。”

陸德明《釋文·自序》云：“周著書十餘萬言，以逍遥、自然、無爲、齊物而已。”

成玄英《疏莊子序》云：“既明權實之二智，故能大齊於萬境。故以《齊物》次之。”

白居易詩云：“外身宗老氏，齊物學蒙莊。”又詩云：“莊子齊物同歸一，我道同中有不同。”

是皆齊物連讀之證。

迄乎趙宋，始有“物論”連讀一説。

《困學紀聞》卷十云：“《齊物論》非欲齊物也，蓋謂物論之難齊也。是非毀譽，一付於物，而我無與焉，則物論齊矣。”又云：“張文潛曰：‘莊子患夫彼是之無窮，而物論之不齊也，而托之於天籟（按：張氏此説，集中未見）。’”②

林希逸《南華口義》曰：“物論者，人物之論也，猶言衆論也。齊者，一也，欲合衆論而爲一也。戰國之世，學問不同，更相是非，

---

① 道士，原作“道生”，據王績《東皋子集》改。

② 按：汪按誤，《困學紀聞》所引實出張耒（文潛）《柯山集》卷三《劉莊輿是是堂歌序》。

故莊子以爲不若是非兩忘，而歸之自然。此其立名之意也。"

褚伯秀《南華義海纂微》曰："天下物論何由而齊？學者又當究夫性命之精微，以通物理之一致。"又曰："南華原本究極，主一理以齊天下之物論。"

是皆宋人"物論"連讀之證。

然此説初發之者實爲程伊川與陳景元。《性理會通》卷五十七：

> 問："《齊物論》何如？"
>
> 程子曰："莊子之意，欲齊物理耶？物理從來齊，何待莊子而後齊？欲齊物形耶？物形從來不齊，如何齊得？"

陳景元《南華章句音義》曰："按：公孫龍子《六論》内有《白馬》《指物》二論，乃知漆園稽考述作，有自來矣。"是莊子立論本旨，兩家已發其藴矣，王伯厚、林鬳齋皆循其旨而詳言之耳。

宋人如邵康節（説見《皇極經世書》）、王安石（説見《莊子論》）、王雱（説見《南華新傳》）、陳祥道（説見《南華義海纂微》）、李士表（説見《莊列十論》）、劉震孫（説見《南華義海①纂微序》），皆宗隋唐以前舊説。

宋元之交，有羅勉道者，著《南華真經循本》（焦氏《莊子翼》目録列在劉須溪《點②校莊子》之前，《明史·藝文志》列在陶望齡、陸長庚之間③，《正統道藏》列在王雱《南華新傳》之前，光緒《江西通志·藝文志》據《明志》著録。余則據道藏本及焦氏目録，定爲宋元間人），則從新説。其釋題云："此篇多是闢公孫龍子。如是非彼是，因非因是，非指非馬，堅白同異，皆公孫龍子語。"其説

---

① 海，原脱，據上下文例補。

② 點，原脱，據焦竑《莊子翼》補。

③ "間"前原衍"前"字，據文意刪。

較陳景元爲詳。

有明一代，如朱得之（《莊子通義》）、陸西星（《南華副墨》）、歸有光（《南華評注》）、張四維（見《莊子翼》）、方虚名（《南華旁注》）、徐常吉（説見《莊子故》。或作"徐文長"，誤）等，皆主宋人新説。

清初大家如方潛、王夫之、宣穎，亦皆宗新説；而王、宣兩家，説尤精闢。王云：

> 當時之爲論者多矣，而尤盛者儒墨也；勿論其當道與否，而要爲物論。物論者，形開而接物，以相構者也。弗能齊也。唯任其不齊，而聽其自己。——不立一我之量，而生相對之耦，而惡有不齊之物論乎？此莊子所以陵轢①百家，而冒其外者也。

宣云：

> 天下物論，爲何紛紛？倡之者本一好事之徒，偶然著述耳；又有好事之徒，起而勝之，則漸紛矣。

清季若馬其昶、陳壽昌，以及近人胡遠濬，皆從新説。馬叙倫《莊子義證》則從舊説。太炎先生《諸子略説》則以爲，齊物之論與齊觀物論兩説俱通。

其於新舊兩説之外，別創新解者，則康乾之際有屈晦翁。屈氏著《南華通》，② 其解題云："物者彼我，論者是非；喪我物化，道

---

① 陵轢（ｈ），欺蔑。

② 按：今本《南華通》分别有署屈復（號悔翁，本文誤作"晦翁"）、孫嘉淦著者，據方勇《莊子學史》（北京：人民出版社，2008）、李波《〈南華通〉爲孫嘉淦所著考》（載方勇主編，《諸子學刊》第八輯，上海：上海古籍出版社，2013）考證，《南華通》的作者當爲孫嘉淦，屈本實抄自孫本。

通爲一，則皆齊矣。"是乃以"齊物""齊論"連讀者也。後王先謙《莊子集解》即宗其説。

綜上三派，皆言之成，持之有故。余於文則取六朝舊讀，於義則取宋人新説。蓋余嘗細玩莊周之書，考周之時代，察名家之説，知周之爲此篇，確爲攻駁惠施、公孫龍之説而作也。名家最喜分析名物，入乎豪芒①。如公孫龍有白馬非馬，物莫非指，而指非指之説，至爲精微。而周則②攻之，以爲非但物莫非指，即天地亦一指也；非但白馬爲馬，即萬物亦一馬也。惠施又有大同與小同異，此之謂小同異；萬物畢同畢異，此之謂大同異之説。而周則攻之，以爲天地與我並生，萬物與我爲一，分也者，有不分，辨也者，有不辨，天地萬物，無同無異。一則析之入乎至細，一則齊之入乎大同。一主演繹，一主歸納。一則可稱之爲析物論；則周之説，稱之曰齊物論可矣。正不必以篇中言及儒墨，而致疑於其間也。

二　分章

言有叙次，故文有章節。章句之學，治義理者鄙之，夫篇章不明，談何義理？故記"分章第二"。

《齊物論》郭注、成疏，不分章節。

陳景元《南華真經章句音義》分爲十章：自首至"怒者其誰耶"，爲第一章，曰齊我；"大智閑閑"至"其無辨乎"，爲第二章，曰齊智；"道惡乎隱，而有真僞③"至"無適焉，因是已"，爲第三章，曰齊是非；"夫道未始有封"至"此之謂葆光"，爲第四章，曰

---

① 豪芒，毫毛的尖端，比喻極細微。豪，通"毫"。

② 則，原重，據文意刪一"則"字。

③ 僞，原作"爲"，據陳景元《南華真經章句音義》改。

齊道；"故昔者堯問于舜"至"而況德之進乎日者乎"，爲第五章，曰齊治；"齧缺問乎王倪"至"而況利害之端乎"，爲第六章，曰齊物；"瞿鵲子問乎長梧子"至"且暮遇之也"，爲第七章，曰齊死生；"既使我與若辨矣"至"寓諸無竟"，爲第八章，曰齊同異；"罔兩問景"至"惡識所以不然"，爲第九章，曰齊因；"昔者莊周夢爲蝴蝶"至末，爲十章，曰齊化。

王雱《南華真經新傳》不分章。

林希逸《鬳齋口義》① 分爲上下章：自首至"其無辨乎"，爲上章；"道惡乎隱"至末，爲下章。

褚伯秀《南華義海纂微》分爲三章：自首至"莫若以明"，爲第一章；"以指喻指之非指"至"而況德之進乎日者乎"，爲第二章；"齧缺問乎王倪"至末，爲第三章。

元吴澄《莊子内篇訂正》分爲四章：自首至"怒者其誰耶"，爲第一章；"大知閑閑"至"而況德之進乎日者乎"，爲第二章；自"齧缺問乎王倪"至"而況利害之端乎"，爲第三章；"瞿鵲子問乎長梧子"至末，爲第四章。

羅勉道《南華循本》分爲三章：自首至"旦暮得此，其所由以生乎"，爲第一章；"非彼無我"至"此之謂葆光"，爲第二章；自"堯問於舜"至末，爲第三章。

朱得之《莊子通義》分爲四章：自首至"而況德之進乎日者乎"，爲第一章，包含齊我、齊智、齊是非、齊道、齊治、齊物、齊死生七節；自"齧缺問乎王倪"至"而況利害之端乎"，爲第二章，即齊同異一節；"瞿鵲子問長梧子"至"故寓諸無竟"，爲第三章，即齊因一節；"罔兩問景"至末，爲第四章，即齊化一節。其分章雖

① 林希逸《鬳齋口義》，原作"林希鬳《逸齋口義》"，據文意乙正。

與陳景元異，而每章名稱則全剿襲①陳書。

陸西星《南華副墨》分爲四章：自首至"是之謂兩行"，爲第一章；"古之人"至"此之謂葆光"，爲第二章；"故昔者堯問於舜"至"寓諸無竟"，爲第三章；"罔兩問景"至末，爲第四章。

焦竑《莊子翼》分爲十一章：自首至"怒者其誰耶"，爲第一章；"大知閑閑"至"可不謂大哀乎"，爲第二章；"人之生也"至"莫若以明"，爲第三章；"以指喻指"至"是之謂兩行"，爲第四章；"古之人"至"此之謂以明"，爲第五章；"今且有言於此"至"無適焉，因是已"，爲第六章；"夫道未始有封"至"而況德之進乎日者乎"，爲第七章；"齧缺問乎王倪"至"而況利害之端乎"，爲第八章；"瞿鵲子問長梧子"至"且暮遇之也"，爲第九章；"既使我與若辨矣"至"寓諸無竟"，爲第十章；"罔兩問景"至末，爲第十一章。

宣茂公《南華經解》分爲六段：自首至"亦因是也"，爲第一段；"是亦彼也"至"是之謂兩行"，爲第二段；"夫古之人"至"無適焉，因是已"，爲第三段；"未始有封"至"此之謂葆光"，爲第四段；"故昔者堯問於舜"至"寓諸無竟"，爲第五段；"罔兩問景"至末，爲第六段。

屈晦翁《南華通》分爲十節：自首至"無益損乎其真"，爲第一節；"一受其成形"至"儒墨之是非"，爲第二節；"欲是其所非"至"無適焉，因是已"，爲第三節；"已而不知其然"至"此之謂已明"，爲第四節；"今且有言於此"至"止其所不知"，爲第五節；"故昔者堯問於舜"至"德之進乎日者乎"，爲第六節；"齧缺問王倪"至"而況利害之端乎"，爲第七節；"瞿鵲子問長梧子"至"寓諸無竟"，爲第八節；"罔兩問景"至"惡識所以不然"，爲第九節；

---

① 剿（chāo）襲，抄襲。

"昔者莊周夢爲蝴蝶"至末，爲第十節。

馬其昶《莊子故》分爲六章：自首至"其無辨乎"，爲第一章。解曰："言人生智竅日開，天機日汩①，當於萬起萬滅之中，識取真宰②。"自"道惡乎隱"至"莫若以明"，爲第二章。解曰："是非不徇衆好，一以道爲樞。""是以指喻指"至"是之謂兩行"，爲第三章。解曰："道本至通，故不拂衆情。"自"古之人"至"此之謂以明"，爲第四章。解曰："道本至虛，故不執己見。"自"今且有言"至"而況德之進乎日者乎"，爲第五章。解曰："人世是非殽亂，當洞明大本，以應無窮。""齧缺問王倪"至末，爲第六章。解曰：

> 至人深達造化之原，絶無我相，一切是非利害、貴賤、生死，不入胸次，忘年忘義，浩然與天地精神往來，而待解人於萬世，若旦暮焉。

陳壽昌《南華正義》分爲七章：自首至"此之謂葆光"，爲第一章；自"堯問舜"至"而況德之進乎日者乎"，爲第二章；"齧缺問王倪"至"而況利害之端乎"，爲第三章；"瞿鵲子問長梧子"至"旦暮遇之也"，爲第四章；"既使我與若辨矣"至"寓諸無竟"，爲第五章；"罔兩問景"至"惡識所以不然"，爲第六章；"莊周夢爲蝴蝶"至末，爲第七章。

諸家分章各異，故立説分歧。余之私見，以爲自首至"此之謂葆③光"，爲第一章。言人生視聽言動，是非美惡，死生壽夭，易觀如一，無有差別。彼妄析名相，妄生差別，是内明暗滅，外惑用長

---

① 汩，汩没、淹没。

② 真宰，即真心、真我，身的主宰（陳鼓應説）。

③ 葆，原重，據文意删一"葆"字。

耳。若虛室生白，則上下洞徹，如庖丁解牛，無有掛礙矣。是爲正破名家之執。自"堯問舜"至"而況德之進乎日者乎"，爲第二章，申毋嬰物①。"齧缺問王倪"至"而況利害之端乎"，爲第三章，申爭辨之無用。"瞿鵲子問長梧子"至末，爲第四章，申死生一條，利害一致，物我俱化之意。自第二章至第四章，乃自申己意，先破後立，兩截顯然。

三　句讀

篇章大較易辨，句讀細微難明。先秦古籍，語多簡奧，句讀易誤，誤則文義乖剌②。欲明奧義，先明句讀，記"句讀第三"。

> 勞神明爲一，而不知其同也，謂之朝三。

諸家注解，自郭子玄以降，皆"勞神明爲一"斷句。

郭注云："夫達者之於一，豈勞神哉？若勞神明於爲一，不足賴也，與彼不一無以異矣。"

呂惠卿解之曰："道通爲一，若不知其然，勞神明而爲之，乃所以爲不一也。"

林疑獨解之曰："夫神明在身，宜任其自然，今勞而求其爲一，失之遠矣。"

陳景元曰："已而不知其然，無因是之迹也。若勞神明以爲一，則如狙公之役，知以籠群物。"

王雱曰："故無往而不通，通則得，得則幾③矣。若勞神明而爲

---

① 嬰，原誤作"櫻"，據文意改。嬰物，糾纏於外界事務。

② 乖剌，乖戾。

③ 幾，盡也。

一，豈知其同哉？故繼以狙公之喻。”

林希逸曰：“人有勞苦神明，自爲一偏之説，而不知理本同者，謂之朝三。”

羅勉道曰：“凡勞苦其心神，爲此一偏之見，不知通之爲一者也。”

朱得之曰：“爲一，執滯。昭文、師曠、惠子，勞神爲一之證。”

陸長庚曰：“不知無物不然，無物不可，本自同也。故曰：勞神明爲一，而不知其同也，譬之朝三。”

方虚名曰：“道即一也，豈勞神而爲者哉？今勞神明以爲一，則與不一者，亦無以異矣。”

王夫之曰：“故用不可執也，執則亦勞神明爲一，而不知通乎大同也。”

宣穎曰：“若勞心爲一，不知其同於不一，謂之朝三。”

屈復曰：“若勞神明爲一，則是知其然矣。一而知其然，未免生門户，立意見亦與不一者同失。”

陳壽昌曰：“若勞役神明①於爲一，而不識渾同之妙，是猶衆狙之怒朝三也，豈解人哉？”

陸樹芝曰：“一，執滯也。勞神明而務別是非，則爲執滯，而不知其可通爲一，是衆狙之獨怒夫朝三也。”

王先謙曰：“若勞神明以求一，而不知其本同也，是囿於目前之一隅，與朝三之説何異乎？”

胡遠濬曰：“勞神明爲一，惠子是也。同者，謂同於不知其然。”

太炎先生曰：“役神明於一義，不悟其所解②者，還即與不解同，故以狙公賦芋爲喻。”

---

① 明，原脱，據陳壽昌《南華真經正義》補。

② 解，原作“言”，據章太炎《齊物論釋》改。

解者衆矣，更僕難數，①上舉數家，皆人所習知者，其句讀均誤。故其解皆不能歸於至當。一日余方就寢，忽有所悟：蓋"一"者即上文"復通爲一"之"一"，"道通爲一"之"一"，"天地一指，萬物一馬"之"一"，亦即下文"萬物與我爲一"之"一"，亦即《齊物論》之"齊"字也（按：通篇屢②出"一"字，而絶未見"齊"字，蓋齊即一之謂也）。"爲一"須連下讀，文義乃通。"爲一而不知其同也"，猶言明明其爲一物（事），而不知其爲一物（事），是與衆狙不知朝三與暮四無别何異，而猶勞神明以求争勝，不知己之識已與衆狙等矣。是蓋指惠施、公孫龍輩言也。爲一之爲，非作爲之爲，爲猶即也、等也，與甲等乙、乙等丙之等，爾爲爾、我爲我之爲同義。而崔譔不得其解，反謂"謂③之道勞"斷句，大謬。

> 唯其好之也，以異於彼；其好之也，欲以明之彼。非所明而明之，故以堅白之昧終。

前人皆以"唯其好之也"讀，"以異於彼"句，"其好之也"讀，"欲以明之"句，"彼"字連下文讀。自宣茂公始以"彼"字連上文讀，以"欲以明之彼"斷句。解曰："自以爲異於人，且欲以曉於人。"是也。屈晦翁、姚姬傳、陸樹芝、陳壽昌、馬通伯，以及近人胡遠濬，皆從其説。

---

① 更僕難數，語本《禮記·儒行》："遽數之不能終其物，悉數之乃留，更僕未可終也。"王夫之《禮記章句》："謂僕人侍立待説，難竟久，而且倦，須更代也。"後以更僕難數形容事物繁多，數不勝數。
② 屢，同"屢"。
③ 謂，原作"爲"，據《莊子·齊物論》及《經典釋文·莊子音義》引文改。

四　錯簡

古書錯簡，屢見不鮮。如《老子》第三十一章，自"夫佳兵者，不祥之器"至"用兵則貴右"二十九字，爲《老子》原文，"兵者，不祥之器"至末，皆王弼注文，與正文誤合爲一。何琇《樵香筆記》① 辨之至審。《漢書·地理志》魯地下"東平、須昌、壽張"至"當考"十八字，乃注文，誤入正文，顧亭林已辨之矣。至《尚書》錯簡尤多，兹不具引。蓋古書展轉傳寫，簡錯訛奪，必不能免，妄改古書，固不可，盲從舊讀，以訛傳訛，亦未見其可，苟所見爲不謬，則孰謂王魯齋爲狂妄耶？記"錯簡第四"。

"自彼則不見，自知則知之。"

按此兩句，即上文"以明"兩字注語，而誤入正文者也。蓋以明者，内視之謂也。古有成語："反聽之謂聰，内視之爲明，自勝之謂强。"（《史記·商君列傳》趙良告商君曾引用之）"莫若以明"，即用此成語，而取其一"明"字耳。後人不察，注入"自彼"兩語，亦取内視之意。傳寫者誤竄入正文，今本又竄入"物無非是"之下，則更不可解矣。"物無非彼，物無非是"兩句，與"彼出于是，是亦因彼"兩句緊接，乃"彼是方生之説"之成文，莊子引用之耳，與"自彼則不見，自知則知之"兩語何涉？

"亦因是也""是之謂兩行"。

今本"亦因是也"句在"喜怒爲用"之下。"是之謂兩行"句，在"休乎天鈞"下。簡篇舛錯，易置乃通。蓋愚者不知天地與我並生，萬物與我爲一，喜二五之爲多，而惡一十之爲少，猶衆狙喜朝四而惡暮三也。知二而不知一，知分而不知合，是謂兩行。故"喜

---

① 《樵香筆記》，《文淵閣四庫全書》等版本作《樵香小記》。

怒爲用”之下，次之以“是之謂兩行”乃通。因者順應之意，不作意也。即上文“聖人不由而照之于天，亦因是也”之“因”，“適得而幾矣，因是已”之“因”，亦即下文“無適焉，因是已”之“因”。凡莊子言因，多以之許聖人，亦即其立説之所宗。如今本“亦因是也”一語，在“喜怒爲用”之下，則是以因許猲狙矣，而以聖人爲之二而不知一，豈不謬哉？前人不察，而强爲之解，曰“聖人任是非兩行”，曰“狙公因是因非，因物付物”。不知名實未虧，“喜怒爲用”者，狙也，非狙公也，更不知是非只可兩消，不能兩行，其他生死、壽夭、美惡亦然，易觀則相消，決無兩行之理。如可兩行，則莊子齊物之論爲不通矣。自毀其宗，可乎？

“六合之外，聖人存而不論；六合之内，聖人論而不議。《春秋》經世，先王之志，聖人議而不辯。”

上舉三十四字，乃“聖人懷之，衆人辯之，以相示也”之注文，儒家者流，妄爲之下者。後世牽莊入儒，以爲莊子陽毀孔子，而實隱尊孔子，即以此三十四字爲最强之證。王先謙僅疑此《春秋》非孔子所作之《春秋》，而未見其爲錯簡。夫儒家動稱先王，漢儒尤喜談《春秋》大義，此類語至多，不勝縷指。莊周斥儒，何至拾腐儒之唾餘，以自亂其書哉？《齊物論》入此數語，猶唾西施之面，我見猶憐，奈何名世學者多喜掩面而强爲之解也。

“既使我與若辯矣”至“寓諸无竟”。

上舉兩百五十一字，今本在“旦暮遇之也”下，乃錯簡。此一大段文字，與“齧缺問王倪”章“吾惡能知其辯”一段相緊接，與“旦暮遇之也”一段毫無干涉。“齧缺問王倪”章，言爭辯是非之無謂，“瞿鵲子問長梧子”一章，乃申物化之理，揆之文義，灼然可見。

“化聲之相待”至“所以窮年也”。

此二十五字當移至“而待彼也邪”之下，宋吕吉甫已見及之矣，後人多從其説。

"周與蝴蝶，則必有分矣。"

今本此句在"不知周之夢爲蝴蝶與，蝴蝶之夢爲周與"兩句下，此亦爲後人妄下之注文，而傳寫誤入正文者也。蓋莊周之意，欲明物化之理，"不知周之夢爲蝴蝶與，蝴蝶之夢爲周與"，此已達無可分辨，融合爲一之境，故次之曰"此之謂物化"。今乃曰："周與蝴蝶，則必有分矣"，寧不大謬？分也者别也，既有别矣，安得下文猶曰"此之謂物化"？既"物化矣"，而猶先之曰"則必有分"，世有如是不通之文耶？細審之，乃知此爲反莊之腐儒所下注也。其注若曰：汝以爲"不知周之夢爲蝴蝶，蝴蝶之夢爲周與"？當其夢也，誠或如如是，而不夢之周，與不夢之蝶，固儼然有别也，曷可渾言之曰不知耶？腐儒欲改物化之理，其義至顯，不可因其文相傳之久，而仍其謬也。

"爲其脗合，置其滑涽，以隸相尊，衆衆役役，聖人愚芚。"

此數語"涽""尊""芚"爲韻，兩句一聯，今"以隸相尊"一聯，僅存一句，另一句脱失，不可考矣。

五　釋義

向、郭之注，喜談名理，略於考證；注更須注，故有成玄英之疏。注疏雖有可議，而尚知守其宗。宋明以後，學者或推莊入儒，或挽莊入釋，兩無可取。余愧淺陋，於零文碎句，略具一孔之見，若長篇鉅製，請俟異日，記"釋義第五"。

《齊物論第二》郭注曰："夫自是非彼，美己而惡人，物莫不昏。"陸德明《音義》："惡，烏路反。"按："自是非彼，美己惡人"爲偶句，是非、美惡爲對文，惡當讀醜惡之惡，烏各切。是非相背，美惡相反，皆形飾之字，轉用爲動詞。美己者，以己爲美也。惡人者，以人爲醜也；讀爲好惡之惡，則非。

"咸其自取，怒者其誰耶？"

"怒"字下當有"之"字。郭注曰："物皆自得之耳，誰主怒之使然哉？"可證。王先謙曰："萬竅怒呺，有使之怒者，而怒者果誰耶？"略去"之"字，義遂隱晦。

"可行已信，而不見其形，有情而無形。"

馬通伯曰"已與以同"，卓識可佩。惟謂"信"即《大宗師》篇之"有情有信"之"信"，則不敢苟同。陳壽昌曰："信，實也。"胡遠濬以爲當從陳説，亦近似耳，未確也。

按：《老子》二十一章"其中有信"，王弼注曰"信，信驗也"，其説至當。本文"信"字當從王弼説，蓋真宰之爲物，無象可求，僅可由行事之際體驗而得，故曰"可行已信"。其句式可轉爲"可信（驗）已（以）行"。可驗之以行事，而不可得其形象，故次之以"有情而無形"。情，即信也，義同信驗之信。或言情，或言信，爲行文之便耳。

"汝皆説之乎？其有私焉？"

其，猶殆也；"其有私焉"，從言殆有私焉。焉，疑問之詞也。下文"其有真君存焉"義同。言"百骸、九竅、六臟"，"汝皆説之乎"，抑説其一體乎？私者，即説其一體之謂也。郭注曰："皆説之，則是有所私也"，殊非。蓋皆説之，無所偏愛，何私之有！

"夫隨其成心而師之，誰獨且無師乎？"

諸家解"成心"，多有未是。余試爲之解曰：心者内因，成者外緣，因與緣會，是謂成心（俗稱成見）。成心非實，境依假立，因與緣離，諸境俱寂。故曰："未成乎心，而有是非，是今日適越，而昔至也。"可知是非生乎成心。人皆有成心，故是非紛然；欲泯是非，去其成心可矣。成心去，而後真宰乃現耳。

"故有儒墨之是非，以是其所非，而非其所是"至"莫若以明"。

郭注"其"指儒墨，是也；明，"反覆相明"之意，則非也。蓋"其"乃代詞，任代一方。彼以爲非，則此以爲是，此以爲非，而彼以爲是，是非永不能定。欲是非大明，必彼此內省而後可。故曰："莫若以明。"以明者，內視之謂也。此莊子引用成語。宋崔敦禮有曰："若水之清，明從內生，若谷之虛，響從內興，所以爲視聽之精。"（見《芻言》卷下）用釋"以明"二字，至爲恰切。

"道行之而成，物謂之而然。"

宣穎曰："道，路也。""行之而成"，王先謙曰："孟子所云'用之而成路'也。"羅勉道曰："道本無名，人行之而成道之名；物本無名，人謂之而立物之名。"皆是也。道理之道，本訓路。孟子曰："義，人路也。""誰能出不由戶？何莫由斯道也？"① 可證。"物謂之而然"之"謂"，即《公孫龍子》"物莫非指"之"指"，皆謂稱物以名也。道本無有，行之而後有大道、小徑之分；物本無別，立名而後有長短、大小、美惡之異。

"道之所以虧，愛之所以成。"

郭注曰："道虧則情有所偏，而愛有所成。"諸家因之，非是。余謂成者，虧道之謂也。道何由而虧？愛之，所以虧之也，上文"是非之彰也，道之所以虧也"可證。蓋彰明是非，本欲明道也；欲明道者，有愛於道也。而不知道正由我愛之而虧，愛之成於此，而道即虧之於彼，如影隨形，速於郵傳。欲道之不虧，須是非不彰，欲是非俱泯，須無愛於道，此莊子立言之旨也。

"今且有言於此，不知其與是類乎？其與是不類乎？類與不類，相與爲類，② 則與彼無以異矣。"

---

① "誰能出不由戶？何莫由斯道也？"出自《論語·雍也》。
② 相與爲類，原作"栩與不類"，據《莊子·齊物論》改。

郭注未明。馬其昶曰："是者以明，彼者物論"，亦嫌穿鑿。

按："彼"是相對，不必有定指。"則與彼無以異矣"是省文，原當作："不知其與彼類乎？其與彼不類乎？類與不類，又相與爲類。"大抵相爭必有兩方，而兩方各有一是（類）一非（不類）存乎其間；言是則俱是，言非則俱非，是非相消，爭於何有？

"弔詭。"

郭注曰："夫非常之談，故非常人之所知，故謂之弔當卓詭。"陸德明《音義》曰："弔，音的，至也；詭，異也。"余謂弔訓至極之至，是也；詭，則當訓秘，言其理至爲隱秘難知也。故下文曰："萬世之後，而一遇大聖，知其解者，旦暮遇之也。""弔詭"二字當爲現成名詞，莊子引用之耳。

馬其昶曰：弔詭即《天下》篇"諔詭可觀"之"諔詭"。太炎先生從其説。今謂《天下》篇之"諔詭"，與《德充符》篇之"諔詭"同義。陸云："奇異也。"今以弔爲詭，失一義矣。馬叙倫曰："弔同憍。憍，權詐也，詭變也"，於義尤乖。夫權詐詭變，乃聖人之所痛斥，亦莊子之所排擊不遺餘力者也。既曰權詐詭變，下文更何必曰"萬世之後，而一遇大聖，知其解者，旦暮遇之也"耶？權詐詭變之説，常人亦知不欲求其解，而況大聖。既有須俟大聖方能知其解之語，則知弔詭者，決非權詐詭變之説也。

"化聲之相待，若其不相待。"

前人解化聲，僅屈晦翁得其旨，而其言略；於不相待之義未盡，兹更申言之。未①化聲爲言，言是生非，是非無定，隨我見移，言是言非，若相對立；是中有非，非中孕是，是非相待，適以相泯。故曰："相待若其不相待。"待，對也。

"和之以天倪，因之以曼衍，所以窮年也。"

---

① 據文意，"未"字疑衍。

倪者，端也；聲在未化之先，謂之天倪。此時是非未現，和之則是非兩遺矣。和之者，一之之謂也。上文"和之以是非"，即此"和之以天倪"也。如是非既立，誰能和之？孰是孰非，"我與若與人俱不能相知也"，下文已詳言之矣。曼衍之義，宣説是也；① 窮年即乘化歸盡之意，乃至人之逍遥也。

① 宣穎《南華經解》訓"曼衍"爲"無畔岸"，即"任爲消遣"。

评　论

评《亚里士多德和其他柏拉图主义者》

克劳特（Richard Kraut） 撰

罗晗颖 译

格尔森（Lloyd P. Gerson），《亚里士多德和其他柏拉图主义者》（*Aristotle and Other Platonists*），Ithaca，N. Y.，and London：Cornell University Press，2005。

这部令人印象深刻的著作，其观点体现在一条脚注中（页4，注16）。我们都见过拉斐尔名作《雅典学院》的复版，对下述细节一清二楚：柏拉图一手拿着《蒂迈欧》，一手指向上方，他旁边的亚里士多德则拿着《尼各马可伦理学》，手掌心朝下。格尔森（Lloyd Gerson）写道：

> 无数代学生听说过对这幅画的错误解读，其大意是拉斐尔在比较出世的（otherworldly）柏拉图与入世的（down-to-earth）亚里士多德。事实上，这极有可能并非拉斐尔所想。尤其在跟随调和论者皮科（Pico dellaMirandola）学习古代哲学后……拉斐尔有可能是在间接呈现辛普里丘（Simplicius）所假定的柏拉图

和亚里士多德的"分工"论。

格尔森称皮科为"调和论者"的意思是，与诸多新柏拉图主义注疏家一样，皮科也把柏拉图和亚里士多德视作共同事业的合作者，而非对手。"希普里丘假定的'分工'论"让柏拉图成为"理智世界的权威"，而让亚里士多德成为"可感世界的权威"（页4）。当然，这使亚里士多德在合作关系中仅处于次要地位，因为根据这种新柏拉图主义路径的亚里士多德解读，亚里士多德完全同意柏拉图的下述观点：理智的、无形的、永恒的世界是第一实在，而可感实体（sensible substances）的质料性、变动不居的领域在本体论上是第二位的（ontologically secondary）。在格尔森看来，亚里士多德的理论必定可以"纳入更宏阔、绝对真实的柏拉图体系，就如同牛顿力学可纳入量子力学，或语句逻辑可归入谓词演算（predicate calculus）"（页4）。格尔森同意新柏拉图主义者的观点，认为与亚里士多德相比，柏拉图对各种第一性原理"有更深入更准确的理解"，而亚里士多德的确"未能理解所有实在的第一性原理"（页10），他认为第一性原理是思想，而非超越存在的不可言喻的善。格尔森认为，亚里士多德的误解影响深远并引发了连锁反应。尤其是，亚里士多德错误地认为他的四因说是唯一的原因类型。这一观点忽视了万物最根本的原因：理念通过成为造物者创世时所沉思的范式，作为原因而发挥作用。

格尔森作为新柏拉图主义形而上学、认识论和伦理学的信徒而著书立说。他不仅发现新柏拉图主义解读柏拉图和亚里士多德的方法充满洞见，还认为柏拉图的思想体系是向真理的严肃靠近。"本书的中心和首要任务之一，就是致力于复兴柏拉图和亚里士多德的'生与死（living and dead）'之问"（页22）。① 格尔森认为，为达此

---

① ［译注］此处的"生与死"当指20世纪文学评论中著名的作者的"生与死"。

目的，我们需要抛开在有些人（包括亚里士多德本人！）看来很容易被驳倒的"伪柏拉图主义之作"（页22），也要抛开"模仿亚里士多德的拙劣之作"（页257），后者产生自忽视或否认亚里士多德对柏拉图主义的信奉。其结果是"两个世界"彻底二元对立的路径，一种与唯物主义、经验主义和世俗伦理完全背道而驰的路径。令人惊讶的是，格尔森从未批评过新柏拉图主义者——无论是他们对柏拉图和亚里士多德的解释，还是他们关于现实和价值的概念。如果在那种世界观中有什么东西已死，我们在此也无从知晓。

格尔森从内心深处怀疑能以阶段论来解读柏拉图和亚里士多德，这种方法宣称旨在发现某位思想家学说发生的基本转变，并通过划分其早期和晚期阶段来加以解释。没有哪位新柏拉图主义者会以这种方式阅读柏拉图或亚里士多德，而格尔森认为这很明智。例如，《帕默尼德》（*Parmenides*）不应视作柏拉图形而上学的转折点：这篇对话就假定的理念（Forms）提出了一系列问题，这些问题很容易解决，它们只是针对关于这些实体是什么的肤浅误解而设，而柏拉图从未持有那些误解。诸如亚里士多德最初是柏拉图主义者，后来又背离了柏拉图这种说法，或假定亚里士多德走向了相反方向的做法，都被格尔森摒弃。格尔森强调了亚里士多德的显白作品如《优台谟伦理学》（*Eudemus*）、《劝导篇》（*Protrepticus*）和《论哲学》（*On Philosophy*）中的柏拉图主义，并认为亚里士多德没有理由重新检省这些作品对灵魂不朽、超越可感领域的可知秩序以及以一种以神为中心的伦理学的信奉。格尔森这部著作以大部分篇幅讨论了《范畴篇》《论灵魂》《形而上学》和《尼各马可伦理学》等核心作品，他认为，亚里士多德显白作品中的柏拉图主义在这些核心作品中皆有充分体现。格尔森批评说，当代学者研究这些作品时，经常将他们在其中发现的柏拉图主义，视为亚里士多德早期思想框架的不幸且令人尴尬的残余，"就如同必须忍受衬衫上永久的食物污渍"（页14）。他认为，各种有可能解读亚里士多德的方式，仅仅因为把亚里士多德解释成一个柏拉图主义者就遭到拒绝，这太不合常理。

格尔森承认，人们广泛接受将柏拉图与亚里士多德对观（Plato-versus-Aristotle）的解读方法，一个原因就是亚里多德坚决反对假定的理念。但他认为，我们不应太过在意亚里士多德对柏拉图范式的尖刻批评，亚里士多德说那些范式不过是"空洞的辞藻和诗性的隐喻"。首先，格尔森认为，亚里士多德对柏拉图主义的理念没有可靠的理解。例如，亚里士多德认为，理念凭自身就是运动的原因。在新柏拉图主义看来则并非如此，他们认为，是造物主对能够解释可感世界的理念的沉思，让它们成了运动的原因，并非理念凭自身成为运动的原因。其次，亚里士多德对理念的批评可以解释成，他是在批评柏拉图学园的一些成员接受的一种误入歧途的理念论，而非在批评柏拉图本人的理念论。第三，亚里士多德的本体论假定了"与理念别无二致"的对象，那些对象是"永恒的可被理智认知的对象"，根据格尔森的说法，它们是不动的第一推动者（the prime unmoved mover）沉思的对象（页209）。如格尔森所说，亚里士多德是一个"不知不觉的柏拉图主义者（Platonist malgrélui，格尔森第九章标题）"，他有时并未意识到他本人信奉柏拉图的基本学说。请注意，在格尔森看来，亚里士多德在几个不同的领域表现不佳：他被指责犯有根本的形而上学错误，即他未能认识到实在的终极基础；误解柏拉图的观点；缺乏自我理解，即未能认识到他本人的本体论与柏拉图的本体论很相似。

格尔森勇于挑战根深蒂固、广为接受的柏拉图和亚里士多德研究路径，这实在值得称赞。他巧妙地在导言开篇就定下他的目标：

亚里士多德与柏拉图相敌对——长期以来，哲学史教科书

里和大学里都是从这个角度来讲述二人关系的。（页1）

他说，就理解亚里士多德与柏拉图的关系而言，最有益的莫过于牢记下述事实：差不多有三百年，一系列杰出的哲学家和文本注疏家皆持相反观点。以格尔森的书为向导，我们就能更好地理解新柏拉图主义的作品——包括文本注疏和原创著作——它们阐明了柏拉图和亚里士多德的和谐。格尔森对新柏拉图主义解释的阐述以广博和透彻著称。他在大量脚注中引用或概述了一大批二手文献，既有他赞同的文献，又有他反对的文献。他还翻译并细致分析了一些极具解释学意义的新柏拉图主义文本。此外，在书末附录中，格尔森还为新柏拉图主义的新手编写了人物简述，大约包括二十个人，其中有柏拉图主义者、亚里士多德主义者，以及一些他在整部作品中引用和讨论过的人。所有研究柏拉图和亚里士多德的学者都要感激他，因他以一部篇幅适宜的著作批判了人们广泛接受的研究视角，从该视角看来，亚里士多德和柏拉图分歧极大。

格尔森同意调和论者的理由是否很充分？首先来看人们通常如何比较柏拉图与亚里士多德的形而上学。人们常说，柏拉图的理念论包括主张存在诸如本质（properties，通常称为"共相"）之类的东西，以及进一步主张这些实体具有如下性质：它们可有多重示例（multiple instantiation）；它们不是有形的或通过经验可观察到的；它们是永恒不变的；它们的存在不依赖于物质世界，等等。那么，亚里士多德排斥柏拉图的这个理论吗？常见的回答是：排斥，也不排斥。也就是说，他相信存在共相这种可以有多重示例的东西，但是，他不相信它们可以独立于其示例而存在。他认为，这匹特殊的马是第一实体，而马的共相——这匹马就是共相的一个实例——是第二实体，因为除非至少有一匹特殊的马，否则马的共相不可能存在。以此方式解读，那么拉斐尔画中亚里士多德的手掌之所以朝下，是因为他正在告诉柏拉图马的共相取决于特殊的马；而柏拉图之所以指向上方，是因为他的看法与亚里士多德完全不同——第一实体独立于这个世界而存在。

无论如何，将亚里士多德的《范畴篇》解读为一部反柏拉图作品，这很常见且极具诱惑力。为什么格尔森认为我们应该拒绝这种解读方式？因为他主张理念不是共相。所以，即便我们正确地看到《范畴篇》这部作品肯定共相依赖于特殊这一观点，那也与柏拉图无关，因为柏拉图所假定的理念不能解释成亚里士多德称之为共相的那种实体。

为什么柏拉图的理念不能理解成亚里士多德称为共相的实体？格尔森是在说理念是特殊的而非普遍的吗？绝非如此！在他看来，理念不能归入任何范畴。那它们究竟是什么？格尔森的回答是，"它们为谓词（predication）的可能性提供解释"（页82，强调为格尔森所加）。他更完整的说法是：

> 如果某物是大的，那么"大"表示这个世界的一种真实特性。但是，如果其他东西也可以用大来形容……那么这个世界一定有**另**一个真实的部分可用"大性"（Largeness）来表示……诸如"大性"之类的东西，就是永远为"大"这样的词可能正确使用而提供条件的实体。（页211，强调为格尔森所加）

没有人会反对以上是最接近格尔森所谓的理念是什么的说法，据此我们有理由认为，格尔森所谓的理念，正是通常被称作本质（properties）或共相的那类对象。用一般的哲学术语来说，一种本质或共相的标志就是能被很多东西分有，亦即它会有一个或多个实例。类是一种不同的实体，因为它拥有的是成员而非实例；整全又是另一种东西，它由部分组成。格尔森反复提到理念是一种有"实例"的东西（页21、39、92、227）。事实上，几乎无法避免使用"实例"（instantiation）或其同根词及同义术语，来描述"大性"所指理念与许多可见大物之间的关系。同样的说法也适用于描述亚里士多德所谓的共相与其所涵括的特殊事物间的关系。因此，一般来说，柏拉图的理念和亚里士多德的共相，正是我们所说的"普遍性"。一旦认识到这一点，那么，对于亚里士多德说这匹马和这个人等诸如此类的事物是第一实体，而用以涵括它们的事物则依赖于它们，我们就完全有理由认为，亚里士多德提出了一个反柏拉图主义的观点。

格尔森遵循新柏拉图主义者的观点，将《范畴篇》视为一部"完全聚焦于语言和概念思维"的作品，并认为该作品仅适用于属于生成领域而非存在领域的可感混合物（sensible composites）（页77）。换言之，他认为《范畴篇》是一部"逻辑学"而非"本体论"作品（页79）。按此种方法解读，《范畴篇》就并非意在挑战柏拉图的实在秩序概念。但是，《范畴篇》说：

> 有些存在物能述说一个主体（subject），但并不依存于一个主体。例如，人能述说某一个别的人这一主体，但并不存在于这一主体之中。（1a20 – 22）①

亚里士多德谈论的是一个人或一匹马之类的存在物，而不仅仅是词语。他的论点，即苏格拉底是先于其性质的某种第一实体的一个范例，这并非关于"苏格拉底"或"人"或"苍白"这些词的论断，而是关于这些词所指称的东西之间的本体论关系的论断。因此，新柏拉图主义的策略，即试图通过断言《范畴篇》没有本体论来调和这部作品与柏拉图的形而上学，是不会成功的。当然，也不能说，这部作品中假定的诸范畴就是意在掌握只存在于可感的生成世界中的差异。因为亚里士多德指出，神和理智（nous）也属于实体范畴

---

① ［译注］中译引自苗力田主编的《亚里士多德全集》（第一卷），页3。

之内（《尼各马可伦理学》，1.6.1096a24－25）。

格尔森认为，亚里士多德在伦理学中表现出的柏拉图主义，与他在形而上学中表现出的不相上下。"柏拉图主义伦理学的第一原则是，一个人必须'变得像神'"（页34）。脱离了肉身的灵魂——那不是整全的灵魂，而是纯粹的理性——才是真正的灵魂，模仿神的过程不仅要脱离自身的肉体，还要疏远自身灵魂的低劣部分（页257）。在前世，即在灵魂被禁锢于肉体并与灵魂的其他元素结合之前，人在宇宙中占据着一个神样的沉思理念的位置，此世的一切所为都应为恢复那个失落的世界做准备（页34）。这并不意味着一个人可以忽视对他人的责任。因为我们目前是被赋予身体的存在，有着复合的灵魂，所以变得像神的过程必须以一种符合我们的身体需求、我们的情感反应以及我们的社会关系的方式进行调节。正因为如此，我们才需要柏拉图在《王制》卷四所定义的"民众和政治"的美德（页246）。当我们在养成正义和节制等习惯的过程中认同了理性，且由此得到净化后，就会产生一种新的自我概念，这一概念在变得像神的过程中将发挥重要作用。但是，所谓的美德若脱离了变得像神的哲学探究，就不过是"一种虚幻的表象……仅适用于奴隶"（页246，注16）。

新柏拉图主义者认为亚里士多德赞同以上全部观点，格尔森认为他们这样做完全正确。这种解读亚里士多德的方式可以得到《尼各马可伦理学》中著名说法的支撑：每个人似乎就是理智（nous），如果它是人身上居于主宰的、较好的部分（1178a2－3；a6－7）。这是亚里士多德在《尼各马可伦理学》第十卷用以表明下述观点的众多表述之一：沉思生活是最佳生活，而致力于伦理美德的生活虽然幸福，却是次好的生活。对于如何理解《尼各马可伦理学》中这部分讨论哲学生活以及哲学生活优于政治生活的内容，亚里士多德道德哲学的学者们存在严重分歧。许多人（包括笔者）认同格尔森的观点：不仅亚里士多德对沉思生活的辩护与他的实践哲学的所有其他方面一致，而且，他在卷一对幸福的处理也旨在为卷十的讨论留下余地。

即便如此，我们也不必认为，由于亚里士多德在此处说每个人都有理智（nous），所以我们就应该像格尔森那样，从他身上读出柏拉图《斐多》中的那种出世性。理智的确是我们身上的一部分，还是居于主宰的、最好的部分，但是，我们身上同样还存在其他部分。对柏拉图来说，其他部分是终会消亡的附加物（passing accretions），无论在我们这个世界上遭遇什么，我们必须时刻提醒自己，灵魂有一个更宏伟的计划：它最终要返归其自然的归所，成为无形且纯净的理念沉思者。亚里士多德的道德哲学中则没有任何东西与这种复归失落世界的渴望相符。一个人受尽折磨，他会幸福吗？普里阿摩斯在失去整个家庭和国家后，仍能过得幸福吗？此世的不幸能被死后的际遇克服或消除吗？亚里士多德在处理这些问题时（《尼各马可伦理学》，1.5–11）有充分的自信，他认为人所能拥有的唯一幸福就是今生的幸福，如果一个人早逝，或者陷于贫困之中，他不可能活得幸福。柏拉图和他的新柏拉图主义追随者完全不同意亚里士多德的这些观点。在他们看来，最重要的是灵魂的状态——灵魂的纯洁和启蒙（enlightenment），而非其对尘世的参与度。真正的美德一旦达成，就没有任何东西能夺走它，所以，生成世界中没有任何东西可剥夺一个人的幸福。亚里士多德的下述基本观点必然应视为对柏拉图的出世性的批判：幸福不是一种状态，而是活动（activity）——只有与流变世界合作，活动才能实现。

新柏拉图主义者试图将亚里士多德视作助手，辅助位置更高的柏拉图，只是这位助手有时会被误导，新柏拉图主义者这项雄心勃勃的计划的推动者，其哲学技艺和对前辈的知识皆在最佳的水准。面对理解柏拉图和亚里士多德的重重困难时，我们最好将他们的视角牢记于心。格尔森为他们二人的和谐一致竭力辩护，因此，他的辩护是对古代哲学研究的非凡贡献。尽管如此，我仍未被格尔森说服。当然，肯定能找到柏拉图和亚里士多德的类同性乃至完全一致之处，但是，也能找到他们的深刻分歧。格尔森并没有让我信服，这两位思想家的关系确实如新柏拉图主义者所言。

评《施特劳斯古典政治哲学思想著作指南》

圣希莱尔（Antoine P. St-Hilaire） 撰

张天骥 译

伯恩斯（Timothy Burns）编，《施特劳斯古典政治思想著作指南》
（*Brill's Companion to Leo Strauss' Writings on Classical Political Thought*），
Leiden：Brill，2015。

布里尔出版社近来出版了《施特劳斯古典政治思想著作指南》
（以下简称《指南》），这是一部益趣兼备的书。此书为施特劳斯的
入门读者提供了丰富的介绍，还处理阐释施特劳斯所要面对的艰难
且实质性的问题。因此，对每一个认真研究施特劳斯思想的学者来
说，这本书无疑都是必读书——因为我们可以把施特劳斯的思想如
实概括为一种"试探性或实验性"[①] 的尝试，他的目的是恢复古典
政治理性主义，而其大部分著作实际上都是在评述古代政治哲学的

---

① Leo Strauss, *The City and Man*, Chicago：The University of Chicago Press,
1964, p. 11.

核心文本。

在编者引言中，伯恩斯总结了施特劳斯的智性之路，强调了他批判现代性、试图复兴古代政治思想的关键点。任何施特劳斯的读者都知道，促使这种回归的，是哲学的最终可能性且因此也是政治哲学的最终可能性在当代受到的双重威胁：实证主义和历史主义。实证主义一经审查就会"转化为历史主义"，[①] 伯恩斯对历史主义的首要理解是正确的。

首先，施特劳斯向我们展示了对黑格尔历史哲学的解释（其历史哲学乃是所谓的"理性历史主义"的主要表征，页153）。他还明确指出，在严格意义上，黑格尔的历史观并非历史主义（页10），因为黑格尔的历史观自认为站在绝对立场，因而没有使自身历史化（historisize）。但是，通过"发明"历史意识（页7），黑格尔为历史意识的激进化作了准备——这主要有赖于德国历史学派，后者最终导致历史之外任何超验真理的湮没，即导致了历史主义（页11）。尽管历史上绝对时刻的概念似乎相当难以确立，但历史主义本身却在与一个更严重的问题搏斗：如果每个真理都得局限于其历史情况或时代，那么，发现这一更广泛"真理"的时代岂不是优于以前的诸时代？因此，历史主义徘徊在否定任何绝对时刻与需要一个绝对时刻之间。施特劳斯认为，这一困境导致"理论"被抛弃（页12）。[②] 尼采和海德格尔对哲学的严厉批判，对诗化思想的某种支持，都证实了现代理性主义的这个当代危机。正如伯恩斯所强调的，"现代政治哲学""开始是为了替代古典政治哲学，却以告别理性而

---

① Leo Strauss, *What Is Political Philosophy? and Other Studies*, Chicago：University of Chicago Press, 1988, p. 25.

② 参 Leo Strauss, *Natural Right and History*, Chicago：University of Chicago Press, 1953, p. 26。

终"（页2）。因此，恢复理性意味着以某种方式恢复古代哲学。

在胡塞尔和海德格尔的"失败"尝试之后，施特劳斯试图复兴古人的"自然世界"或"前科学世界"，以反对现代科学和哲学的抽象意识的品质（页16）。由于古典哲人在一个尚未经科学"灌输"或改变的世界中思考（页17），他们的著作能够表明科学或哲学生活出现于政治的、道德的和宗教的生活中，这种生活构成了这一自然世界的核心。因此，不同于大多数对古代思想的现象学研究，施特劳斯复兴古典思想家的标志，就是复兴"作为达到真正哲学的必要开端的政治哲学"（页3）。将科学或哲学建立于自然世界，即建立在城邦中，意味着哲学探究的出发点必须是构成前科学王国的道德和政治意见。哲人开创的哲学生活并非如海德格尔所想的那样是以存在的形而上学为基础，而是根据充分理性原则——从无得无（ex nihilo nihil fit）。但是，伯恩斯随即指出：

> 如果科学或哲学的"前提"——充分的理性或因果这一原则仅仅是一种选择或决定的结果，而非得以证明，那么就不能为科学或哲学辩护，这仍然是事实。（页20）

这就等于说，政治哲学必须审查这些观点，它必须是辩证的（dialectical，页25）。从事这种辩证探究的哲人很快就会认识到，他所遇到的一套套观点要么自相矛盾，要么引发矛盾，① 因此，他将在哲学对话的最终行动中认识到"他走对了路"（页26）。施特劳斯

---

① 因此，如果哲人不想把因果关系看作不证自明的原理，而要想论证，那就只有依靠矛盾原理，或更常见的就是依靠逻辑。伯恩斯正确地指出，海德格尔"回避了"或者说含蓄地否定了因果关系（页20），但也可以指出，他在某种程度上也拒绝了，或者至少明确地搁置了矛盾原理（因此逻辑也就全成了"逻辑学"）。参 Martin Heidegger, *Was ist Metaphysik?*, in *Wegmarken*, *GA* 9, 107。这里似乎确实有一种"告别理性"的意味。

由此发现，政治哲学作为一种专注于政治的理性探究，是古代哲人为了建立他们生活方式的真实性而采取的方法，是把自然看作一个可知整体的理性理解方式，这与"神学"的思考方式和生活方式形成对照。① 他无疑认为这一辩证法比对宗教的现代批判更好，因为后者在事实上有力但在理论上不足。因此，施特劳斯通过对"神学—政治问题"的密切关注来审视古代文本。

《指南》为读者提供了一系列文章，展现并详尽阐释了施特劳斯几乎所有的古典政治哲学著作。② 全书分为六个部分：第一部分内容评述施特劳斯研究前苏格拉底思想的文本，第二部分关乎古典政治哲学概况，第三至第六部分分别关乎阿里斯托芬、色诺芬、柏拉图和亚里士多德。笔者无法在这篇评论中对每章提供足够详细的说明，仅尝试勾勒出其概要。

一　前苏格拉底思想问题

在《指南》第一章中，麦克布雷尔（Gregory A. McBrayer）研究了《自然正当与历史》的第三章"自然正当观念的起源"。通过关注这一苏格拉底式观念的起源，施特劳斯实际探讨了自然正当得以可能的基础，即发现自然。事实上，如果存在某种类似于自然正当

---

①　很遗憾的是，无论是在本书还是在这篇评论中，根据施特劳斯，政治哲人是否能够成功地从政治哲学走向"真正的哲学"这个问题一直悬而未决，也许施特劳斯的著作中也是如此。

②　这本指南没有讨论下述文本：施特劳斯《什么是政治哲学》一书中题为"论古典政治哲学"的一章；《苏格拉底问题》中最后专门对柏拉图与诗人的讨论；《色诺芬的苏格拉底》一书中"苏格拉底在法官面前的申辩"一章；《色诺芬的苏格拉底言辞》（施特劳斯对色诺芬《齐家》的解读）；对亨利（W. P. Henry）为《希腊史》而作的《希腊历史人》的评论；施特劳斯已经出版的柏拉图《会饮》讲稿。

的东西，自然的观念就需要作为一种可理解的原则。施特劳斯认为，发现自然源于两个方面的区别，即"传闻与亲眼所见之间［的区别］"，以及人为与非人为之间［的区别］（页35；《自然正当与历史》，页88）。因此，起初自然的发现与习俗（nomos）相矛盾甚至截然对立。然而，这种事物状态导致了一个明显的悖论：为了发现自然正当而需要发现自然，这似乎背离人类习俗即政治领域，而在这个领域里事物据说都有对错之分。

事实上，自然存在与人为存在之间的貌似分离，导致了前苏格拉底时代的思想家们蔑视习俗。自然标准显得太鲜明，导致了道德和政治上的习俗主义，这种习俗主义稍加演化，在古代相当于现代的法律实证主义：正义和非正义仅仅是人类习俗性的协议而已（页38－39）。施特劳斯承认习俗主义者的学说的力量，虽然他最后拒绝接受。其实，就整个自然的稳定性和秩序而言，我们人世的正义标准总在变化。然而，自然正当观念要求"正当原则并非不可变"（页39）。但施特劳斯认为，实证权利的变动，并不足以确定自然正当就不可能。即使是此种可变性，也表明某种永恒之物存在于其背后或者超越了它，正如麦克布雷尔所说，

> 在自然正当问题上出现的长久争议揭示了一种真正的困惑，一个永恒的或根本性的问题。（页40，重点为笔者所加）

实际情况是，施特劳斯从"观念"的角度来谈论自然正当，可能会让人作如是想：这岂不是说，自然正当就是一个问题（problem）或一种质问（question）（比如《什么是政治哲学》页39）？因此，苏格拉底式的自然正当不是作为关于正义的教条学说而出现的，而是朝着超越习俗的、自然的正义标准敞开。

前苏格拉底时期派生的政治学说的问题在于，他们认为城邦只是虚构。由于正义与城邦的共同善紧密相连，如果城邦纯粹是人造

之物，那就不会有自然正当（页 40 - 41）。这是否意味着，相比之下，苏格拉底哲学认为城邦出于自然呢？不完全如此：苏格拉底并不知道城邦是否真的源于自然，但他也不预设它非自然。事实上，苏格拉底政治哲学关注根本问题，其作品中存在一种紧张关系，施特劳斯的论著也时常有助于唤起这种紧张（页 45）。前苏格拉底哲学的这一预设从属于一个更深或更广的预设。从自然的特定视角出发，这些前苏格拉底思想家相信，政治共同体有人为的特性。的确，为了断言政治并非源于自然，就必须了解自然原则。前苏格拉底思想家们预设自己懂得这些原则（页 43），他们已经用真正的宇宙论取代了神意。苏格拉底式的哲学态度面对他们的假定则持怀疑态度，施特劳斯确实说，苏格拉底没有预先假定任何具体的宇宙论，同时苏格拉底关于无知的知识也使他能够"从整全的神秘特性的角度来看待人类"（《什么是政治哲学》，页 38 - 39）。麦克布雷尔写道，这种立场

> 不会预设存有永恒不朽的首要原则，也不是还原论，因为它通过承认一件事物的本质是它所属的一类存在的特征，区别于其他各类存在的特征，在一定程度上保存了自然现象。（页 43）

施特劳斯用"知识的异质性"（noetic heterogeneity）① 一语来概括这种苏格拉底式的非教条本体论，它使人认识到人类事务或政治事业的独特性，而不预设其是自然还是非自然的。由此，苏格拉底

---

① ［校按］施特劳斯此处上下文是："我们所拥有的知识具有一种从未被克服的基本二元论的特征。在二元中的一端，我们发现了关于同质性的知识，这种知识主要存在于算术中，还有数学的其他分支以及所有从数学衍生而来的生产性技艺或手艺中。在二元的另一端，我们发现了关于异质性的知识，尤其是关于异质目的的知识，这类知识的最高形式是政治家教育者的技艺。"（页 39）

打开了真正哲学思考的可能性，也即根据自然或可理解的标准，对政治事物进行理性探究——他是政治哲学的创始人。

麦克布雷尔在结论中认为，

> 自然正当观念的起源似乎植根于人类捍卫正义的愿望，此时正义的存在因自然的发现以及随之而来的自然与习俗的区别而受到怀疑。（页 47）

有人可能会疑惑，这一起源是不是反而并非植根于理解（understand）或了解（know）正义的愿望，而是仅仅为了捍卫正义。尽管如此，这必然有助于理解，为何施特劳斯著作中——以及这本《指南》中——所讨论的前苏格拉底思想的主要代表，在历史上是苏格拉底的同代人（修昔底德）和后代人（卢克莱修）。前苏格拉底哲学不仅仅是哲学所处的一个历史时刻：“苏格拉底式的哲学思考”“总是处于迷失的危险之中”，因为它要么陷入前苏格拉底自然哲学的哲学习俗主义陷阱（页 47），要么陷入前哲学的自然立场的陷阱，政治哲学介乎两者非常脆弱的平衡中。

第二章探讨施特劳斯论修昔底德的著作。但是修昔底德似乎并不符合前面提到的那些自然哲人形象，后者唯一蔑视的是政治领域。事实上，欧文（*Clifford Orwin*）一开始就指出：

> 在成熟时期的施特劳斯看来，修昔底德的“史学”和苏格拉底的“哲学”之间的共识（commonsensicality）似乎超越了它们任何的差异。（页 53）

然而，施特劳斯认为修昔底德的政治史学是对前苏格拉底自然哲学的“补充”，同时修昔底德“从赫拉克利特那里得到了宇宙观”（页 52）。因此，把修昔底德称为前苏格拉底式的人物，就要求我们理解这种宇宙观与政治思想之间的关系。当我们的注意力被施特劳斯引向修昔底德作品中的虔敬和神的问题时，这种关系就昭然若揭。

　　纵观施特劳斯对修昔底德的评论，静止与运动之间的辩证关系是一个永恒主题。政治哲人如柏拉图或亚里士多德向我们展示了"静止"的城邦，而修昔底德展示的城邦是"运动"着的——又何止城邦如此？修昔底德的史学给最大的战争画了一幅像，我们应该把这场战争理解为最大的运动，但这样的运动只能在最长久的和平即最大的静止之后出现。伯罗奔半岛战争的双方是斯巴达与雅典，前者是保守的节制之城——静止之城，后者是勇敢的进步之城——运动之城。这些辩证对立是什么意思？施特劳斯似乎要和读者一起，从修昔底德对斯巴达和雅典的研究中，亦即从修昔底德对这两座城邦之战的解释中，去寻求修昔底德对自然的理解，事实上，"修昔底德作品中至关重要的二元性……就是他自然学说的两面性"（页57）。

　　斯巴达是一座节制而虔敬的城邦，这些美德为其政权提供了"保护自身"的稳定性。根据施特劳斯的说法，这就是修昔底德由衷钦佩拉刻岱蒙人（页56）的原因。但斯巴达其实是一个非常虔敬的政治共同体，这就使得这种钦佩很成问题。因为这样一来，斯巴达的稳定性似乎在某种程度上基于它是朝向某外在之物而非朝向自身，这一事实揭示了如下观点的重要性："城邦的基本倾向是趋向超政治。"（页57）正如欧文所说，"只有超验的品质没问题时，这一倾向才没问题，而且只对斯巴达有利"（同上）。因此，就修昔底德的立场而言，对斯巴达的最终评价将取决于（诸）神的或者与之相契合的神圣法律的视角。但是，修昔底德观察了战时拉刻岱蒙人的态度，从中揭示出关于斯巴达城邦的一些矛盾：他们的节制和保守主义谴责"音乐"教育、支持军事纪律，但他们的虔敬却又是许多军事错误和败仗的根源。这个斯巴达式的悖论表明，神圣律法可能对他们有一些误导。

但是，对斯巴达的上述批评并没有使修昔底德无条件地赞扬雅典。尽管他本人就是"雅典人修昔底德"，并且感念雅典的文化和教育方式，但他的历史著作却特地揭示了雅典人勇敢精神的缺陷。这种勇敢是和平时期结出的果实，思想家和诗人都浸淫其中，备受鼓舞；但这种勇敢中也包含某种肆心（hubris），从而最终导致雅典在其帝国式的发展中走向自我毁灭（页67－68）。雅典人的这个悲剧是对肆心的惩罚。换句话说，雅典人不够虔敬，而斯巴达人则过于虔敬。在斯巴达，众神对其公民施加了严格的限制；在雅典，在神圣事物上的大胆导致了界限感彻底消失。

这一诊断使施特劳斯认为，

> 对于修昔底德来说，对虔敬的理解……是正确的，尽管是由于错误的缘由：是自然而非神给城邦的力之所及施加了限制。（页68）

神法不要求斯巴达式的虔敬，也不允许雅典式的肆心，它要求人意识到"正确理解神法"所带来的限制，即"静止和运动"天然地"相互作用"，诸如这类事物才"内蕴了神圣"（页63、58）。因此，就修昔底德对神的看法而言，他并非真对神的存在感兴趣，而是试图展示神的存在与政治的关联（页73）。但正如欧文所言，若把神法归结到运动和静止的宇宙论学说，正确地说，神法"既不神圣也非法"（同上）。因此，修昔底德的政治理论似乎确实建立于或承袭自某种宇宙论学说。尽管并不清楚他这些观念在何种程度上真正属于赫拉克利特学派，但似乎这位希腊史家与其他前苏格拉底式人物持同一种称为宇宙论或"神学"的知识（参页74）。

在第三章，尼柯尔斯（James H. Nichols）讨论了施特劳斯的《卢克莱修简注》（*Notes on Lucretius*）。施特劳斯主要关注的再次是伊壁鸠鲁的宗教批判。卢克莱修直言，这样的批判能帮助人们摆脱对神的恐惧（页77）。人对神的恐惧可以通过关于自然第一因的真正知识，即通过对《物性论》（*De rerum natura*）切实阐释来克服。卢克莱修与伊壁鸠鲁的原子论理应提供一种知识，使我们的灵魂得以安宁，使恐惧和痛苦得以消除。然而，施特劳斯指出，卢克莱修在其宗教批判中对一个事实避而不谈：对世界的神学阐释可能会有一种安慰。神创观念暗示了世界是一个封闭、有限的宇宙，人类在这样一个宇宙中的位置——尽管不易察觉——已被最终决定。世界的有限性使我们得以把它想象成有序世界，而秩序比混沌会令人更舒适（页87）。

然而，卢克莱修的自然学（physiology）规定了宇宙的无限性。一旦掌握了这个真相，人们就开始听到"世界之墙破裂"的声音。卢克莱修也明白，自己的存在，包括人类的灵魂，只不过是移动着的原子的特殊结构。人类及其灵魂，甚至神，都由原子构成，因而不可永存（页90）。只有第一原理即原子本身才永恒。原子如其所是，毫无方向。本应提供宁静之愉悦的学说，也许更有可能滋生焦虑和绝望。惩罚的上帝这一想法虽然很可怕，其所预设的神意关怀却也可以满足人类对正义的追求。那么，卢克莱修关于大自然的严苛（harsh）学说，该怎样与他关于美好生活的悦人观念并存呢？

为了理解这个问题，必须注意到，施特劳斯认为《物性论》既是哲学作品，又是诗歌作品："无论真实多么让人悲哀，首个用动人诗句言说悲哀的人并不悲哀。"（页86）如果经过诗歌的"美化"，严苛的学说某种程度上就可能变得怡人。卢克莱修之所以超越了伊壁鸠鲁，就在于他既懂得真理，也懂得揭示真理的适当方式（页92）。卢克莱修认为，他也由此懂得了人类灵魂（页93），更准确地说，懂得了人类灵魂的类型差异：伊壁鸠鲁主义的痛苦肯定对于一些人而言较强烈，而对于另一些人来说则较易接受。

有人可能会认为，对于非哲人而言，卢克莱修的学说必须加以美化，因为在某些方面它"比宗教学说严酷得多"（页91），但对于伊壁鸠鲁主义哲人而言，卢克莱修的诗歌只是增加了理解的乐趣。在施特劳斯对卢克莱修的阐释中，哲人与非哲人之间的这一隐含差异，似乎暗示了唯一真正的享乐就是哲学生活。鉴于这种差异及其相应的诗歌修辞，人们倾向于认为，卢克莱修的哲学思想中存在着某种柏拉图式的哲学思考方式。乍看之下，人们肯定会注意到，卢克莱修断言他所传达的学说是终极且完备的真理，这似乎与苏格拉底拒绝传达任何特定宇宙论或神学不相容。就此而言，尽管从历史上看，卢克莱修在苏格拉底之后，但他确实是一位前苏格拉底式的哲人。

然而，尼柯尔斯的细读帮助我们看到，施特劳斯还未完全确定，他只是"指出，卢克莱修的只言片语暗示着他可能并非简单的伊壁鸠鲁教条主义者，他似乎仍然在寻求着接近本质的真理"（页93）。这表明，施特劳斯可能会看到苏格拉底与前苏格拉底哲学之间具有某种共同精神，它比二者之间的裂缝更大。也许他认为，如果我们能够透视哲人们表面的教条，就会与真正的哲学灵魂相遇。①

二 古典政治哲学的复兴

《指南》的第二部分展现了古典政治哲学的面貌。由于这种表达

---

① 例如，迈尔（Heinrich Meier）认为，在施特劳斯看来，这些教条最终只是通俗的学说，与其真实而无穷无尽的哲学研究相比，教条并不重要。见如 Heinrich Meier, *Leo Strauss and the Theologico-Political Problem*, trans. Marcus Brainard（New York：Cambridge University Press，2006），pp. 72 - 73。

在施特劳斯的作品中往往相当于"古代政治哲学"，伯恩斯在第四章为我们介绍了施特劳斯的一篇文章，最全面地涵盖了这一主题，此即《古典政治哲学的自由主义》（*The Liberalism of Classical Political Philosophy*）。该文是讨伐哈夫洛克（Havelock）《希腊政治的自由性情》（*The Liberal Temper in Greek Politics*）的檄文，涉及埃斯库罗斯、索福克勒斯、柏拉图和安提丰。施特劳斯对哈夫洛克的严厉批判，使我们看到他自身对古代政治思想统一性的理解。哈夫洛克的"低劣学术"旨在使古代作家成为现代自由主义者，从而模糊了古代与现代的根本区别。在伯恩斯的总结中，据施特劳斯的说法，前苏格拉底式的思想与苏格拉底式的思想拥有共同观点，即

> 认识到需要表明最初事物（无论它们可能是什么）不是神；认识到自然与礼法的对立；认识到礼法"世界"的欺骗性；认识到接受人类的有死性和人类所有成就，具有哲学性、关键性的必要意义。（页125）。

为了恢复古典政治哲学，人必须把自己从盲目而幼稚的现代进步观念（或任何其他形式的历史决定论）中解放出来，并研究哲学的上述古老根源可能的有益之处。对施特劳斯而言，只有真正且仅仅以此为基础，哲学活动才可以真正区别于知识对实用政治目的那种（现代）诡辩式（sophistic）的屈从。

第五章考察施特劳斯《自然正当与历史》中"古典自然权利论"一章如何尝试展现此种政治哲学。作者斯托弗（Devin Stauffer）首先强调苏格拉底调转航向的重要性，施特劳斯认为，从"知识的异质性"的角度抓住整全的自然关节，就"允许、支持也这样去研究人类事物"（页134–135）。"允许"，在于承认人类事物与其他自然存在或神圣存在物在种类上不同，"支持"，在于认识到整全的这个关节是人所找到的必要关节：对人类事物的研究意在审视获得真

理的途径在多大程度上以及在什么条件下遭到扭曲。苏格拉底的调转航向表明，我们对整体的表述以城邦为中介，以流行观念为中介，因此需要辩证的考察（页135 – 136）。

这种辩证式考察反对前文讨论的前苏格拉底的习俗主义，而试图揭示政治共同体的本质。为了达到这个目的，苏格拉底学派拒绝了政治和文化相对主义的假设，并提出最佳政制的问题来检验各种各样的政治体。他们对这个问题有双重答案。对古典派而言，最佳制度是贤良政制，即最好的人进行统治。因此，首先，最佳政制是明智者的统治。但是古代的政治思想家知道这种制度不切实际，这使他们认为，实际可行的最佳政制必然是次佳的或是混合政制，即贤人（gentleman）的统治（页139）。

然而，把自然正当稀释进混合政体揭示了施特劳斯所谓的"正义问题"。对政制问题的双重回答也是对正义问题的隐微回答。混合制意味着像贤人想的那样，正义"等同于公民道德"（页141）。但是自然正当应该建立在辩证探究之上，这很容易使人对道德是最高目标这一假设产生疑问——处于辩证上升阶段的哲人可能会倾向于把公民美德看成"仅仅是追求智慧之生活的手段"（页143）。正义问题存在张力：可以把正义理解成道德性的、公民的美德，也可以把正义理解成一个把人自身引向哲学的生活方式的追问。但对于后一种理解而言，自然正当是"公民社会的火药"（页144）。稀释自然正当的必要性既表明了哲学与政治的对立，也表明了实践中需要缓和这种对立。施特劳斯的阐释惹人争议，因为他断言，这就是苏格拉底学说，且是柏拉图、亚里士多德和西塞罗也同样赞同的学说。

根据施特劳斯的观点，在经典著作中，只有托马斯主义关于自然法的学说与这种观点不同。主要区别似乎在于，对于阿奎那来说，自然法取决于圣经中的神圣法，而苏格拉底的自然正当却独立于任何宇宙论教义，尤其是圣经启示这样的教义（页 144 – 145）。这种差异相当于信仰与理性怀疑的对立，或者说是神学—政治问题。我们必须指出，严格说来，施特劳斯的著作并未将托马斯看作古典自然正当的代表。

在第六章中，卡尔普（Jonathan F. Culp）考察了施特劳斯写的另外两篇书评，目的是进一步揭示复兴古人的障碍。《论柯林伍德的历史哲学》（*On Collingwood's Philosophy of History*）说明了理性历史主义（rationalist historicism）的缺陷在于以（据称更优越的）现代视角看待古代思想（页 151）。正如卡尔普和施特劳斯所强调的，这将不可避免地扭曲古人的学说，使我们"必然以不同于他们理解自己的方式理解他们"（页 153）。但相反的态度亦存在问题。在《柏拉图政治哲学新解》（*On a New Interpretation of Plato's Political Philosophy*）一书中，卡尔普解释说，施特劳斯表现了"太多热情……来支持古人"，这可能导致把古代思想直接应用于我们当代的状况，这种置换可能导致"灾难性的后果"（页 154）。这一点至关重要，一些批评施特劳斯的意见认为他的复古行动是天真之举。但卡尔普又澄清说，施特劳斯并没有把古典思想家的解决方案——如果他们有解决方案的话——作为我们现代问题的答案：

> 我们必须悬置（suspend）我们自己的问题，以便认识到古典［思想］提出过什么问题，我们必须开放地接受这种可能，即我们可能应当抛弃自己的问题，代之以古人所提的问题。（页 165，重点为笔者所加）

阅读《指南》的读者应看到，施特劳斯在研究阿里斯托芬、色诺芬、柏拉图和亚里士多德这些古典思想家的著作时，对问题的敏感明显超过对答案或解决方案的敏感。

三　苏格拉底后学

阿里斯托芬

鲍德温（Christopher Baldwin）撰写了第七章，处理施特劳斯对阿里斯托芬复杂微妙的论述。施特劳斯在论述中强调了诗与哲学之争。起初施特劳斯让他的读者相信，他认为这场争论是一种对立，只有在诗从属于哲学的情况下才能找到解决办法。但鲍德温帮助我们认识到，问题要复杂得多。施特劳斯解读了阿里斯托芬的《云》。《云》与其说是对苏格拉底的攻击，不如说是友好的建议（见页 171）。苏格拉底向政治哲学的转向代表着他承认如下建议：要进行哲学式劝导（an exhortation of philosophy）以认识自己，要求对哲人的政治境况有清醒认识，并要求在后续的整个探究过程中付出审慎和节制。但不是只有苏格拉底接受了这一点。

在施特劳斯看来，阿里斯托芬在他的戏剧中探索了最柏拉图式的问题，如正义的问题，个人与社会的关系，以及诸神的问题。对这些问题，甚至阿里斯托芬似乎也持有苏格拉底—柏拉图式的看法。在这一点上，鲍德温认为，阿里斯托芬的笑是纯粹快乐的谐剧象征，这种快乐来自通过谐剧去理解事物的本质（页 176；《古典政治理性主义的重生》，页 115）。施特劳斯最终让我们把阿里斯托芬看作一个与苏格拉底"相当志趣相投的人，但也许并不完全赞同他笔下的苏格拉底"（页 187）。遗憾的是，鲍德温没有明确指出他们之间的轻微分歧是什么，但是从人类生活的内在张力和问题来看，或许可以认为柏拉图哲学的姿态要高于肃剧和谐剧。

色诺芬

《指南》最长的部分是在论述施特劳斯对色诺芬作品的多种阐释。各章都在讨论《苏格拉底问题》：鲁德曼（Richard S. Ruderman）评施特劳斯解读《斯巴达政制》（*Constitution of the lacedemonians*）；布泽蒂（Eric. Buzzetti）评《论僭政》（*On Tyranny*）；吉什（Dustin Gish）评施特劳斯的《会饮》（*Symposium*）解读；博内特（Amy L. Bonnette）评解读《回忆苏格拉底》（*Memorabilia*）；斯托弗（Devin Stauffer）、伯恩斯评施特劳斯的《居鲁士上行记》（*Anabasis*）解读。

鲁德曼认为，"经考察，可以证实色诺芬的浅白在本质上是故意设计的讽刺"（页195），这是施特劳斯解读的关键点。因此，色诺芬表面上为苏格拉底申辩，说高尚的苏格拉底首先促进了道德和公民美德的践行，但这种申辩只是在歪曲或掩饰一种更具颠覆性的哲学活动——"苏格拉底并非'完全正义'"。然而，鲁德曼最发人深省的见解是，色诺芬笔下的苏格拉底支持知识的异质性，这为施特劳斯提供了一次"对海德格尔的回应"，并抵抗了"寻找单一事物（比如存在）的诱惑"，"向'什么是'这个问题的统一答案让步"（页206）。

此外，在施特劳斯看来，色诺芬笔下的苏格拉底认为，政治是我们理解这种存在多元性的基础。正因为如此，必须彻底研究人类事务，即，政治哲学是哲学的必要和首要步骤（页208、212）。至于施特劳斯那篇《斯巴达精神或色诺芬的品味》（*The Spirit of Sparta or the Taste of Xenophon*），鲁德曼强调，最重要的是，题目中的"或"应理解为分离符。色诺芬讽刺性地赞扬斯巴达，实际上是向细心的读者展示他对于哲学生活方式的品味，这种生活方式与军事和专制统治完全不兼容（页214 – 215）。色诺芬的品味——还可以加上施特劳斯的品味——是节制的品味，因为政治节制对于哲学来说必不可少。

布泽蒂以"法律问题"为主题介绍了《论僭政》。西蒙尼德和希耶罗是两个截然不同的人，但他们仍有一些共同点：诗人和暴君都非贤人，且他们都认为贤人的道德和政治视野不正确（页241）。布泽蒂断言，"《希耶罗》的主题"可能是"贤人所扬抑之物"（页137）。这些贤人能忍受法的统治，相反，暴君则认为自己凌驾于法律之上，并以自己的意志取而代之。因此，暴政要比贤人的统治糟糕得多，但是在某种程度上"赞美暴政，赞美暴政最好的形态"或许能够"指出法律的局限性"（页248）。施特劳斯在《论僭政》一书中对政体的分析表明，衡量优秀统治的标准是美德，而真正的美德或者说像苏格拉底式的"贤人品质"（gentlemanliness）即使在暴政统治下也可能存在，因此"真正的美德并非基于法律"（页249）。这种关于僭政的学说与柏拉图《王制》中的学说非常相似：如果可能，最佳政制是哲人超出法律的统治，但是这样的统治极不可能。然而，这种学说将其门生带到了一个问题正中间，即私人哲学生活与政治生活间的张力。但正如布泽蒂所指出的，施特劳斯在僭政（或"超法律"）层面上与色诺芬一样谨慎或缄默。这种外在的修辞有两个原因：一个是政治上的审慎，因为这个主题确实是一个非常"微妙的主题"；但也许更重要的原因是，施特劳斯有一种"教诲意图"（页254），即鼓励《论僭政》的读者思考他们自己，因为这是通往哲学的真正道路。

吉什关注的是，施特劳斯评色诺芬的《会饮》时如何看重苏格拉底的隐微修辞，以揭示苏格拉底的教养中所隐藏的部分（如页269）。吉什认为，这场会饮最令人难忘的事是苏格拉底和其他贤人那种独特的谈笑风生。这件事堪称苏格拉底智慧的典范，因为它提出了这种笑的原因或原因中的问题：大家的笑声中隐藏了笑的不同原因，这表明了苏格拉底不同于普通贤人这一事实（页277）。吉什巧妙地指出这一关键区别，他说色诺芬让我们疑惑于"苏格拉底隐藏的想法"（页279）。因此，苏格拉底在贤人中的基本行动，就是他运用修辞，在一瞥间揭示了哲学活动，同时也非常谨慎地隐藏了它（页283）。

博内特对施特劳斯解读《回忆苏格拉底》的介绍，几乎和施特劳斯自己的文本一样，充满了春秋笔法。本文主要关注点之一是：按色诺芬的说法，"苏格拉底是否没给不义的敌人提供攻击他的理由"（页289）。博内特煞费苦心地细读施特劳斯的评注，某种程度上就像是给施特劳斯的观点挑刺儿（参页285、页293n9、页297n12），他以如下这种疑惑的口吻总结说：施特劳斯"认为苏格拉底缺乏男子气概，因为他没有在伤害敌人方面超越敌人"，因而没有解决"苏格拉底'自我辩护失败'的问题"（页300）。

然而，之后许多有关施特劳斯解读色诺芬《上行记》的论文，核心都是这个问题。在这方面，斯托弗更广泛地讨论了问题的要害：色诺芬与苏格拉底之间的区别。正如博内特已经提到的那样，那种差异与血气（thumos）有关。然而，色诺芬是一个苏格拉底式的人，他知道血气太盛的灵魂的缺点。因此斯托弗犹犹豫豫，巧妙地提出："从荷马的角度看，色诺芬不是阿基琉斯，他更接近奥德修斯。"（页308）他是一个行动派，具有深刻的哲学见解和苏格拉底式的审慎。事实上，色诺芬整体上可能并不完全满足于苏格拉底式的生活。因此，他

> 不动声色地将自己作为苏格拉底之外的另一种选择者，将自己呈现为这样一个人：对他而言，他的行为确实同于他的言论和思想，绝非游戏。（页312）

在下一章，伯恩斯着眼于《居鲁士上行记》中神圣正义的问题，

进一步探讨了这种区别。色诺芬的虔敬模棱两可：此虔敬表明，他认可人类需要正义有神圣的支持，但他也怀疑是否存在这样的神圣天意。施特劳斯确实说色诺芬的虔敬类似于"坚韧、机智和狡黠的结合"（页316）。伯恩斯指出，施特劳斯认为，色诺芬从神圣正义的主题简单地转向正义本身，其正义立场居于老居鲁士与苏格拉底的观念之间（页317）。居鲁士的正义完全受制于自己的政治视野，与此相反，苏格拉底的正义生活似乎就是哲学生活，且他的这个观点完全超政治（因此不用伤害任何人）。色诺芬是一个苏格拉底式的人物，因为他为了某些"比希腊更有价值"的事物背叛了自己的希腊之根（页319）。忠于自己的祖国最终会引发矛盾，因此"在实践中不可能"（页319）。但是，有人可能会想，色诺芬笔下的正义也像居鲁士所理解的正义，因为意愿建立一座城邦暗示着正义与政治紧密相连。

柏拉图

《指南》的下一部分包含：拉比厄（Linda R. Rabieh）评施特劳斯解读柏拉图《王制》，戈德堡（Robert Goldberg）评施特劳斯解读《米诺斯》，安布勒（Wayne Ambler）评施特劳斯解读《游叙弗伦》（Euthyphro），罗萨诺（Michael Rosano）评施特劳斯解读《欧蒂德谟》（Euthydemos），柯里坦斯基（John C. Koritansky）评施特劳斯解读《申辩》《克力同》，卢茨（Mark J. Lutz）评施特劳斯解读《法义》。

继色诺芬在《上行记》建立城邦的问题之后，拉比厄探讨了施特劳斯对《王制》的解读。此文着重探讨了忒拉叙马库斯（Thrasymachus）之于对话中的行动（ergon）的特殊重要性，这对于阐释其言辞（logos）至关重要。施特劳斯的阅读表明，苏格拉底与忒拉叙马库斯起初讨论的是哲人与城邦（页326–330）间的对立，但逐渐转变为城邦对哲人王的需求。为了确立哲人王的统治，就需要用非常有说服力的修辞（页338），忒拉叙马库斯似乎成了"苏格拉底的潜在盟友"（页330）。《王制》中的"政治"似乎并非美善之邦的建立，而是对忒拉叙马库斯的驯服，它代表着一种成功的"哲学的政治辩护"，一种正义的行动（页343）。

戈德堡表明，施特劳斯在关于《米诺斯》的文章里致力于探讨"什么是法律"与"什么是神"这两个问题之间的关系。法律问题之所以是"最沉重的"问题，是因为它必然与促成法律之善的权威有关。最终的问题是，据说有神圣起源的法律名实不符，即，"给每个人的灵魂分配最适合他的食物和劳动"（页353）直接使法律的神圣特质或神圣起源遭到质疑。经考察，神圣法律"显露的并非是神，而是那些需要法律的人"（页355）。但什么是好的法律呢？根据前面的定义，好法律应建立在关于灵魂的知识上。问题是苏格拉底的探究并没有给我们提供这样的知识，因此"苏格拉底对法律的定义暗示了一种观点，即法律的努力仅限于探寻'什么是'"（页357）：在苏格拉底的审查之下，法成了哲学。在唯一的探究之路上，法律问题把哲学置于"被理解为具有道德约束力的法律"（页358）之上。这样的怀疑无能为力，只能提出"什么是"以及"神是什么"这样的问题。①

施特劳斯讨论了《游叙弗伦》如何处理虔敬问题，安布勒就考察这一点。根据施特劳斯的说法，苏格拉底在这里展示了用理念（页362、372、378）取代诸神的意图。游叙弗伦不连贯的观点意在朝着对首要原则更连贯的阐释迈进一步。首先，游叙弗伦没有表现

---

① "神是什么？"是"什么是……？"这个问题"首要和最重要的"应用。参施特劳斯在1961年5月17日给伯纳德特（Seth Benardete）的信，引用自 Meier, *Leo Strauss and the Theologico-Political Problem*, p. 27, n42。

出对神的服从，而是模仿他们，也就是模仿诸神的行为（页371）。面对诸神之间的矛盾，他选择模仿宙斯伤害自己的父亲（页372）。但是，在把宙斯选为最正义的神时，游叙弗伦隐晦地假定除了诸神之外还有一种正义标准，一种宙斯自身仅仅是其模仿的"理念"（页372）。然后，安布勒着眼于这个问题的一神论解决方案。施特劳斯认为，"即使是一个单独的神也得被理解为'善、正义或智慧'"，这再次暗示了理念先于神本身存在（页373）。因此，真正的虔敬是"模仿而非服从"，是"一种理念，指导［人］选择谁或什么去模仿"（页375）。这使人认为，苏格拉底的虔敬就是苏格拉底哲学，或与苏格拉底哲学非常相似。

罗萨诺介绍了施特劳斯对《欧蒂德谟》的阐释。施特劳斯阐释的关键是，要记住苏格拉底是在给克力同讲故事。粗略地说，这个故事是赞美欧蒂德谟和狄奥尼索多洛斯（Dionysodores）对美德的诡辩式劝勉。苏格拉底在赞美中用反话说克力同"不是一个好色的男人"，并且"在黑暗中关注哲学"（页380、389）。由于两兄弟和苏格拉底仅站在纯粹的道德或公民美德（页393）之上，更重要的是，由于"许多诡辩论暗示着苏格拉底问题"（页394），所以，苏格拉底与他们类似，并能看到把他们的争论转化为哲学辩证的可能性（页398）。克力同显然没有看到这种可能性，因此拒绝了苏格拉底反讽意味的邀请，后者想加入进来与两兄弟一起研究。这种沉默反映了区分苏格拉底哲学与诡辩术的困难，尤其是从克力同的外部立场来看。而这一困难预示了苏格拉底审判的到来。

施特劳斯对苏格拉底受审的讨论，旨在揭示苏格拉底的生活方式有某种真正颠覆性的东西。正如柯里坦斯基所说，"苏格拉底所谓的虔敬并不等同于普通的虔敬"（页407），例如，他质疑德尔斐神谕，表现出的是对神的质疑而非服从（406）。另外，苏格拉底在受审期间态度傲慢、充满挑衅，这可无助于他跑。特别是在第二次演讲中，苏格拉底"毫不妥协"，似乎还推动了死刑判决（见页412 - 413）。面对克力同快失去老朋友的绝望，苏格拉底把他当作雅典的法律对他讲话。苏格拉底的总论点并不十分可信，但意在说服想要做违法之事的克力同遵守城邦的法律。

柯里坦斯基正确地指出，如果苏格拉底接受了克力同的计划，这将危及哲学的声誉；而如果苏格拉底成为"正直的"哲学"殉道者"，则将为克力同树立起哲人的良好形象。苏格拉底与克力同的论辩是出于政治目的，而非哲学目的（页421 - 422）。

尽管苏格拉底做出了这个谨慎的决定，柏拉图似乎还是忍不住想象，如果苏格拉底按克力同的计划离开雅典去别的地方进行哲学思考，那会怎么样。柏拉图在《法义》中写道：一个"雅典异邦人发现了一座城邦，那里心系虔敬的立法似乎为苏格拉底式的虔敬提供了空间"（页426）。但是，根据施特劳斯所说，《法义》除了涉及政治维度（页425），还包含深刻的哲学部分，这篇对话最大程度地探讨了"神是什么"的问题。然而，《法义》的"神学"含蓄地反对神赐正义和传统的多神论。正如卢茨所言，柏拉图的虔敬或许与苏格拉底的虔敬相反，柏拉图的虔敬"修正但不破坏像克勒尼阿斯（Kleinias）和墨吉罗斯（Megillus）这种人的虔敬"，同时"揭示了雅典异乡人的理性虔敬"（页440）。

亚里士多德

本书最后一章致力于解读施特劳斯对亚里士多德唯一的讨论。柯林斯（Susan D Collins）首先回顾了施特劳斯所描述的西方危机，此危机促使我们回归亚里士多德的政治科学。恢复亚里士多德很重要，因为我们已经用科学修正了对政治事务的理解，但亚里士多德的政治科学没有这些预先的假定，相反，他的政治科学从"常识"

开始，这是任何科学性理解的真正"基础"（页453）。但施特劳斯在这个方向上更进一步，他断言"亚里士多德与苏格拉底不同，他将政治科学建立为一门独立于理论智慧的学科"（页456）。施特劳斯阐释了这一断言：对亚里士多德而言，政治科学是许多学科中的一种，有"它自己的指导原则"，即"与道德结合的审慎"（页456）。这就让亚里士多德的政治科学与苏格拉底的政治哲学有了区别。

柯林斯指出，施特劳斯认为这种差异是因为亚里士多德"在理论和实践上都假定了独立可知的'首要原则'，为其各自的原则奠基"（页459）。或用探究式、或用教条式方法达到首要原则，这种明显差异反映在文章写作与对话写作的差异中（同上）。施特劳斯甚至进一步推进了这种区分，以表明亚里士多德的哲学意图与现代性之间的延续：这种认识论上的"乐观"或自信（页466）与苏格拉底的无知相比，可能在某种程度上为现代政治科学做了准备。现代人和亚里士多德一样，对知识及其与幸福的关系持乐观态度，但并不认为自然本身就足以达至幸福。① 施特劳斯把现代性的根源追溯到亚里士多德的思想与圣经启示的联系上（页466－468），并将亚里士多德的形而上学视作培育基督教的沃土，这让人疑惑他是否真的认为亚里士多德的政治科学可以复兴，以及它是否仅仅意味着一条通往苏格拉底哲学之根的路。

总　结

这部书讨论了更多我尚未提到的问题、主题和细节。如果非要

---

① Cartherine Zucker and Michael Zuckert, *Leo Strauss and the Political Philosophy* (Chicago：University of Chicago Press，2014），p. 163.

说此书有缺陷的话，那就是尽管施特劳斯对知识的异质性有深入理解并有多次讨论，但在《游叙弗伦》的语境中有所提及的关于柏拉图理念的思想却没有得到重视。这可能是一个困难重重但又非常重要的主题，因此，读者可能会对这种缺失感到不满。另外，可能令人遗憾的是，仅仅最后一章提到了施特劳斯对柏拉图和亚里士多德之间的延续和断裂关系的复杂解释——但要深入下去，也许就需要采用主题性方法，而非施特劳斯对古人著作的文本细读法。

总而言之，阅读《施特劳斯指南》将会对施特劳斯的思想有很多了解，也一定会激发读者去思考古代思想家并与其对话。这本重要著作的诸位作者向每一位施特劳斯的读者，尤其是向卢克莱修、修昔底德、阿里斯托芬、色诺芬、柏拉图和亚里士多德的研究者们献上了一份珍贵的礼物。

图书在版编目（CIP）数据

施特劳斯与回归古典：施特劳斯逝世五十周年祭 ／ 娄林
主编. — 北京：华夏出版社有限公司，2023.11

（经典与解释）

ISBN 978 – 7 – 5222 – 0520 – 5

Ⅰ. ①施… Ⅱ. ①娄… Ⅲ. ①施特劳斯（Strauss，Leo 1899 –
1973） – 哲学思想 – 研究 Ⅳ. ①B712.59

中国国家版本馆 CIP 数据核字（2023）第 105862 号

施特劳斯与回归古典——施特劳斯逝世五十周年祭

编　　者	娄　林	
责任编辑	李安琴	
责任印制	刘　洋	

出版发行	华夏出版社有限公司
经　　销	新华书店
印　　装	三河市少明印务有限公司
版　　次	2023 年 11 月北京第 1 版
	2023 年 11 月北京第 1 次印刷
开　　本	880 ×1230　1/32
印　　张	9.625
字　　数	242 千字
定　　价	59.00 元

华夏出版社有限公司　　地址：北京市东直门外香河园北里 4 号　　　邮编：100028
　　　　　　　　　　　　网址：www.hxph.com.cn　　　电话：(010) 64663331（转）
若发现本版图书有印装质量问题，请与我社营销中心联系调换。